ENTRE
EL CIELO
Y LA TIERRA

PLANETA+TESTIMONIO

María Vallejo-Nágera

ENTRE
EL CIELO
Y LA TIERRA

Historias curiosas sobre el purgatorio

 Planeta

Colección PLANETA † TESTIMONIO
Dirección: José Pedro Manglano

© María Vallejo-Nágera Zobel, 2007
© Editorial Planeta, S. A., 2007
    Diagonal, 662-664, 08034 Barcelona
    (España)

Primera edición: marzo de 2007
Segunda impresión: mayo de 2007
Tercera impresión: junio de 2007
Cuarta impresión: agosto de 2007
Depósito Legal: B. 37.435-2007
ISBN 978-84-08-07107-5
Composición: Víctor Igual, S. L.
Impresión y encuadernación: Book Print Digital, S. A.
Printed in Spain - Impreso en España

ÍNDICE

Para mi padre,
el gran psiquiatra Juan Antonio Vallejo-Nágera,
de quien afirmo que no mora en el purgatorio
sino en el cielo

Y, por supuesto, para sus nietos,
Beatriz, Cristina y Gonzalo

Por eso mandó hacer este sacrificio expiatorio a favor de los muertos, para que quedaran liberados del pecado.

(2 Mac. 12, 14)

Pero aquel cuyo edificio sucumba bajo las llamas sufrirá daño. Él, sin embargo, se salvará, como quien a duras penas escapa de un incendio.

(1 Cor. 3, 15)

Pero así la autenticidad de vuestra fe, más valiosa que el oro, que es caduco aunque sea acrisolado por el fuego, será motivo de alabanza, gloria y honor el día en que se manifieste Jesucristo.

(1 Pe. 1, 7)

SOY UNA TIPEJA RARA...
¡QUÉ LE VOY A HACER!

Que los espíritus se aparecen a ciertas personas es un hecho innegable.

Usted puede pensar que lo que digo es una barbaridad, pero si se para a pensarlo, sólo tiene que estudiar un poco la vida de los santos de la historia de la Iglesia católica para descubrir que son muchos, demasiados, los que han visto el espectro de personas fallecidas.

Lo más probable sea que a usted no le haya ocurrido, pero ¿cuánta gente le ha contado alguna vez, mi querido lector, que ha vivido una experiencia rarita y de lo más inusual en este aspecto? Tal vez los testimonios recibidos en su vida en este sentido hayan sido escasos e incluso habrá millones de personas en el mundo que jamás hayan oído de boca de un amigo relatos semejantes.

Pero como le digo, también existen aquellas gentes a las que sí les han revelado historias sorprendentes relacionadas con espectros. ¡Huy, ya lo creo!

Sin ir más lejos yo misma he sido la diana de la confianza de medio centenar de personas que me han entregado, con el mayor de los pudores, sus apasionantes y secretas experiencias con fantasmas (a quienes prefiero llamar «pobres almas del purgatorio»).

Sorprendentemente no las he buscado, sino que han sido ellas las que han llamado a mi puerta esperando encontrar un hombro amigo a quien poder revelar su confidencia.

Usted podrá concluir que soy una tipeja algo rara, pues no a todo el mundo se le habla de un tema tan extraño como es el purgatorio o las almas que lo habitan. ¡Qué le voy a hacer...! Soy una católica creyente bastante curiosa a la que este tema tiene fascinada. Considero que me enriquece el alma, la fe y me acerca más a Dios. Y como cristiana, me agrada una barbaridad compartir mis conocimientos sobre Dios con aquellas personas que deseen escucharme y, sobre todo, con aquellas a las que quiero.

Este nuevo interés sobre el más allá me nació a raíz del enorme impacto que provocó mi tercera novela en el público lector.[1] Para aquellos que no la hayan leído, sólo les diré que está basada en un hecho real acontecido a un preso en una cárcel de Inglaterra.

Albert Wensbourgh, como se llamaba mi amigo y protagonista del relato, se caracterizaba por poseer una personalidad violenta y extraordinariamente complicada que le había empujado a cometer grandes delitos. Por ellos fue castigado por la ley con una larga condena de catorce años en una temeraria prisión.

Sólo gracias al amor misericordioso de Dios, una noche de hielo y nieve mientras dormía profundamente, experimentó un fenómeno místico que cambió su vida para siempre. Según sus propias palabras, se despertó

---

1. *Un mensajero en la noche*, Editorial Belaqva, 2002, Ediciones B, 2005.

bruscamente en mitad de la oscuridad al notar que alguien le acompañaba en su celda. Cuando por fin abrió los ojos, se encontró cara a cara con lo que él me describió un sinfín de veces como un ángel.

La figura angélica le habló y le dio cierta información sobre el futuro que con el tiempo se cumplió. Tras esta extraordinaria experiencia sobrenatural cargada de extraño misticismo, mi protagonista viró su comportamiento hacia ángulos desproporcionados, cambió su característica violencia por templanza, su constante ira por paciencia y su invencible odio por amor al prójimo.

Cuando tuve la fortuna de conocerle, ya era monje benedictino en un monasterio de Inglaterra. Tristemente perdió la batalla contra el cáncer poco después de ser publicada mi novela basada en su vida. Desde entonces, le echo terriblemente de menos y le ruego cada día que me ayude desde el cielo a parecerme un poquito más a él.

Cuando le conocí mi fe ya era sólida, ya que había experimentado un gran acercamiento hacia Dios que me había llevado a abandonar mi agnosticismo de antaño. Y si se está usted cuestionando si me tragué el cuento de Albert, con un poco de reparo le contesto con toda sinceridad que... sí.

Claro que le creí. ¿Por qué negarlo?

Sin embargo, no sé si conseguiré que usted, querido lector, tenga el mismo convencimiento que yo con respecto a lo que a continuación le voy a relatar que, para serle sincero, es todavía mucho más raro que lo de Albert.

El fin que deseo alcanzar al escribir este libro sobre la existencia del purgatorio o de las almas, los fantasmas o como usted prefiera llamarlo, no es en absoluto el de despertar curiosidades insanas y mucho menos el de convencer al lector escéptico o de diferente religión a la católica de la existencia del mismo.

Lo único que pretendo con el presente escrito es ayudar a comprender mejor lo que se sabe o se afirma sobre este tema desde el punto de vista católico, que es profundo y está muy trillado por la Iglesia desde sus comienzos allá por el siglo I.

Hay muchas personas que aun siendo o considerándose católicas viven muy alejadas de practicar la fe. Quizá la razón haya que buscarla en la dificultad que pueden encontrar a la hora de intentar entender los misterios de Dios. Se trata de una ardua tarea que puede desesperar al investigador por no existir pruebas contundentes sobre la existencia del purgatorio.

No es que yo presuma de que vaya a conseguir aclararle las ideas, pues soy mucho más ignorante de lo que usted se cree. ¡Ojalá pudiera...! Me contento simplemente con ofrecerle un pequeño rayo de luz con respecto a este viscoso asunto, con la esperanza de no meter demasiadas patas a causa de mil razones que ahora no vienen a cuento.

Para producir este efecto, me aferraré a dos pilares importantes:

—La doctrina de la Iglesia católica y las explicaciones que nos brindan los doctores de la misma.

—Las revelaciones y apariciones a los santos, y a otros no tan santos, relatadas por ellos mismos o por los teólogos que los investigaron. Estas revelaciones son de suma importancia, pues esclarecen mucho la sobrenaturalidad de lo concerniente al purgatorio y a las almas que moran en él.

Pero volviendo al caso de mi amigo Albert Wensbourgh y al curioso fenómeno que experimentó, debo admitir que quedé profundamente conmocionada y por esta causa escribí todo aquello que me relató con gran respeto, cariño y admiración, guardando la esperanza de que pudiera servir para ayudar a otras personas tan perdidas como estaba él.

Se puede usted preguntar si pasé miedo durante el largo proceso que me llevó completar aquel trabajo o si experimenté dudas. La pura verdad es que el paso del tiempo me ha demostrado que aunque cabría tener en cuenta la posibilidad de que ambos estuviéramos majaras, la reacción que han tenido mis lectores tras devorar esta novela ha sido espectacular y alentadora. Y es que para mi sorpresa y para la de mis editores, el libro ha alcanzado gran éxito de ventas tras su publicación y, a raíz de este fenómeno, empecé a recibir cientos de testimonios de gentes conocidas o desconocidas que me aseguraban haber vivido en diferentes momentos de sus vidas experiencias muy parecidas a las de mi amigo benedictino.

Caben, pues, tres posibilidades:

1) que estas experiencias se producen con más frecuencia de la que se cree comúnmente y que son verdaderas,

2) que todos esos lectores míos mentían,

3) que tanto yo como mis lectores estamos como las maracas de Machín.

Espero, querido lector, que esta última suposición la haya tomado como una broma, porque en caso contrario iría lista.

Qué curioso es el comportamiento humano. Cuando a una persona le ocurre algo extraordinario que abarca un espacio más allá de su propio entendimiento, como es el hecho de ver, por ejemplo, un espectro, lo primero que piensa es que ha perdido la cordura. Entonces una irremediable vergüenza se apodera de él y decide guardarlo en secreto bajo la llave de un terco silencio.

También existen algunos valentones que se atreven a confiárselo a un ser allegado, ya sea la esposa, el padre o algún amigo entrañable; pero ni aun así obtienen la seguridad de que no recibirá sonrisas burlonas como respuesta a su genuina sinceridad.

Los adultos somos por principio escépticos y tal incredulidad alcanza dimensiones aterradoras conforme el sujeto crece en ciencia, sabiduría y formación académica. ¡Ah, los sabios, científicos y eruditos! Ésos se cuestionan el universo desde los lentes de un microscopio y son los que más lucharán por controlar las dudas a la hora de intentar explicar un suceso como los que les relataré en la segunda parte del libro.

Sonrío al recordar las mil conversaciones que he mantenido sobre este tema con un ingeniero nuclear al que aprecio sobradamente. Cuando le pedía una explicación sobre el espectro que un médico de renombre juraba haber visto en una casona de la Ribera Francesa, me contestaba:

—Lo soñó.

—Pero él jura y jura que estaba despierto...

—Lo soñó y lo soñó; y no insistas más, leche... —contestaba incómodo.

¡Bueno! Eso le pasa por ser un católico de medio pelo... Si hubiera estudiado los tratados que sobre el purgatorio existen habría respondido de otra manera.

—A mí que me lo demuestre la ciencia con toda su potencia terrenal o de creérmelo nada. Quita, quita... A ver si se va a reír de mí hasta el tonto de la plaza —insistía refunfuñón.

Sin embargo, los niños a los que he acudido para comentar este tipo de temas (se sorprendería usted de la cantidad de críos que juran haberse topado con un fantasma) reaccionaron de forma distinta, pues no dudaron en compartir su secreto conmigo y con sus padres, profesores y amigos. ¡Me lo contaron en la primera entrevista aún sin conocerme bien!

Cuánto tenemos que aprender de los niños... Si tienen el convencimiento de que han visto u oído algo, no dudan en expresarlo con inocencia, insistencia e incluso cabezonería. Y qué diferentemente reaccionaron los adultos ante mis preguntas...

En mis conversaciones con estos últimos fue muy común que se colara la vergüenza, el temor o la ansiedad.

—Oiga, por favor: ¡no se lo cuente a nadie! —me rogaba un catedrático de Historia Contemporánea.

—¿Por qué?

—No me creerían y tendría que soportar sus burlas.

—Pero entonces, ¿por qué desea relatármelo a mí?

—Bueno, pues porque usted no se atreverá a mofarse... Y además, porque yo no puedo guardármelo por más tiempo.

—Vaya...

—Verá usted. Es que llevo ocultándolo desde niño y ahora que sé que hay alguien que algo sabe de esto, ¡exploto por desembucharlo! Porque, mire, sé que lo que vi era real; tan real como que está usted frente a mí tomando un café en la Castellana de Madrid. Ahora tengo muchos años, estoy gordo y canoso, pero no me he olvidado de un solo detalle de aquella experiencia. ¿Cómo podría si no pude dormir en un mes? Además, he leído su libro *Un mensajero en la noche* y he comprobado que no soy el único que...

—Vale, vale, no me diga más. Por supuesto que no es

usted ni el primero ni el último que ha visto un espectro o un ángel... Cuénteme lo que desee, que su secreto quedará a buen recaudo.

Y es así como he ido acumulando grandes testimonios.

Algunos me han hecho reír y otros llorar.

No han faltado pobres sujetos a quienes he planteado templadamente y con cariño excesivo que visitaran a un buen psiquiatra... Porque, ¡ay, si yo le contara! Madre mía lo que escucha una...

¡Ah, pero también he sido recipiente de testimonios fascinantes que me han puesto los pelos de punta, obligándome a dormir agarrada como una garrapata a un rosario bendecido durante más de un mes seguido!

Aún con patochadas de por medio mentiría si negara que todos me han tocado el corazón y que con ellos he aprendido a escuchar, a ser tolerante y a respetar.

Como ve, querido lector, la tarea de escribir este libro sobre algo tan raro como las almas del purgatorio ha sido para mí harto difícil... Sólo me queda aclararle que al ir recibiendo con el paso del tiempo tantos y tan hermosos testimonios, no me ha quedado más remedio que dejarme llevar por un deseo irrefrenable de intentar explicar a todas esas personas que detrás de sus extraordinarias experiencias hay una interpretación. Y una que además estaba muy, pero que muy cerca... En la religión católica. Comprobará que la Iglesia sabe de todo. Mire usted que ¡incluso de fantasmas!

No se preocupe, querido lector, por las cosas que ha experimentado. Verá como todo tiene un sentido. ¿Cuál? El del amor al prójimo.

Si desea conocer las respuestas que propone la Iglesia católica apostólica romana, no abandone esta lectura. Le prometo que se la haré digestiva. Y recuerde: ¡no intento convencerle de nada! Acepte tan sólo el deseo de una escritora algo ignorante de pincelar sus dudas e interrogantes con un pequeño rayito de luz, de esperanza y de alegría.

Con todo cariño,

LA AUTORA

PRIMERA PARTE

LOS FANTASMAS

Capítulo 1

¿PURGATORIO, DICES...?
¿Y ESO QUÉ ES?

Los creyentes católicos, y los tibios ya no le cuento, tienen el dogma del purgatorio muy empolvado. La mayoría piensa que tal cosa no es otra que una invención de un papa del año de Maricastaña, que hace referencia a un lugar misteriosamente etéreo, plagado de almas, que se podría situar entre el cielo y el infierno. No están lejos del todo, aunque yo añadiría algo más: es un estado del alma en plano intermedio.

La existencia del purgatorio es un dogma de la Iglesia católica, lo que significa que todo católico que se considere como tal debe creer en su realidad. La Iglesia no insiste en que es un lugar ni un destino, sino un proceso por el que pasa el alma para purificarse de sus pecados y que tendrá un final feliz, tan feliz como que el sufriente acabará por llegar al cielo para descansar durante una eternidad junto a Dios.

La Iglesia defiende la teoría de que las almas que deben pasar por este estado purificador son muy aliviadas por las oraciones de los vivos (familiares, amigos, etc.). Incluso pueden acortar su sufrimiento reparador del purgatorio, ayudándoles a llegar al cielo antes de lo previsto, precisamente por dichas oraciones de sus allegados y seres queridos.

Me intentaré explicar, ya que como ven, la cosa se empieza a complicar. La religión católica nos enseña que cuando una persona fallece, su alma, que forma parte de la esencia del hombre junto con el cuerpo físico-humano, debe ser examinada por la justicia divina. El alma puede haber pertenecido a una persona bondadosa, de grandes virtudes y honra palpable; pero también es muy, pero que muy corriente que tal persona tuviera sus pecados o pecadillos, como todo el mundo. Y es que a ver querido lector: ¿quién es perfecto?

Ni reyes, ni mendigos, ni papas, ni médicos, ni fontaneros, ni campesinos, ni monjas, ni niños. Hasta el que nos parece el más santo de los santos comete pecados. Fíjese si el hombre es débil que ya nace hasta con pecado, el pecado original heredado de nuestros padres.

Esto podría hacernos pensar que cuando la persona muere, aun en el caso de que haya tenido la posibilidad de hacerlo en gracia de Dios, es decir, con los sacramentos de la confesión, comunión y todas las bendiciones que puede proporcionar la Iglesia, cabe la posibilidad de que no haya expiado sus faltas del todo y no haya alcanzado por tanto, el nivel de pureza de corazón necesario para poder entrar en el cielo.

Así, se podría definir el purgatorio como un estado específico del alma en plena transición hacia un mundo celestial que aún no ha podido alcanzar, donde expía o purga aquellos pecados que no logró reparar a tiempo.

Para poder seguir avanzando en un tema tan complejo, acudamos en primer lugar a la información que sobre el purgatorio nos da el catecismo de la Iglesia católica. Para los más despistados, el catecismo es ese librote gordo que está siempre lleno de polvo y telarañas en una esquinita de la biblioteca de la tía Felisa, más olvidado que otra cosa, y que todo católico de buen ver tendría que tener más que sobeteado. Copio textualmente el apéndice núm. 1.030:

Los que mueren en la gracia y en la amistad con Dios, pero imperfectamente purificados, aunque están seguros de su eterna salvación, sufren después de su muerte una purificación, a fin de obtener la santidad necesaria para entrar en la alegría del cielo.

La Iglesia llama purgatorio a esta purificación final de los elegidos que es completamente distinta del castigo de los condenados. La Iglesia ha formulado la doctrina de la fe relativa al purgatorio sobre todo en los concilios de Florencia (1439) y de Trento (1563). La tradición de la Iglesia, haciendo referencia a ciertos textos de la Escritura, habla de un fuego purificador.

Esta enseñanza se apoya también en la práctica de la oración por los difuntos, de la que ya habla la Escritura. [...] Desde los primeros tiempos, la Iglesia ha honrado la memoria de los difuntos y ha ofrecido sufragios a su favor, en particular el sacrificio eucarístico, la Santa Misa, para que una vez purificados, puedan llegar a la visión beatífica de Dios. La Iglesia también recomienda las limosnas, las indulgencias y las obras de penitencia a favor de los difuntos.

¡Ay, cuánto me duele ahora no haber orado de corazón durante los funerales a los que he acudido en el pasado! Pero si uno no sabe estas cosas, no se las ha planteado nunca o simplemente no ha sido informado de ellas, ni siquiera puede darse cuenta de que está cometiendo una gran falta de caridad hacia el difunto.

¡Cuántas veces he visto que la gente acude a un fu-

25

neral sólo para quedar bien con los enlutados parientes! Y el colmo de la desfachatez es descubrir que alguno hasta se acerca al banco de la doliente familia, a quien abraza para salir de la Iglesia de inmediato y marcharse a su casa o a ver el partido. ¡Uf! Qué hipocresía porque, entonces, los familiares quedan pensando engañados que tal mal amigo está por algún banco de la capilla rezando por su esposo, padre o hijo. Pues que bien.

No es mi deseo juzgar a nadie, pues la más imperfecta de las criaturas es esta que escribe ahora, pero sí le rogaría que sopesara este tema tan delicado como es el del funeral. Imagínese por un momento que es usted el difunto, Dios no lo quiera en mucho tiempo, y que ve cómo la capilla se llena hasta la bandera con sus amistades, familiares, vecinos y conocidos. El coro que ha contratado su viuda deleita con su extraordinaria belleza musical las partes fundamentales de la misa, y su corazón se tranquiliza al ver que el sacerdote hace lo posible por pedir oraciones por su alma. Y entonces descubre con gran tristeza que son muy pocos entre los asistentes los que interceden verdaderamente por usted.

Según muchas de las revelaciones privadas católicas que he estudiado, el alma del difunto está presente durante su propio funeral, percibe quién ora y quién está distraído y se entristece sobremanera al comprobar que muchos de sus seres más queridos están pensando en el partido de fútbol de esa noche o en lo guapa que ha acudido a la misa la marquesa del Puturrú de Foie.

¡Qué trago tan duro!

Además puede producirse el agravante de que ya no se ofrezca por usted otra eucaristía. A lo mejor entre sus parientes no hay devotos católicos; o la tía Joaquina, que es la coronada con el mote de la beatorra de la familia, esté ya demasiado viejita como para ofrecer otra misa por usted.

Por tanto y desde mi humilde punto de vista, es una gran falta de caridad no orar por un difunto cuando acudimos a su funeral. ¡No lo hagamos más!

El alma del difunto puede alcanzar la gracia de llegar al cielo sólo si pedimos por él, ya que él no está vivo, y por lo tanto no puede reparar, ni pedir perdón a nadie, ni mejorar su conducta. La prueba concedida por Dios para él, que no es otra cosa que su vida misma, acaba de finalizar. Entonces verá en total desnudez pasar por delante de sus ojos todo lo que ha hecho mientras vivía y comprenderá que su existencia terrenal y material ha acabado; entonces comienza la puramente espiritual y lo que tenía que demostrar al mundo, y sobre todo a Dios mientras vivía, ya ha sido demostrado. Ahora entenderá de forma cristalina que su vida entre los vivos sólo tenía sentido para que ganase la eternidad en el cielo, no en ningún otro lugar. ¡Ah, pero a partir de ahora está muerto! Punto final: «El muerto al hoyo y el vivo al bollo.»

Mientras la persona está con vida, puede enriquecerse, purificarse, arrepentirse y crecer como ser humano en todas las dimensiones. Puede incluso ser santo, si se lo propone. Durante toda la vida está definitivamente viviendo un tiempo de gracia, donde se le concede la oportunidad de ser un hombre extraordinario. Por eso la vida es el don más preciado, el regalo más valioso y más perfecto que existe en todo un universo. Y por eso el catolicismo considera el asesinato como el peor de los pecados, incluyendo al aborto, que no es otra cosa sino asesinar a una criatura en plena vida y desarrollo en su forma más vulnerable.

No debemos olvidar nunca que el estado de nuestra alma cuando fallezcamos alcanzará el nivel del purgatorio adecuado en ese momento de la muerte. Ni un grado más ni uno menos. Entonces, ¡no seamos trogloditas!; luchemos para que cuando nos llegue la hora, ese nivel sea muy cercano a la santidad.

¿Acaso no queremos ir todos al cielo? Seguro que si le hace esta pregunta al peor hombre de la tierra, le responderá que claro que lo desea. Otra cosa es la barbaridad que tenga que luchar para enmendar su vida y reparar el mal cometido. Pero jamás olvide que nuestra religión profesa que hasta el hombre más perverso entre los humanos puede llegar a ser santo si se arrepiente de su conducta y repara con todas sus fuerzas.

¡Alégrese porque la misericordia de Dios es infinita, querido lector! Pero, ¡ojo!, su justicia también. Por eso se debe uno arrepentir y reparar todo lo que pueda mientras sea posible, es decir, mientras viva. Los tiempos terrenales son tiempos de prueba, en donde la maldad nos rodea por todas partes, nos tienta y puede hacernos caer.

La decisión es nuestra: actúo bien o mal. Usted y yo elegimos. Pero no lo olvide: cuando le llegue la de la guadaña a tocar su puerta, verá todo el mal que ha hecho y, por supuesto, todo el bien que también ha logrado.

Pero, ¡horror!, también veremos el bien que no hicimos pero que pudimos hacer si nos hubiera dado la gana. Estos últimos son los pecados de omisión y entre usted y yo, querido lector, los que a mí me traen frita, pues si uno se pone a pensarlo son cosa seria. Desde mi punto de vista, son los que conducen más almas al purgatorio. Y una vez allí, ya fallecidos, ¡se acabó la posibilidad de enmendar! Estaremos muertos, se nos acabó la vida, se nos pasó la oportunidad de demostrar en este mundo si somos capaces de hacer el bien, o de hacer el mal. *Finito, kaput, end...*

Y entonces es cuando Dios, haciendo uso de su inconmensurable misericordia, permite que los que estamos aún vivos, es decir, los familiares, amigos, conocidos, etc. del difunto, aliviemos su purgatorio. Pero por si las moscas, sobre todo si no nos fiamos de las plegarias que nuestros seres queridos puedan ofrecernos una vez que ya no estemos aquí, lo más adecuado e inteligente sería que nos esforzáramos en ser mejores personas cada día, incluyéndonos a todos sin excepción, ya que los buenos, los medio buenos y hasta los santurrones están también llamados a mejorar.

Deberíamos crecer en bondad y entrega. ¡Ganemos puntos, no seamos necios! La vida es muy corta y la eternidad, eterna. Por lo tanto podemos concluir que el tiempo de purgatorio de cada persona tendrá un fin, dependiendo siempre de nuestras oraciones.

Para clarificarles un poco semejante embrollo, les transcribo literalmente lo que narró la hermana Lucía de Fátima, una de las pastorcitas que tuvo el privilegio de ver a Nuestra Señora del Cielo. Estén atentos porque no tiene desperdicio:

Primera aparición. Domingo 13 de mayo del año 1917:

Estando jugando con Jacinta y Francisco en lo alto junto a Cova de Iría, haciendo una pared de piedras alrededor de una mata de retamas, de repente vimos una luz como de un relámpago.

—Está relampagueando —dije—. Puede venir una tormenta. Es mejor que nos vayamos a casa.

—¡Oh, sí, está bien! —contestaron mis primos.

Comenzamos a bajar del cerro llevando las ovejas hacia el camino. Cuando llegamos a menos de la mitad de la pendiente, cerca de una encina que aún existe, vimos otro relámpago; habiendo dado algunos pasos más, vimos sobre una encina una Señora vestida de blanco, más brillante que el sol, esparciendo luz más clara e intensa que un vaso lleno de agua cristalina atravesado por los rayos más ardientes del sol.

Nos paramos sorprendidos por la aparición. Estábamos tan cerca que quedamos dentro de la luz que la rodeaba o que ella irradiaba; tal vez a metro y medio de distancia.

Entonces la Señora nos dijo:

—No tengáis miedo. No os hago daño.

Yo le pregunté:

—¿De dónde es usted?

—Soy del cielo.

—¿Qué es lo que me quiere decir?

—He venido para pediros que vengáis aquí seis meses seguidos el día 13 a esta misma hora. Después diré quién soy y lo que quiero. Volveré aquí una séptima vez.

Pregunté entonces:

—¿Yo iré al cielo?

—Sí, irás.

—¿Y Jacinta?

—Irá también.

—¿Y Francisco?

—También irá, pero tiene que rezar antes muchos rosarios.

Entonces me acordé de preguntar por dos niñas que habían muerto hacía poco. Eran amigas mías y solían venir por casa para aprender a tejer con mi hermana mayor.

—¿Está María de las Nieves en el cielo?

—Sí, está.

Tenía cerca de dieciséis años.

—¿Y Amelia?

—Pues estará en el purgatorio hasta el fin del mundo.

Me parece que tenía entre dieciocho y veinte años.

La Santísima Virgen habló pues en Fátima del purgatorio, como lo ha hecho en otro tipo de revelaciones privadas a santos o místicos, y en otras apariciones marianas que cuentan con el beneplácito de la Iglesia.[2]

Llegado a este punto, creo considerar de vital importancia aclarar que la Iglesia propone dos verdades finamente definidas como dogmas de fe:

1) Que verdaderamente existe el purgatorio,

2) Que las almas del purgatorio deben asistirse con los sufragios de los creyentes, siendo el más importante entre todos ellos la celebración de la Santa Misa, el funeral o misas posteriores.

El concepto del purgatorio forma pues una parte importante de nuestra religión. Los católicos creemos que se encuadra en el plan divino.

La Iglesia católica se considera formada por tres partes proporcionalmente importantes: la Iglesia militante (nosotros, los vivos), la Iglesia triunfante (los santos que ya están en el cielo) y la Iglesia purgante (es decir, la Iglesia sufriente o del purgatorio). Esta triple Iglesia está construida igualitariamente dentro del propio cuerpo místico de Cristo y, como ve, las almas del purgatorio forman un tercio tan importante como el que formamos los vivos en la militante, es decir, los que aún seguimos por aquí enredando.

Así que por nuestro propio bien conviene que no olvidemos que pasado un tiempo, esperemos que sea bien largo, pasaremos a formar parte de ese cuerpo tan desconocido que es el purgante.

2. Véase capítulo 1-3.

¿Estamos hoy seguros de que alguien rezará por nosotros cuando nos vayamos de este mundo de los vivos? Esperemos que sí. Y si no es el caso, tampoco se alarme querido lector. Al parecer hay soluciones alternativas. Si las quiere conocer, siga usted leyendo, pues en el capítulo 4 encontrará buenos consejos para librarse del purgatorio.

Capítulo 2

NIVELES DENTRO DEL PURGATORIO

Hay muy pocas cosas en las que todos los humanos coincidimos, pero quizá una de ellas es la de temer el momento de la muerte. ¿Quién no queda preso en el horror cuando recibe la mala noticia de que padece una enfermedad terminal? El instinto de sobrevivir es latente en cada ser humano cuerdo y todos deberíamos considerar que la vida es el don supremo que se puede adquirir.

Sin embargo, la Iglesia católica nos enseña que no debemos padecer temores ante la muerte, pues lo que es verdaderamente importante para el ser humano es la eternidad que viene después de ella. El fin de la vida terrena es sólo un paso en el largo proceso de la existencia de cada persona, un pequeño salto hacia el más allá, hacia una eternidad infinitamente colmada de felicidad y paz.

Pero la gran cuestión es: ¿lograremos alcanzar el cielo de golpe evitando el purgatorio? Y sobre todo: si tengo que sufrir una estancia en el purgatorio, ¿en qué nivel entraré? ¡No quiero quedarme atrapada en un nivel bajo!

Y es que no he encontrado ningún tratado sobre el purgatorio en el que se diga que es fácil evitarlo y además en todos o en casi todos se mencionan ciertos niveles. ¡A ver qué vamos a hacer usted y yo, querido lector!

Desgraciadamente no podemos saber con total certeza nada sobre el purgatorio, sus niveles o los padecimientos que habremos de sufrir en él, pues nadie ha conseguido ir allí y regresar para contárnoslo directamente a nosotros.

Sin embargo, nuevamente tenemos que dar gracias a Dios por todas las numerosísimas revelaciones privadas de los santos, de los que le hablo con insistencia en el capítulo próximo. Éstos han visto, oído y contactado con las almas por pura misericordia divina. Muchos de ellos relatan cosas curiosísimas al respecto; explican claramente que ven a las almas de forma visible físicamente. Algunas veces las perciben como seres grotescos, enfermos o terriblemente feos. Esto tiene como objetivo principal demostrar de manera característica el estado actual del alma en ese lugar o nivel de purificación. Naturalmente, el estado de todas las almas del purgatorio es diferente y son también distintos sus sufrimientos.

Santa Brígida escribe en sus revelaciones (libro IV, capítulo VIII) que en el purgatorio hay tres grados claramente diferenciados. En el grado inferior es donde el sufrimiento es mayor y es similar al del infierno. Reinan en él tinieblas profundas y la pena del fuego es aplicada con todo rigor; claro que las almas que allí se encuentran sufren con mayor o menor intensidad según la medida de sus culpas. Justo encima de éste está situada la segunda esfera o nivel. Aquí los sufrimientos son menores, pues se le oculta al alma gran parte de la belleza del cielo pero no su totalidad. Hay aún gran ausencia del amor divino y por tanto gran angustia por conseguirlo. Por último, muy cerca ya del cielo, se sitúa el estrato tercero. En él no existe ningún castigo sensible, pero las almas sufren mucho por estar tan cerca de Dios y no poderle alcanzar.

La beatificada Anna Catalina Emmerich (Alemania

1774-1824) dice que las almas van pasando paulatinamente a castigos cada vez más suaves. Por ejemplo, se dejan atrás terribles tinieblas y total soledad para alcanzar una esfera de mayor luz y cierta compañía, la de otras almas orantes. Más arriba está el nivel en donde la luz es muy potente. Y ya casi cerca del cielo, la felicidad se palpa con cada sentimiento del alma.

Concluimos pues que las pobres almas pasan por una purificación graduada, es decir, de las regiones inferiores suben hacia las superiores y más luminosas, hasta que alcanzan una pureza y santidad verdadera, requisitos indispensables para poder estar cara a cara ante Dios.

Podría hablarles de tales estratos hasta la saciedad, pero nuevamente no deseo atormentarles ni aburrirles. Y sólo por ello intentaré resumirles de una forma clara y escueta la información que a mí más me ha impresionado a la hora de estudiar dicho tema.

Un tratado sobre el purgatorio de enorme importancia fue el escrito en forma de diario por una religiosa alemana a quien se le aparecieron almas, tanto conocidas para ella como extrañas, a fin de solicitar su intercesión. Tal difícil y curiosa gracia le ocurrió desde 1921 hasta 1928.

No puedo revelar el nombre de dicha mujer, pues su director espiritual decidió por el bien de la familia y de ella misma que se guardara en secreto. Sin embargo, este valiosísimo documento ha sido el centro de muchísimos y exhaustivos análisis y es aceptado por la Iglesia como uno de los testimonios más interesantes y ricos que se tienen sobre el purgatorio.[3]

Aquellos que tuvieron la fortuna de conocerla coinci-

---

3. El diario de esta franciscana está publicado bajo el nombre de *Entre el cielo y el infierno. Apuntes de un diario sobre apariciones de las almas del purgatorio* por Bruno Grabinski, Editorial Stvdium, 1963.

den en que era un alma noble de gran bondad y entrega, y afirman que condujo su vida de forma santa y abnegada. Sufrió terriblemente a causa de los sustos que le proporcionaban las apariciones y por la insistencia de su director espiritual para que escribiera sobre todas y cada una de tales experiencias.

De esta increíble joya de la Iglesia sólo se ha revelado que dicha mujer pertenecía a una familia de muy alta cuna y que había heredado títulos principescos de una de las casas reales de la Europa del siglo XVIII.

Su vocación la había llevado a abandonar posesiones y riquezas e intercambiarlos por el hábito de franciscana. Su humildad es muy alabada en todos los estudios realizados que existen sobre ella y que fueron llevados a cabo por investigadores serios que no siempre pertenecían a la Iglesia católica.

En todos también se afirma que su sufrimiento fue atroz. A veces pasaba tanto miedo al ver almas que debía dormir acompañada. Sus encuentros con las almas se producían siempre de manera imprevista y las anécdotas vividas por ella que hacen referencia a los diferentes niveles del purgatorio son muy numerosas.

Para poderles ilustrar de forma sencilla lo que aprendió sobre los diferentes niveles de sufrimiento en el purgatorio, les he hecho una pequeña selección de aquellas que, personalmente, me dejaron más perpleja.

Primera anécdota:

Nuestra protagonista se encontraba un día cosiendo en su celda, cuando ante sus ojos apareció una mujer con un aspecto horrible. Sus pupilas desprendían odio, tenía la vestimenta sucia y abandonada y las manos llenas de llagas.

Pero lo que más espanto le produjo fue ver que ese espectro tenía un gran clavo atravesándole los labios y la lengua de forma grotesca. Parecía como si se hubiera deseado sellarlos de esa manera macabra y dolorosa para impedir el habla.

Como el espectro no podía comunicarse a causa de ese terrible instrumento, la monja comenzó a orar desesperadamente por ella. Sólo entonces el clavo se desprendió un poquito y dejó a la fallecida la posibilidad de mover un poco lengua y labios.

La religiosa aprovechó el momento para preguntarle el porqué de tan tremendo castigo, a lo que le respondió: —«Estoy en este estado porque sufro un purgatorio en un nivel muy profundo, cerca de los abismos infernales. Padezco de esta manera porque durante mi vida cometía constantemente un pecado que la justicia divina ha considerado de enorme gravedad. Éste era el pecado de la lengua. Era gran amiga de cotillear, criticar y calumniar a otras personas. A veces lo hacía incluso por pasar el tiempo, por diversión o por ganar la popularidad en cualquier reunión social. La calumnia no sólo la debe purgar el que la inventa, sino también el que luego la quiere creer y la sigue esparciendo. En la hora de mi juicio, Dios me mostró el terrible tormento que produje con mis mentiras y críticas a muchas personas. Ahora sufro por un tiempo semejante a la eternidad, pues nadie ora en honor a mi recuerdo.»

En cuanto acabó de expresarse el clavo volvió a recolocarse de inmediato sobre su posición inicial, y ante los espantados ojos de nuestra religiosa el espectro femenino desapareció.

Tuvo que orar y ofrecer grandes ayunos para ayudar a esta pobre alma, quien meses después se le volvió a presentar sin el clavo, llena de alegría y de paz. Agradecida, no la volvió a molestar jamás.

Segunda anécdota:

Estando nuestra religiosa pasando unas vacaciones en el castillo familiar, la dejaron al cuidado de un bebé de pocos meses. La criatura dormía plácidamente en su cuna mientras ella se enfrascó en la lectura de la santa Biblia.

Disfrutando de las cartas de san Pablo se le apareció la espantosa figura de un hombre de aspecto feroz, con pelo cano, sonrisa llena de odio y ojos ensangrentados. El olor que emanaba aquel espectro era insoportable y sus ropajes, datados a simple vista como del Medievo, mugrientos. Pegó un aterrorizado grito que despertó al bebé, quien se puso a llorar desconsoladamente.

Aquella figura espectral se le abalanzó al cuello e intentó estrangularla, pero ella, agarrando el rosario con fuerza y pidiendo auxilio al arcángel san Miguel, vio aliviada cómo aquel perturbado salía por los aires y se chocaba con fuerza contra la pared.

Acto seguido la franciscana se puso de rodillas a orar con todo su corazón y sólo entonces aquel espectro quedó como bloqueado contra el muro de la habitación y no pudo acercarse ni a ella ni al bebé que le habían dejado a cargo.

—¿Quién eres y por qué me atormentas? —preguntó empapada en lágrimas.

Y entonces aquel fantasma le habló:

—Soy «X» y llevo desde 1479 padeciendo un estado del purgatorio muy profundo. En mí sólo hay maldad y ésta me daña porque está adherida a mí en toda su esencia. Estoy salvado, pero no purificado. Sin embargo, sé que algún día lograré deshacerme de esa maldad si se ofrecen por mí oraciones y sufragios. Pero ahora, tan cerca vivo del infierno que mi alma está colmada de odio y por ello deseo tu muerte. Las almas en este tipo de niveles estamos muy unidas a Satanás. Odiamos con él y deseamos el mismo mal. Sin embargo, Dios, en su infinita bondad, permitió que las oraciones de mi madre me salvaran de la condenación eterna, por lo que sé que si alguien ofrece sufragios por mí, poco a poco iré limpiando mi estado y lograré alcanzar niveles del purgatorio más elevados. No puedo amarte, Dios no me lo permite, pues en vida no amé. Aquí se paga paralelamente a lo pecado durante la vida en la tierra. En este nivel tan abismal, no sabemos amar, padecemos horriblemente y deseamos la condenación de todo humano. Pero como no estoy dentro del infierno sino en sus límites exteriores, puedo manifestarme a ti y pedirte ayuda.

—¡Oh, pobre desafortunado! —le dijo la monjita llena de tristeza—. Encargaré misas por la salvación de tu alma.

—¡No puedes hacer eso por mí! —gritó lleno de odio.

—¿Por qué? ¿Qué mayor ofrenda puedo hacer que el santo sacrificio de la pasión y muerte de Jesucristo en tu nombre? Él también murió por ti y su sufrimiento saldó tus faltas. Pagó un precio altísimo por tu salvación.

—No serviría de nada —contestó el espíritu muy apesadumbrado—, porque durante mi vida jamás valoré la importancia de la misa. Recuerda que Dios es infinitamente justo.

—Pero ¡también es infinitamente misericordioso!

El espectro repitió mirándola con gran odio:

—Dios es infinitamente justo.

Nuestra protagonista entendió entonces que no nos podremos beneficiar en el purgatorio de ciertas cosas del Señor, si las hemos desperdiciado en vida. Esto es un gran consuelo para los creyentes, pues todas las gracias que ofrece la Iglesia y que aprovechamos con fe mientras vivimos podrán servirnos también en el más allá.

La religiosa, temblando, tomó un frasco de agua bendita y lo derramó totalmente sobre aquel desgraciado espectro, que en pocos segundos desapareció dejando un pestilente olor tras de sí. El informe del sacerdote que investigó su caso confirma que de tal líquido no quedó ni una gota; nada se derramó sobre el suelo. Simplemente se evaporó al instante.

¿Estaría el espectro envuelto en calor? No lo sabemos, aunque en revelaciones posteriores esta franciscana afirmó que en muchas ocasiones las almas se quejaban de sentirse envueltas en llamas, aunque ella no pudo verlas.

Los sacrificios, ayunos y penitencias que tuvo que ofrecer por este pobre espectro fueron enormes. Apenas comió durante meses, robaba horas al sueño que sustituía por profunda oración y trabajó hasta el agotamiento en las tareas más arduas del convento. También comenzó a limpiar letrinas en el lugar de sus compañeras; fregaba suelos, cosía hasta hacer sangrar sus dedos, se deslomaba en la huerta y padecía al fin todo tipo de penurias, con la sola idea de poder liberar del tormento a aquella pobre alma en pena.

Muchos meses después se le apareció de nuevo. Su aspecto había cambiado pues ahora era hermoso, elegante y señorial. Se sorprendió sobremanera al descubrir que se trataba de un hombre joven cuya edad podría rondar la veintena. No hubiera sido capaz de reconocerle de no haberse percatado de que llevaba los mismos ropajes medievales de la primera aparición, que ahora lucían pulcros.

Tampoco emanaba de su cuerpo ningún olor desagradable; así mismo la expresión de sus ojos había cambiado por completo, pues reflejaban tristeza y arrepentimiento, aunque increíblemente también amor.

—Jamás olvidaré lo que has hecho por mí —le dijo—.

No sé cuánto tiempo tendré que seguir sufriendo en este purgatorio, pero al menos ahora estoy en un nivel en donde la presencia de Dios es mucho más cercana. Se acabó la proximidad infernal que tanto me ha hecho padecer. Sólo me queda alabar a Dios con todas mis fuerzas durante el tiempo que Él, en su infinita sabiduría, considere necesario bajo el prisma de la justicia eterna.

Y tras estas palabras, desapareció para no volver a molestarla jamás.

Tercera anécdota:

La franciscana dormía en su celda cuando la despertó un fuerte silbido. Abrió sobresaltada los ojos preguntándose qué sería aquello que le perturbaba el sueño, cuando para su horror descubrió que a los pies de la cama yacía enrollada una serpiente enorme y venenosa de color negro azabache.

Se colocó de un brinco sobre el colchón y comenzó a pedir socorro angustiada. Sin embargo, este suceso que tuvo lugar en horas muy intempestivas de la noche no fue oído por sus compañeras. Aquella enorme serpiente trepó sobre la cama y la rodeó poco a poco el cuerpo, intentando provocarle la asfixia.

Nuestra religiosa comenzó a orar con todo el corazón, pidiendo ayuda a los ángeles, a los santos y sobre todo, a Nuestra Madre del Cielo. Justo cuando ya apenas podía respirar, la gran serpiente sufrió un desvanecimiento y cayó sobre el suelo con un gran estruendo. La monjita se desplomó también sobre su cama, tosiendo desesperadamente y dando gracias a Dios por la ayuda recibida.

Cuando recobró un poco el sentido y pudo volver a tragar saliva, tomó el rosario entre los dedos y comenzó a orar por aquel extraño ser. Entonces éste le habló en los siguientes términos:

—Soy un varón fallecido en 1545 en este monasterio. Como ves el estado de mi alma es grotesco, terrorífico y repugnante. Esto es debido a que moro en las profundidades del purgatorio, en donde purgo mis terribles y espantosos pecados.

El espectro se echó a llorar con gritos tan desesperados que nuestra religiosa pensó que alertaría a todo el convento, cosa que para su desconsuelo no ocurrió.

—¿Y qué hiciste para acabar en un estado tan alejado de Dios? —preguntó cuando se dio cuenta al fin de que nadie acudiría en su ayuda.

La serpiente entonces le explicó que sus pecados habían sido tan espeluznantes que no podía relatárselos, pero que agradecería infinitamente que orara por él.

Acto seguido desapareció tan misteriosamente como se había presentado antes. Nuestra monjita oró de nuevo durante muchos meses, pidiendo clemencia a Dios por ese pobre hombre perdido en los abismos del purgatorio.

No explica en su diario qué tipo de palabras, sufragios y penurias ofreció esta vez por este desconocido, pero sí nos ha dejado constancia sobre lo que le ocurrió tras cumplirlos. Después de pasado un tiempo y nuevamente durante las horas más negras de la noche, se le volvió a presentar en su celda y la despertó. Su presencia había cambiado radicalmente y ahora mostraba aspecto humano. Se sorprendió sobremanera al ver que se trataba de un anciano monje dominico, vestido con hábito de áspera apariencia y un cordón blanco anudado a la cintura.

—¿Quién eres y qué más deseas de mí? —preguntó nuestra religiosa llena de temor.

—Soy aquel cuya alma se asemejaba a la de una feroz serpiente asesina —respondió casi en un susurro.

—Ya he rezado todo lo que he podido por tu alma y, por lo que veo, Dios en su misericordia ha atendido mi ruego... ¡Vete y déjame ya tranquila! —suplicó la religiosa llena de temor al recordar lo sucedido anteriormente con esta alma.

Aquel espectro se tapó los ojos con ambas manos y comenzó a llorar amargamente.

—¡Márchate, te lo ruego! —insistió la pobre mujer deseando que aquello acabara pronto.

Pero el espectro, presa del desconsuelo, gemía cada vez más alto.

—¡Está bien, de acuerdo, te ayudaré! —dijo resignada nuestra monjita—. ¿Qué quieres de mí ahora?

El monje no contestó. Se limitó a secarse las lágrimas y sin pronunciar palabra se dirigió hacia la puerta de la celda. La abrió y, volviéndose hacia la religiosa, le indicó con un gesto de la mano que la siguiera. Con gran temor, la pobre monjita se colocó por los hombros una manta, se calzó las zapatillas y se dispuso a seguirle acompañada por la luz de una vela.

Su estupor fue enorme cuando descubrió que aquel espectro recorría los largos pasillos del convento a paso lento pero seguro, como si conociera perfectamente los recovecos y entresijos de su arquitectura. Y así atravesaron el claustro, la biblioteca y las cocinas. Al llegar al lavadero y siempre de forma pausada, el espectro dirigió sus pasos hacia una trampilla de madera situada en el suelo, en una esquina abarrotada de cepillos y cubos.

Retiró los cepillos uno a uno y, cuando ya nada estorbaba la apertura de la trampilla, se agachó, tomó con ambas manos la argolla que sobresalía de la madera y tiró con fuerza. La boca de la trampilla se abrió con un pequeño chirrido que resonó en forma de eco sobre las paredes empedradas del viejo lavadero. Acto seguido, se metió en el hueco del suelo y comenzó a bajar los escalones que nacían a ras del suelo. El monje miró hacia atrás y volvió a indicarle con un gesto de la mano que bajara tras él.

«La bodega... —pensó asustada nuestra protagonista—. ¡Quiere que le siga hasta la bodega!»

Con el corazón en un puño pero decidida a ayudar al alma que Dios le había encomendado, se metió tras el monje en la boca de la bodeguilla y alumbrando con cuidado cada escalón comenzó el descenso. Un pestilente olor a humedad rancia y a polvo acumulado le golpeó la cara. Ése era el lugar que tanto había ansiado mostrarle el extraño monje. Al tocar el suelo con ambos pies se acercó éste a una de las paredes y ante el estupor de la religiosa, señaló una baldosa del suelo extendiendo un largo y afilado dedo acusador.

—¿Qué pasa? —preguntó ésta llena de angustia—. ¿Qué es lo que me quieres decir? ¿Qué ocurrió en este rincón?

El espectro no contestó. Se limitó a observar esos ladrillos enmohecidos y, a continuación, pegó tal espantoso grito que nuestra monjita casi pierde el conocimiento. Inmediatamente después, desapareció. En ese momento un gran entendimiento, que casi la hizo tambalear, invadió a nuestra religiosa.

—¡Señor mío! —exclamó con los pelos de punta debajo de su toca de dormir—. Era aquí en donde él pecaba... ¡Y qué pecado más terrible cometía![4]

¡Ay, mi querido lector! Como ya le he dicho antes, podría estar relatándole mil anécdotas más sobre esta extraordinaria mujer de la que desgraciadamente la Iglesia no desea revelar la identidad.

Los documentos sobre esta monja de sangre azul son

4. El diario no revela cuál era tal pecado.

muy escasos y se me ha hecho un mundo encontrar el estudio que sobre sus experiencias logró recopilar su director espiritual. Para aquellos lectores a los que he logrado picar las ganas de leer sobre su vida, les diré que el libro en donde se han publicado sus tan peculiares experiencias sólo se encuentra en los archivos de una diócesis de Berlín, aunque durante un tiempo fueron publicados en España.

Si he podido hacerme con el manuscrito ha sido gracias a un pequeño milagro llamado Miguel Ángel, un amigo entrañable que conserva un ejemplar en castellano de la década de 1960 y que ha tenido la enorme delicadeza de hacerme fotocopias de su original. Después de leerlo he comprendido por qué no se ha atrevido a prestarme el original, a pesar de la gran amistad que nos une.

—Te mataría si lo perdieras... ¡No hay quien lo encuentre ya por ningún sitio!

Ya sabe usted el refrán, querido lector: «El que tiene un amigo, tiene un tesoro.» Pues eso.

Capítulo 3

LOS SANTOS

A estas alturas usted se debe de estar preguntando quién está verdaderamente convencido de todo lo que hasta ahora se ha explicado. ¿La Iglesia? ¿Los teólogos? ¿Una servidora? ¡Uf, qué va! Ya me gustaría.

En algún lugar del prólogo ya dije que los testimonios de gentes más o menos fiables son extraordinariamente interesantes. Y digo más o menos fiables porque no son pocos los sabios de la escatología que defienden la posibilidad de que algunos santos tuvieran el infortunio de haber perdido la cordura y de que lo que padecían realmente no era sino un desequilibrio mental como la copa de un pino; o sea, que en vez de ver almas, sufrían alucinaciones patológicas.

Sin embargo, creo que no todos los casos pertenecen a este lastimero grupo, ya que para escribir sobre este complejo y apasionante tema me he tenido que estudiar de cabo a rabo la vida de los santos que más han hablado del purgatorio, o al menos de los que yo he conseguido bibliografía seria. Les puedo asegurar que todos ellos me han sorprendido sobremanera por su cordura y, sobre todo, por su gran humildad de corazón.

Una característica prácticamente común a todos ellos es la de haber intentado por todos los medios ocultar al mundo sus dones. Esto se debía en primer lugar al hecho de temer el haber perdido la mente y la vergüenza que conllevaba de cara a los demás. Pero también se daba otro motivo de suma importancia, el de la obediencia absoluta hacia el director espiritual, que era quien les prohibía comentar tales experiencias con alguien ajeno a él mismo. Este superior era el encargado de vigilarles en extremo para discernir, a través de la oración y la ciencia, si el extraño fenómeno de ver almas o fantasmas se debía a una simple enfermedad o a un don curioso e irrepetible de enorme valor humano.

Es muy interesante descubrir que el mismo hecho de ver almas tenía gran repercusión a la hora de dictaminar un diagnóstico a favor o en contra, ya que en numerosísimas ocasiones, los espectros comunicaban a los santos o videntes acontecimientos que desconocían por completo. Cuando lo relataban, nadie les creía y, sin embargo, con el paso del tiempo se demostraba que aquello que en su día les fue anunciado por las almas se cumplía.

Uno de los casos más espectaculares, aunque aún no está reconocida como santa por la Iglesia católica, es el de la austríaca Maria Simma.

Esta campesina humilde e ignorante, desgraciadamente fallecida hace tan sólo un par de años a la edad de ochenta y nueve años, tuvo el carisma desde niña de ver con sus propios ojos a las almas del purgatorio. Pero hasta los cuatro o cinco años de edad no se dio cuenta al fin de su peculiar don. ¡Creía que todo el mundo las veía al igual que ella!

La bibliografía que existe sobre Maria Simma es enorme y los casos que cuenta ponen los pelos de punta a cualquier lector, sea cual sea la religión que profese.[5] Podría contarles mil anécdotas, todas ellas documentadas y comprobadas por diferentes testigos. Entre tantos casos he escogido uno que espero que les guste tanto como me gustó a mí.

Se encontraba Maria Simma haciendo sus labores de casa cuando de pronto vio ante ella a un hombre alto, encorbatado y de aspecto distinguido. Se asustó al caer en la cuenta de que no le había oído entrar en la casa.

Cuando le preguntó sobre su inesperada presencia, él le contestó que era un alma del purgatorio y que sufría terriblemente a causa de un sucio pecado que podía haber evitado. Ahora ya no había remedio, estaba desolado, arrepentido y sin salida. Jamás alcanzaría el cielo si Maria Simma no le ayudaba.

—Pero ¿qué puedo hacer yo por usted? —preguntó la aldeana llena de congoja.

Entonces aquel espectro le relató con pelos y señales lo que podía y debía hacer por él para aliviar su oscura eternidad.

Por lo visto aquel hombre había luchado judicialmente durante diez largos años contra un hermano suyo a raíz de una finca que él consideraba que debía heredar, pero que sabía que era legalmente de su hermano. Los papeles de la herencia se perdieron en la guerra nazi y no había forma de comprobar quién heredaba la tierra en disputa.

---

5. No se pierdan el pequeño libro *El maravilloso secreto de las almas del purgatorio*, de sor Emmanuelle Millard, quien tuvo el enorme privilegio de entrevistarla; ni el increíble y profundísimo estudio en forma de entrevista que le hizo el escritor Nicky Eltz, *¡Sáquenos de aquí!* (N. de la a.)

Todos habían conocido el deseo del progenitor fallecido, pero aun así, nuestro espectro no había descansado a base de trapicheos y mentiras inteligentes que descaradamente alegó ante el juez, hasta conseguir recuperar la finca para el disfrute de su propia familia.

Todo este proceso judicial acabó entonces por dejarle a él como heredero legal. Con esta actitud y sus consecuencias, destruyó el cariño y la unión familiar y produjo sufrimiento a las esposas, hijos y nietos de ambos hermanos.

Cuando falleció, se llevó su gran error a la tumba.

—Señor —contestó Maria Simma—, qué historia tan triste... Siento de todo corazón su pena, pero le repito que no sé qué puedo hacer por usted. ¡No conozco a nadie de su familia! —Este señor, al que Maria Simma jamás había visto antes, sólo la había informado sobre su procedencia alemana.

—Efectivamente usted no sabe nada sobre los míos, pero sí puede hacerme un gran favor —respondió esperanzado.

—¡Usted dirá! Si está dentro de mis posibilidades, accedo a ayudarle.

Entonces aquel hombre, lleno de alegría le rogó que escribiera una larga carta a su hermano pidiéndole disculpas desde lo más profundo de su corazón, contándole que, efectivamente, siempre había sabido que aquellas tierras le deberían haber correspondido a él.

En la carta que dictó a Simma dio datos, proporcionó números y fechas y se explayó precisando instrucciones sobre cómo y cuándo debían sus hijos entregar la finca a su tío y primos. Por último, entregó a Maria la dirección y los nombres a quienes debía dirigir la carta.

Después desapareció ante los ojos de la vidente tan misteriosamente como había llegado antes. Maria sopesó mucho su decisión. Por un lado la invadía el miedo pero, por el otro, su fe le pedía a gritos que enviara aquella carta.

¿Qué podría perder? Ella nada. ¡Bastante acostumbrada estaba a recibir risas y burlas a raíz de sus experiencias! Total, ¿qué más daba padecer por una más? Si aquello que había vivido era cierto y no producto de su imaginación, quizá restauraría la paz entre los miembros de una lejana y desconocida familia.

Decidió orar mucho y después, convencida de que algo bueno saldría de aquello, envió la carta a la dirección que aquel espectro le había dictado. No había pasado mucho tiempo cuando recibió una llamada telefónica desde Berlín. Provenía de los hijos del fallecido, extraordinariamente sorprendidos por la llegada de la epístola de Maria colmada de datos tan detallados sobre su familia, los problemas y las querellas sufridas a raíz de la maldita finca.

«¿Quién era aquella viejecita desconocida que sabía los entresijos sobre el gran problema familiar que atormentaba a todos?», se preguntaban.

Maria les relató lo ocurrido y, tras el estupor inicial, decidieron creerla. ¡Menudo panorama! No puedo dejar de sonreír al imaginar a aquellos muchachos hechos un verdadero lío con semejante experiencia. Vaya susto y qué sorpresa... ¿Se imagina usted, querido lector, que algo así pudiera sucederle?

Podría contarle mil anécdotas más ocurridas a esta mujercilla agraciada con un don tan único, pero entonces el presente libro se haría interminable. No obstante, no puedo finalizar este capítulo sin antes relatarle algunas experiencias de esos santos de la Iglesia católica a los que antes hice referencia. ¡Son curiosísimas! Ellos han sido más investigados que nuestra viejecita austríaca por el hecho de haber sido canonizados. ¡Alguna fiabilidad tendrán entonces!, ¿no?

Lea, lea, querido lector... No sea cobardón. Ya verá cómo no se arrepiente de haberse lanzado a descubrir el increíble mundo de los santos, sus experiencias y anécdotas vividas con las almas del purgatorio.

Mis santos favoritos (que vieron almas del purgatorio):

Santa Magdalena de Pazzi
(Florencia, 1566-1607)

Una tarde, mientras paseaba por el jardín del convento junto a otras hermanas de la congregación, esta santa entró en un éxtasis profundo. A los pocos segundos se la oyó susurrar: «Sí, acepto ir.» Con estas palabras contestaba a su ángel de la guarda, quien le había invitado a acompañarle al purgatorio para descubrir cómo era y lo que ocurría entre sus tinieblas.

Las monjas, que en ese momento andaban junto a Magdalena, la miraron llenas de miedo y espanto al observar sus bruscos movimientos, lamentos y gritos. La santa no había hecho sino entrar en los abismos del purgatorio, experiencia que luego relató magníficamente en un escrito que aún se conserva en el Vaticano.

Durante estos sobrenaturales momentos de visión, santa Magdalena anduvo durante ciertos minutos totalmente encorvada, como si su espalda cargara un tremendo peso. También relató que escuchó grandes gritos de dolor, expresiones de tristeza y enorme arrepentimiento. Después el ángel la llevó a los estadios más profundos del purgatorio, donde vio, llena de espanto, que entre las almas también estaban monjas y sacerdotes.

Santa Faustina Kowalska (Polonia, 1905-1938)

¡Qué no les diría yo de mi santa favorita! Extraordinaria alma de Dios, nacida y fallecida en el siglo xx y santificada por Juan Pablo II, quien además investigó su causa cuando fue obispo de Cracovia.

Santa Faustina nos dejó una inmensa joya de incalculable valor: su diario íntimo, un conglomerado de riquezas espirituales llenas de visiones del Señor, de éxtasis y revelaciones con abundante información mística. A continuación paso a relatar un par de las cientos de experiencias que vivió con respecto a las benditas almas del purgatorio. Transcribo textualmente de su diario íntimo. ¡Lean con tiento porque no tiene desperdicio!

Primera anécdota:

En aquel tiempo pregunté a Jesús por quién debía rezar todavía. Me contestó que la noche siguiente me haría conocer por quién debía rezar.

Vi al ángel de la guarda que me dijo que le siguiera. En un momento me encontré en un lugar nebuloso, lleno de fuego. Había allí una multitud de almas sufrientes. Estas almas estaban orando con gran fervor, pero sin eficacia para ellas mismas; sólo nosotros podemos ayudarlas. Las llamas que las quemaban, a mí no me tocaban.

Mi ángel de la guarda no me abandonó ni por un solo momento.

Pregunté a estas almas:

—¿Cuál es vuestro mayor tormento?

Y me contestaron unánimemente que su mayor tormento era la añoranza de Dios.

Vi a la Madre de Dios que visitaba a estas almas del purgatorio. Las almas la llaman la estrella del mar. Ella

53

les proporcionaba alivio. Deseaba hablar más con ellas, pero el ángel de la guarda me hizo señas para que saliera. Entonces salimos de esa cárcel de sufrimiento.

Oí una voz interior que me dijo:

—Mi misericordia no lo desea, pero la justicia lo exige.

A partir de ese momento me uno más estrechamente a las almas sufrientes del purgatorio.

Segunda anécdota:

Hoy Jesús me dijo: Tráeme con tu oración a las almas que están en la cárcel del purgatorio y sumérgelas en el abismo de mi misericordia. Que los torrentes de mi sangre refresquen el ardor del purgatorio. Todas estas almas son muy amadas por Mí. Ellas cumplen con el justo castigo que se debe a mi justicia. Está en tu poder llevarles alivio. Haz uso de todas las indulgencias del tesoro de mi Iglesia y ofréceselas en su nombre... ¡Oh, si conocieras los tormentos que ellas sufren, ofrecerías continuamente por ellas las limosnas del espíritu y saldarías las deudas que tienen con mi justicia!

Santa Lidwina de Schiedam
(Holanda, 1380-11 de abril de 1433)

Santa de la que conocemos muchos datos gracias el extraordinario estudio que sobre ella se ha hecho recientemente en el Vaticano. Muchacha de virtudes admirables, sufrió durante la friolera de treinta y ocho años todo tipo de enfermedades y dolencias que la impedían dormir con facilidad, siendo sus noches largas y de muy poco descanso.

La santa aprovechaba las largas horas de este insomnio

y los dolores físicos producto de su deteriorada salud para redoblar su permanente oración y entrega a Dios. Entonces experimentaba profundos éxtasis en los que, según ella, su ángel guardián se le aparecía y conducía en cuerpo y espíritu al purgatorio, en donde divisaba sus inmensos misterios. Sus descripciones sobre el lugar son minuciosas, interesantísimas y de una condición sobrenatural que ponen los pelos de punta con su lectura.

Describió en muchas ocasiones los diferentes estadios dentro del purgatorio. Lea uno de sus testimonios en el que habla de un nivel profundo del mismo:

> La santa vio durante uno de sus éxtasis a un alma en un estrato muy bajo del purgatorio, en donde su sufrimiento atroz se asemejaba a aquel que padecen los condenados en el infierno.
>
> Se trataba del alma de un hombre al que había conocido bien durante su vida y al que ella apreciaba mucho. Quizá por ello su espanto y preocupación fueron enormes cuando, tras doce años desde la muerte del desdichado y estando ella rezando precisamente por la salvación de su alma, le vio encerrado en las llamas de un bajísimo purgatorio. «Pero ¿qué has hecho para merecer este castigo?», le preguntó estremecida.
>
> Entonces el alma de aquel conocido le relató llena de amargura que durante su vida había vivido de forma muy disipada. Había tenido gran cantidad de amantes y había provocado por ello un gran sufrimiento a su familia, que duró hasta los últimos días de su existencia. Por pura misericordia, quiso el Señor que al caer él enfermo sintiera un gran arrepentimiento, por lo que pidió confesión y murió en gracia de Dios.
>
> Durante doce largos años santa Lidwina rezó con fervor por su alma, pues conocía su fama de rufián y la permanente traición hacia la esposa. Suponía que todas

sus plegarias serían pronto escuchadas. Precisamente por esta razón se aterrorizó cuando, después de ese extenso tiempo, se lo encontró entre las llamas de ese terrible purgatorio.

El ángel de la guarda de la santa, que la acompañó visiblemente a semejante viaje, vio el dolor que le estaba causando esta visión y le dijo: «Puedes ofrecer algo para aliviarle, para que alcance el cielo.» La santa accedió de inmediato y una vez recobrado el conocimiento ofreció ayunos, sus enfermedades, dolencias y todo tipo de oraciones para liberar a esa pobre alma desgraciada.

Cuando Lidwina comprendió que no podía soportar más infortunios, rogó desesperadamente a Dios por la salvación de aquel por quien tanto había orado. Entonces el Señor le permitió ver cómo el alma del condenado a ese purgatorio atroz, se elevaba suavemente desde los abismos hasta un fuerte halo de luz. Así comprendió que ninguno de sus padecimientos se había echado a perder. ¡Dios utiliza hasta la más pequeña de nuestras oraciones para salvar almas!

Santa Isabel, reina de Portugal e infanta de Aragón (1271-1336)

Impresionante relato el que he encontrado sobre esta soberana, donde se nos cuenta que conoció con gran tristeza el penoso estado del alma de su hija, la princesa Constanza quien, aún muy joven, fue desposada con el rey de Castilla y tuvo el infortunio de fallecer al poco tiempo de la boda por una breve e intensa enfermedad.

La aparición del alma de la joven desafortunada fue dada a conocer a su regia madre durante un viaje en donde la santa era acompañada por su esposo, el rey portugués. En un cruce de caminos y ante el susto de todos, un ermitaño de penoso aspecto se lanzó contra la montura de los reyes implorando desesperadamente ser escuchado por la reina.

Obviamente los soldados del cortejo frenaron al desdichado, pero fueron tales sus lamentos y su urgencia por comunicar algo de vital importancia a su soberana, que al final santa Isabel accedió. Aquel hombrecillo le relató, entre lágrimas y premuras, que el espectro de la difunta princesa Constanza se le había aparecido durante un momento de oración por su alma; el estado de la joven hija de santa Isabel era lamentable.

«Hermano —dijo el espectro—, «debéis comunicar de inmediato a mi querida madre que me hallo en un lugar profundo del purgatorio en donde padezco los más terribles arrepentimientos por faltas cometidas durante mi disipada vida. Anunciadle que sólo podré salvar mi alma de tantas tristezas y alcanzar el cielo eterno, si se ofrece por mí la celebración de una misa diaria durante un año entero. Disponeos pues a encontrar a mi regia madre para anunciarle mi apremiante necesidad.»

Cuando el cortejo de los reyes de Portugal escuchó al pobre religioso, sus miembros rompieron a reír con estrepitosas carcajadas, llenándole de insultos e improperios. Sin embargo, la reina, mujer de piedad y santidad admirable, no se burló. Más bien se dirigió cautelosa a escuchar la opinión de su esposo, el rey, quien tras unos minutos de silencio sopesado respondió: «Majestad, no veo improcedente celebrar misas por nuestra amada hija, pues dentro de lo que cabe con ello no haremos algo diferente de lo que nos aconseja el deber paternal cristiano. Encarguemos, pues, 365 misas por nuestra princesa fallecida.»

Los reyes pidieron a un sacerdote de su confianza llamado Fernando Méndez que celebrara la santa eucaristía a favor de la salvación del alma de su hija, justo un día después de vivir tan interesante experiencia, y tras ello, se relajaron dejando que pasara el tiempo.

Justo 365 días después de aquello, mientras santa Isabel rezaba en la capilla del castillo, su hija Constanza se le apareció transfigurada y rodeada de un hermosísimo haz de luz. El espectro se dirigió a ella en semejantes términos: «Madre, hoy mismo seré liberada de las llamas del purgatorio. Abandono este lugar de penas y reparación para unirme al amor de los santos y los ángeles.» Y tras estas palabras, desapareció ante sus atónitos ojos.

La madre corrió rauda a ordenar traer a su presencia al sacerdote don Fernando Méndez, quien confirmó que la noche anterior había finalizado la celebración de la eucaristía número 365 para liberar el alma de la princesa fallecida.

La reina tuvo así la confirmación de que aquel pobre ermitaño medio chalado no había mentido y que su humildad y atrevimiento habían salvado el alma de su amada hija de las llamas de un larguísimo purgatorio.

Santa Brígida de Suecia (1303-1373)

Importantísima mística nacida en Uppsala (Suecia), copatrona de Europa junto a Edith Estein y santificada por el papa Juan Pablo II. Ha sido una de las personas que más revelaciones privadas ha dejado documentadas en la Iglesia vaticana. Todos sus escritos, así como las oraciones que le dictó Nuestro Señor Jesucristo en cada uno de sus éxtasis, forman parte de un gran tesoro en la historia del catolicismo.

La documentación sobre ella es inmensa y por eso he incluido sus muy famosas oraciones para librarse del purgatorio en el capítulo-testimonio del hermano José Luis del Santísimo Sacramento, el testimonio número siete de la segunda parte del presente libro. Veamos una de las anécdotas que vivió esta extraordinaria mujer con respecto a las benditas almas:

Durante uno de sus éxtasis frecuentes, Brígida se vio transportada en espíritu al purgatorio, en donde entre muchas almas sufrientes, entabló una conversación con una hermosísima mujer. Ésta le explicó, entre terribles lamentos y lágrimas, que había llevado una vida de extravagantes lujos y que su extraordinaria vanidad le había hecho ser el centro de atención en toda fiesta de rango y pompa.

Se había codeado con grandes dignatarios de naciones, con príncipes y reyes y por todos y en favor de todos, había coqueteado y presumido hasta la saciedad. Su vanidad rozaba límites supinos y su única preocupación durante el día y la noche era mostrarse bellísima y esplendorosa en la corte.

También disfrutaba de lo lindo despertando envidia y celos en los corazones de las damas con quienes convivía, sintiendo profundo placer al percibir la desesperación y desconsuelo en los ojos de aquellas a quienes lograba robar un admirador, un prometido o incluso un esposo. Ahora su belleza de nada servía; más bien la hundía en el mayor de los pesares.

Santa Brígida se sorprendió tremendamente al escucharla decir que mucha culpa de lo que le había ocurrido se debía a su propia madre, quien fue la que la enseñó desde niña a presumir hasta el hastío y a preocuparse sólo por cosas tan banales como ser la más popular entre los poderosos del mundo. La santa de Suecia ofreció grandes ayunos y oraciones por aquella difunta, pero desconocemos si su espectro volvió a aparecérsele.

Santa Catalina de Suecia (1330-1381)

Segunda hija de los ocho que tuvo santa Brígida. Fue la primera abadesa de la Orden del Santo Salvador. Destacó por su apoyo hacia santa Catalina de Siena en su defensa encarnizada por el papa Urbano VI. Su fuerte coraje influyó en el traslado papal a Roma. Santa Catalina es otra de las grandes místicas de nuestra historia católica. Vean qué anécdota más interesante he encontrando sobre ella:

Santa Brígida se encontraba ya viviendo en Roma junto a su hija santa Catalina, cuando esta última decidió rezar a solas una mañana de invierno en una capilla. Estando sumergida en profunda oración, fue interrumpida por la visión de una mujer vestida con una túnica blanca y un manto negro.

La bella dama se dirigió a ella en estos términos:

—He venido a suplicaros oraciones para aliviar el dolor de un alma que acaba de fallecer. Pertenece a una mujer que vivió muy cerca de vuestro corazón y necesita con urgencia de vuestra asistencia.

—¿A quién pertenece esta alma? —preguntó atónita la santa.

—A la cuñada de vos, la princesa Guida de Suecia, esposa de vuestro hermano Carlos.

Santa Catalina, llena de dolor y espanto, comenzó a rogar a la desconocida que la acompañara a encontrarse con su madre, Brígida, para que pudiera anunciarle personalmente tan desgarradoras noticias.

«No tengo permiso de hablar con nadie más sobre esto —contestó aquella aparición—. Sólo puedo hablar con vos y no se me permite hacer otra visita a nadie. Ahora debo de partir inmediatamente. No debéis de dudar de la información que os acabo de proporcionar. En muy pocos días llegará a Roma desde Suecia un mensajero a caballo con las noticias y con la corona dorada de vuestra amada Guida. Ella ha querido dejaros la joya en herencia para asegurar vuestras oraciones por su alma. Mas no esperéis a la llegada de tal caballero; comenzad mejor en este mismo momento a orar por ella, pues está en la mayor urgencia de recibir las oraciones y sufragios que vos podáis ofrecer por su alma.» Y con estas palabras, desapareció.

Compungida y aterrorizada por lo que acababa de escuchar, Catalina corrió a buscar a su madre, santa Brígida, a quien relató lo acontecido llena de lágrimas.

Su madre le sonrió y contestó: «Hija mía, la mujer que se os apareció era vuestra hermosa cuñada, la misma princesa Guida. El Señor me lo ha revelado mientras ocurría. Nuestra querida parienta falleció con un corazón contrito lleno de piedad; por eso ha obtenido el favor de poderse aparecer ante vos para suplicaros plegarias. Esto se debe a que aún debe expiar importantes faltas cometidas. Hagamos pues todo lo posible para consolar su alma. La corona dorada que viene en camino os impone la obligación moral y espiritual de no olvidaros de orar por ella.»

Pocos días más tarde, un oficial de la corte del príncipe Carlos de Suecia llegó a Roma portando la espléndida corona de la princesa fallecida, convencido de que sería el primero en dar las pésimas noticias a ambas damas. Santa Catalina vendió la corona heredada, joya de inmenso valor, y con el dinero obtenido encargó numerosas misas para el sufragio del alma de su cuñada. También ofreció grandes ayunos y muchos trabajos pesarosos para redimirla.

Santa Isabel, princesa de Hungría y duquesa de Turingia (1207-1231)

Esta santa, conocida y venerada durante generaciones, era la hija de la hermosa reina Gertrudis de Hungría. Desde niña hizo asomo en ella una gran piedad y bondad natural y fue muy amada y respetada por su familia.

Ocurrió el triste suceso de la muerte de su querida madre, y la muchacha se desvivió durante largo tiempo en ofrecer sufragios eucarísticos y numerosísimas oraciones para el descanso de su alma. Pero pronto el Señor le reveló durante un éxtasis que sus plegarias no habían podido alcanzar sus expectativas. Pocas noches después el alma de su madre se le apareció y le provocó un susto de muerte. La documentación nos lo transmite así:

Estando santa Isabel orando por su difunta madre, la reina Gertrudis de Hungría, se le apareció ésta a los pies de su cama, se arrodilló y se dirigió a su hija en términos desgarradores:

«Hija mía —le dijo—. Aquí ves a tu madre, a tus pies, sobrecogida por el sufrimiento. Vengo a implorarte que multipliques tus sufragios para que la Divina Misericordia pueda liberarme de los espantosos tormentos que sufre mi alma. ¡Ah, qué gran juicio tienen las personas que han tenido en vida gran autoridad sobre otros! Ahora expío las graves faltas que cometí durante mi reinado. ¡Oh, hija mía! Reza por mí; acuérdate de los dolores de parto que padecí por traerte al mundo, de los cuidados y preocupaciones que sufrí al educarte. Por todo ello te ruego que alivies mi tormento.»

Santa Isabel, profundamente tocada por tan terrorífica visión, se levantó de un salto, se arrodilló sobre la cama y comenzó a orar llorando desconsoladamente con todo su corazón. Durante largas horas rogó a Dios que liberara de las penas del purgatorio el alma de su desgraciada madre, prometiéndole que no cesaría de orar hasta conseguir su propósito.

Poco tiempo después, su madre volvió a aparecérsele rodeada de luz y esplendor, y con total estupor vio cómo se elevaba hacia el cielo en donde desapareció para siempre.

¡Extremo cuidado deberían tener los dirigentes, presidentes, políticos, reyes y jueces de este mundo! Su justicia en la Tierra debe ser administrada con bondad y rectitud, moralidad y honradez. Amargo purgatorio les espera a aquellos mandatarios corruptos que traen guerras, hambre y violencia a su pueblo. ¡Pidamos a Dios que se den cuenta a tiempo del mal tan terrible que acarrean al prójimo!

Santo padre Pío de Pietrelcina (Italia, 1887-1968)

Impresionante e importantísima figura religiosa del siglo xx, para que vean que no sólo les presento a santos de tiempos añejos..., que marcó a millones de corazones en confesión. En las misas de este estigmatizado italiano se formaba tal jaleo, que durante un tiempo fue recluido por orden de sus superiores.

Conocida su santidad y esparcida como aceite su fama de magnífico confesor por toda Italia, el gentío se aglomeraba a las puertas de la enorme iglesia de San Giovanni Rotondo horas antes incluso de que se abrieran. Y es que todos querían ocupar los primeros bancos, estar lo más cerca posible del santo refunfuñón y estigmatizado para verle y hasta tocarle. Esto, como es lógico, ponía de los nervios al fraile, que arremetía con unos sermones de aquí te espero, con los que dejaba temblando a los feligreses.

Las anécdotas conocidas sobre el padre Pío con respecto a su increíble poder de confesión son tan numerosas que no cabrían ni en una enciclopedia. Millones de testimonios relatan que una vez comenzada la confesión, el fraile miraba con indignación al tembloroso arrepentido, al que enumeraba uno a uno los miles de pecados no confesados por la vergüenza. ¿Cómo haría este viejo fraile para vislumbrar el alma y los secretos más profundos de las personas que acudían a su confesionario?

Dicen que las colas eran temidas por su longitud y tardanza, ya que jamás despedía a nadie sin haberle escuchado a fondo. Después brotaban lágrimas y se asomaban arrepentimiento y dolor al corazón de los feligreses, lo que les empujaba a enmendar sus vidas de un zapatazo. Y en cuanto al purgatorio, ¿cómo no iba este gran santo a experimentar fenómenos del más allá?

Nuevamente se encuentran numerosísimos testimonios que hacen referencia al purgatorio y al padre Pío pero, dada su enormidad, sólo he escogido uno que pienso puede interesarle tanto como a mí. Se cuenta de la siguiente manera:

Una noche, el padre Pío charlaba animadamente con otro fraile de su congregación en un pequeño salón frente al fuego. Al ver que se hacía tarde, decidieron retirarse a su celda a descansar.

—Yo cerraré la puerta principal y apagaré todas las luces —dijo a su amigo—. Vete tú a dormir.

El amigo accedió y se retiró a su celda. El padre Pío salió hacia los pasillos que conducían a la entrada del monasterio para atrancar la puerta principal y dejar todo a oscuras. De pronto le entró la duda sobre si había dejado una luz encendida en la pequeña salita en la que minutos antes charlaba con el otro sacerdote. Volvió para cerciorarse y remover las brasas de la chimenea y asegurarse de que no provocaran un incendio durante la noche. Pero, en cuanto entró en la salita, quedó perplejo al ver a un señor de unos sesenta años impecablemente vestido, luciendo sombrero, corbata y gafitas.

—Buenas noches, padre Pío —le saludó el visitante desde un gran butacón en el que esperaba sentado.

—¿Quién es usted? ¡Cómo ha entrado! El monasterio está cerrado y nadie ajeno a la comunidad debe estar ya aquí. Debe marcharse usted de inmediato.

—He entrado por la puerta principal, como todo el mundo —contestó aquel desconocido.

—Pero... ¿cuándo?

—Pues ahora mismo...

—¡Eso no puede ser! La he cerrado con llave yo mismo hace tan sólo cinco minutos.

Pero aquel hombre, con una oratoria exquisita, dulce trato y educación palpable, le explicó que él tampoco entendía entonces cómo había logrado entrar pero que, ya que estaba dentro, le urgía extraordinariamente hablar con él.

—Es de suma necesidad que usted me escuche. Le prometo que no le molestaré mucho tiempo. Tengo prisa por volver de donde vengo, ¿sabe?

Entonces el padre Pío, lleno de paciencia y tocado por la lástima, se sentó junto a aquel desconocido, quien se mostró feliz de ser atendido.

—Usted dirá —respondió el sacerdote resignado frunciendo el ceño.

Y fue así como aquel personaje relató al paciente capuchino con pelos y señales un triste problema familiar que había dañado las relaciones de sus parientes durante años. La culpa de aquel distanciamiento que había provocado la ruptura de una familia entera provenía del egoísmo de unos y otros. Los errores habían sido muchos, la soberbia enorme y el desamor infinito.

Cuando al fin finalizó su relato, añadió:

—He venido a verle porque necesito su consejo, padre. Quiero enmendar el daño que yo he podido hacer o añadir a este fiasco familiar.

El padre Pío sopesó sus palabras antes de contestar, oró un poco para pedir al Señor iluminación y a continuación enumeró una larga lista de advertencias, consejos y guías para que aquel pobre hombre calmara su ansiedad y encontrara remedio a tanto infortunio familiar. El visitante le escuchó con gran atención y al final de su plática se echó a llorar amargamente.

—No se apure, padre —dijo al ver la cara de preocupación del padre Pío—. No me encuentro mal ni estoy triste. Lloro de alegría y emoción. Rezaré desde hoy con todas mis fuerzas para que mis familiares se reconcilien y entiendan sus faltas. Ahora ya me tengo que ir. Gracias desde lo más profundo de mi corazón por su tiempo.

Ambos hombres se levantaron y se dieron un abrazo.

—Le acompañaré a la salida —dijo el padre Pío—. También le prometo que oraré por usted. Todo se arreglará.

—¿De verdad rezará por mí?

—Por supuesto, amigo mío. No se preocupe más. ¡Yo oro por todo el mundo! Es lo que me pide mi Señor.

El desconocido no podía sonreír más. El padre Pío se dio la vuelta para abrir la puerta del pequeño salón y, antes de salir, invitó educadamente con la mano a su nuevo amigo para que pasara delante de él. ¡Pero, cuando se volvió, descubrió que el hombre de las gafitas había desaparecido!

«¡Dios mío! —pensó el fraile entendiendo que se había tratado de un alma del purgatorio—. Sólo me pasan estas cosas a mí...»

San Nicolás de Tolentino, abogado de las almas del purgatorio (Italia, 1245-1305)

¡Y ahora llegamos al santo del purgatorio por excelencia!

San Nicolás es considerado el gran intercesor por las pobres almas, y la Iglesia le venera como uno de los personajes de más relevancia espiritual del siglo XIII.

Fue religioso agustino y asceta de vida ejemplar. Fue un fraile llano, ajeno a la educación cultivada o a los grandes libros, y nunca salió de su tierra natal, viviendo casi toda su existencia en la pequeña ciudad de Tolentino.

Ya desde muy joven su fama de santo recorrió toda Italia. Su carácter extraordinariamente afable, cariñoso y tierno (sobre todo con los más pobres), le hizo ganarse el afecto del pueblo al igual que el de la nobleza.

Fue precisamente un noble de su comarca el que dejó escrito un curioso documento en el que se queja de que sus sermones atraían tanto a las damas de la corte, que a veces éstas evitaban los juegos y las competiciones de los caballeros para ir a escucharlos. Añade que no fueron pocas las veces en las que tuvieron que irrumpir en la iglesia para hacer callar al santo de una vez y poder recuperar la atención de las damas, obligándolas a retornar a la competición.

En el mismo escrito, el noble comenta que todos se sorprendían de la simpatía con la que el santo devolvía tal afrenta, mostrándose en todo momento cordial y comprensivo ante tales reacciones contra su persona.

Su fama de impecable y entrañable confesor también se hizo extraordinariamente conocida, lo que provocó inmensas colas ante su humilde confesionario. Desde allí, consolaba y animaba hasta al peor pecador, siendo la diana de la admiración y el cariño de todos los que, avergonzados, se acercaban a él pidiendo auxilio espiritual.

Fue así un santo popular, tanto en vida como tras su fallecimiento en 1305. También fue muy conocido por su empeño en orar e interceder por los difuntos. En su tiempo, asentó la doctrina sobre el purgatorio. Rezaba interminables horas por los fallecidos, y pronto se le conoció como el gran intercesor de aquellos que aún no gozaban de la plenitud de la vida eterna junto a Dios.

Cuentan algunos escritos de su época que, estando una vez gravemente enfermo, fue obsequiado con un par de perdices cocinadas para revigorizar su precaria salud. Pero como él nunca comía carne, las rechazó. No obstante, sintiendo lástima por esos dos animalillos que habían sido sacrificados para ayudarle a recuperar la salud, sintió el impulso de bendecirlos. Las perdices recobraron inmediatamente la vida, saliendo volando por la ventana ante la atónita mirada de aquellos que le atendían.

Son muchos los milagros que se le atribuyen, y son ya millares los fieles que le piden intercesión para no ir a parar al purgatorio.

San Bernardo de Claraval (Francia, 1090-1153)

Nuevamente les presento a un gran santo de fama mundial, de piedad inmensa y de gran importancia dentro de la Iglesia católica. Hijo de familia de alto rango aristocrático del condado de Borgoña, fue educado con formación elitista y llegó a ser un gran conocedor de las letras además de un famoso soldado. Es definido como doctor de la Iglesia católica y muchos historiadores le consideran la figura más importante y conocida del siglo XII en Europa. Fue el impulsor y propagador de la orden cisterciense.

Como muchos otros, tuvo contacto con las almas del purgatorio y quizá la anécdota más conocida es la que a continuación relato:

San Bernardo dirigía su congregación desde su puesto de abad con grandes dificultades y no pocos sacrificios. Entre sus monjes, se encontraba uno de poca piedad, grandes defectos y fe de dudosa profundidad. Ocurrió que este muchacho falleció de forma precipitada y con muchas dificultades para preparar una buena confesión final. Toda la comunidad lloró su pérdida, pues aunque había sido un joven de tibia fe, le apreciaban mucho.

Al día siguiente del fallecimiento la comunidad celebró su misa de réquiem con gran fervor y esperanza. No fue san Bernardo quien la ofició, sino otro monje en su lugar. Este hombre era de corazón puro y fe profunda, así que se esforzó especialmente para orar por la salvación del alma del difunto y, justo cuando estaba consagrando, supo en su corazón cómo el alma del muchacho por quien oficiaba la misa sufría penas inenarrables.

«¡Oh, nuestro amigo no se ha salvado del purgatorio!», pensó lleno de melancolía. Con tristeza infinita, acabó los responsos y se retiró a descansar.

No había reposado mucho cuando le despertó un fuerte sentimiento de estar acompañado en su celda. Se sentó sobre el camastro y, lleno de horror, descubrió que el alma de aquel muchacho estaba a los pies de su cama mostrando un aspecto deplorable. El joven parecía tener pegada al cuerpo mugre de indescriptible procedencia y en la cara lucía una expresión de infinita tristeza.

El espectro le habló así: «Sé que ayer, durante mi funeral, Dios te dio el conocimiento del destino que me he buscado a causa de mi tibieza, faltas de todo tipo en la comunidad y grandes errores de conducta. Ahora quiero que veas esto.»

Y entonces cogió de la mano a su amigo y le llevó a una zona desconocida del conocimiento, en donde le mostró espiritualmente el lugar abismal en el que se encontraba. Con entendimiento humano, nuestro monje se encontró ante un espantoso precipicio lleno de llamas, de donde venían terribles lamentos cargados de pesar y llanto. Entonces y para su total estupor, su amigo difunto se tiró con fuerza a ese profundo abismo lleno de torturas. Acto seguido él se encontró de nuevo en su celda, sentado sobre el camastro, con el cuerpo regado de sudor y el corazón latiéndole con gran fuerza.

No cesó el pobre fraile de rezar en toda la noche por el alma del desdichado muchacho, esperando impaciente el momento del alba para ir en busca de su amado superior y relatarle todo lo ocurrido. ¿Acaso habría formado todo parte de un sueño? ¿Se trataba de pura locura? En cuanto amaneció corrió a la celda de san Bernardo, su abad y consejero en el monasterio, donde lleno de angustia relató todo lo sucedido durante su visión nocturna.

El santo Bernardo, colmado de compasión, le garantizó que su experiencia sobrenatural había sido verdadera, pues él mismo la había vivido nítidamente a la misma vez. Le comunicó que fue tanto el sufrimiento que le provocó ver a uno de sus hermanos entre tan bajas llamas del purgatorio, que el corazón se le había partido en mil pedazos.

Durante el desayuno san Bernardo comunicó a su congregación la triste lección aprendida a raíz de ambas experiencias y organizó una gran cadena de oración y de ayunos entre sus monjes para socorrer al alma sufriente. Desde entonces el santo se esforzó especialmente para que ninguno de sus religiosos cometiera las mismas faltas que aquel muchacho tan querido dentro de la congregación y fue tres veces más vigilante y astuto a la hora de aconsejar y dirigir a sus monjes. Por eso su orden es una de las más estrictas en normas, trabajos y ayunos.

Bueno, querido lector, ¡se quejará usted de las cosas que le he contado! Y si no le narro más es porque son miles los testimonios de los santos de la historia de la Iglesia y ya se me hace difícil el hecho de escoger. No olvide que en nuestra tierra española es fácil aún encontrar riquísimas biografías sobre nuestros grandes santos católicos y que en casi todas ellas podrá hallar anécdotas relacionadas con las almas del purgatorio.

Me despido pues hasta el siguiente capítulo no sin antes regalarle una de las preciosísimas oraciones elaboradas por este gran santo, último de mi selección. Se trata del muy conocido «Acordaos» de san Bernardo que, de *acordaos* tiene poco porque casi todos los católicos la hemos olvidado. Dice así:

Acordaos, oh piadosísima Virgen María, que jamás se ha oído decir que ninguno de los que han acudido a vuestra protección, implorando vuestro auxilio, reclamando vuestra asistencia, haya sido desamparado de Vos.

Animado por esta confianza, a Vos acudo, Madre, Virgen de las Vírgenes, y gimiendo bajo el peso de mis pecados, me atrevo a comparecer ante Vos.

Madre de Dios, no desechéis mis súplicas; antes bien, escuchadlas y acogedlas benignamente. Amén.

CAPÍTULO 4

¿NOS PODEMOS LIBRAR
DEL PURGATORIO?

¡Vaya preguntita! Porque, ¿quién no quiere librarse de él e ir directamente al cielo?

La pura verdad es que si uno se pone a leer la Biblia, la encuentra atiborrada de esperanzadoras noticias al respecto de nuestra salvación: «Señor, Dios mío, a ti grité y me sanaste; Tú, Señor, me libraste del infierno» (Sal. 30, 3). Este salmo nos habla de desechar la posibilidad infernal. Pero ¿y qué pasa con el purgatorio? ¿Podremos alcanzar el cielo de golpe? ¡Huy!, eso ya es otra cosa porque, a ver, ¿quién es tan perfecto como para eso? Desgraciadamente yo no. Y créame si le digo, querido lector, que lo intento con ahínco. Pero de ahí a rozar la santa perfección. ¡Uf! ¡Más quisiera una!

Si estudiamos a fondo los consejos que nos han dejado los grandes santos de la Iglesia, parecen coincidir en que hay cinco puntos en los que nos debemos fijar en caso de que deseemos evitar el purgatorio. Estos puntos son los siguientes:

1) Tener devoción a la Santísima Virgen María.

2) Cumplir los sacramentos (el de suma importancia es el de la confesión cerca de la muerte).

3) Ofrecer a Dios las penas que acarrea la vida con toda la alegría y la templanza posible.

4) Ejercer la caridad hacia el prójimo en todos los sentidos, llevando a cabo para ello buenas obras, como el ayuno, los sacrificios caritativos, las limosnas, etc.

5) Aprovechar las indulgencias que ofrece la Iglesia y rezar ciertas oraciones que fueron dictadas por el mismo Jesús a un gran número de santos a lo largo de reconocidas experiencias místicas.

A simple vista parece fácil, pero...

Al fin y al cabo es mejor verlo desde un punto de vista positivo, querido lector, y no debemos amargarnos pensando que no lo vamos a conseguir. Dios desea que nos reunamos con Él en el cielo y nuestra misión es vivir felices y transmitir toda la alegría posible a los demás. ¡Podemos lograrlo! O al menos eso es lo que nos dicen los santos en sus escritos...

Veamos a continuación algunos de estos puntos en mayor profundidad. Adéntrese en ellos con el convencimiento de que mi único deseo ahora mismo es el de informarle sobre lo que nos aconseja la doctrina de la Iglesia para librarnos de caer en las garras del purgatorio. Nuevamente le pido atención porque la mayoría de los siguientes consejos se basan en experiencias místicas interesantísimas que han sido documentadas a lo largo de los siglos y que sorprenden sobremanera al lector cristiano.

Primer consejo: la devoción a la Santísima Virgen María

Es del todo común que en los escritos que nos han dejado los santos se haga referencia una y mil veces a la importancia de suplicar ayuda a la madre de Cristo. Es increíble la cantidad de milagros, favores y alivios que los santos han recibido tras mantener una relación profunda y sensible con ella a través de la oración. Los regalos recibidos por los santos han sido riquísimos y poderosos, y no sólo les han servido a ellos, sino a todos los cristianos, pues si se los han concedido ha sido precisamente para que nos salvaran a todos.

El ejemplo más claro lo tenemos en el famoso escapulario del Carmen, que en España se conoce mucho, hasta el punto de que no es raro regalar a un bebé recién nacido una pequeña medalla dorada con la imagen de la Virgen del Carmen. A pesar de ser tan conocida, pocos sabemos de dónde viene esta devoción, cómo comenzó y por qué está tan extendida. Tan sólo se suele saber que la Virgen hizo una promesa a no sé qué santo, en la que prometía que aquella persona que llevara el escapulario sobre su cuerpo a la hora de la muerte se libraría del purgatorio e iría al cielo el primer sábado después de la defunción.

¡Sólo unos días de purgatorio! ¡Vaya! Qué gran promesa. No se preocupe, querido lector, que yo le voy a explicar mejor de qué se trata esto del escapulario.

Su devoción comenzó allá por el siglo XIII y la promovió el beato Simon Stock, religioso inglés quien en el año 1200, y siendo aún un jovenzuelo, decidió hacerse ermitaño y vivir durante una larga temporada en el hueco de un árbol. Durante ese tiempo, sus largas horas se caracterizaron por estar cargadas de profunda oración y comunicación espiritual con la Santísima Virgen. Durante la friolera de doce años rogó a María desde el hueco de aquel árbol que le comunicara lo que ella deseaba de él. La Virgen se le apareció por fin una mañana de otoño mientras oraba para expresarle su deseo de que ingresara en la Orden del Monte Carmelo, donde podría dedicar el resto de su vida a ser contemplativo de las virtudes de la Madre del Cielo.

El muchacho obedeció de inmediato; entró en el Carmelo, donde siempre actuó como un religioso de piedad ejemplar, mostrando a todos sus virtudes espirituales de magníficas proporciones. Tanto se le acabó respetando que fue elegido superior general de tal orden en el año 1245. Poco más tarde, el 16 de julio de 1251 para ser exactos, y nuevamente mientras oraba, la Santísima Virgen se le apareció de nuevo. Esta vez portaba en la mano un trozo de tela marrón de aspecto áspero y le comunicó este mensaje: «Recibe, mi querido hijo, este escapulario. Será la marca que identifique a aquellos hijos que tanto me aman. Los que fallezcan vestidos con un hábito de esta tela serán preservados del infierno. El llevarlo será un signo de salvación y una protección contra todos los peligros hasta el final de la vida.»

El religioso no pudo esconder a nadie su felicidad. ¡Había recibido de la Virgen un inmenso regalo para todos! Y así contó a todo el que le quisiera escuchar el gran milagro del que había sido testigo, mostró sin pudor el escapulario a cualquier curioso y, lo que es más importante, curó milagrosamente a un gran número de enfermos tras acariciarlos con él.

Pronto su fama de santo y de hijo privilegiado de la Virgen corrió por todos los rincones de Europa, y hasta grandes reyes como Luis IX de Francia o Eduardo I de Inglaterra comenzaron a vestirse con el hábito marrón. Y así fue como pocos años después nació la Confraternidad del Escapulario, cuyo número de miembros creció rápidamente.

Pero ahí no acaba la cosa porque casi cincuenta años tras la muerte del beato y también durante un profundo meditar espiritual, la Santísima Virgen se le apareció al pontífice Juan XXII. Llegó rodeada de un resplandor indescriptible, cargada de belleza y ¡vistiendo el hábito del Carmelo! Nuevamente hizo una promesa, esta vez poderosísima para aquellos que acabaran dando con su alma en el purgatorio.

Esto fue lo que le dijo: «Si entre aquellos que llevaren el escapulario, hubiere algunos que se condenaran al purgatorio, yo descendería entre ellos el sábado siguiente a su fallecimiento, llevándomelos conmigo al cielo eterno.» El pontífice dejó escritas tales palabras y así se pronunció la bula sobre el Santo Escapulario el 3 de marzo de 1322, conocida comúnmente como la «bula sabatina».

Son ya veintidós papas los que han defendido el santo poder del escapulario y son más de seiscientos los milagros estudiados que, gracias a llevarlo, se han producido. Pero, ¡cuidado!, no se vaya a equivocar, pues para alcanzar este gran privilegio, no vale con ponérselo usted mismo o colocárselo a su hijo. Hay ciertas normas que se deben seguir y que es importante que tenga claras. Son las siguientes:

1) El escapulario debe ser impuesto por un sacerdote, con una oración precisa y creada específicamente por la Iglesia para ello. Una vez impuesto, esta bendición dura para toda la vida de la persona y no hace falta repetir la imposición.

2) Llevar el escapulario encima siempre que se pueda, si es a todas horas, mucho mejor.

3) La práctica de la castidad de acuerdo con el estado de cada uno. Obviamente los casados pueden mantener las relaciones con su pareja todo lo que les dé la gana.

4) La recitación diaria de una oración a la Virgen: puede ser el santo rosario o rezar siete padrenuestros, siete avemarías y siete glorias.

5) El que portara el escapulario y llevara una vida

muy pecaminosa, no se beneficiará de la promesa de la Virgen de librarse del infierno ni por supuesto del purgatorio. Sin embargo, la Iglesia cree que la persona que lo portara sufriría un gran arrepentimiento a la hora de su muerte por todo lo cometido. Por ello tendría la posibilidad de confesarse en el último momento y salvarse del infierno.

Así que, según mi entendimiento, sería bastante sabio que los católicos lo llevaran tanto si son más malos que Barrabás como si son más santos que san Agustín, pues en todos los casos, el regalo es inmenso. Y ya no le digo para los mediocres como yo, cuyo fin predecible es el de tener que someterse a un purgatorio bien largo.

¿Le parece fácil cumplir estas cinco condiciones? A mí no tanto, querido lector. A mí no tanto... Sin embargo, no son pocos los testimonios que he leído en los documentos de la Iglesia o que me han relatado personas creyentes y no tan creyentes sobre los increíbles e inesperados auxilios que han recibido a causa de llevar puesto el escapulario. Me viene a la mente un caso que me llenó de estupefacción y a la vez de admiración, en relación con este asunto.

Se trata de lo que me contó una amistad en Inglaterra hace unos cuatro años. Su protagonista era una mujer de avanzada edad y clase social humilde, quien durante una tarde de invierno, junto al calor del hogar, me abrió su corazón para compartir conmigo desdichas que me pusieron los pelos de punta.

Su infancia había sido dichosa, pero el horror de su existencia comenzó con la llegada del matrimonio. Como ocurre muchas veces, esta mujer no sospechó, cegada por el amor pasional de una juventud atolondrada, que su prometido respondía al perfil de hombre violento, bebedor y mujeriego. Y así, mientras que todo era suavidad y ternura durante la corta época en la que la cortejaba, todo cambió de golpe después de regresar de la luna de miel. Palizas, insultos, resacas, obscenidades y todo un sinfín de penalidades acompañaron su vida de casada durante largos años, independientemente de que se encontrara embarazada o no.

Dios regaló tres preciosos hijos varones al matrimonio, que no hicieron más que caer en las garras de ese abominable ser que había resultado ser el padre. Y así, con el paso del tiempo, la amargura comenzó a hacer mella en el corazón y en la cordura de esta pobre mujer londinense. El constante pesar, las lágrimas y la imposibilidad de defender a sus hijos de la maldad de su esposo la acorralaron hasta tal punto que durante una terrible depresión anímica, creyó descubrir la única solución que le parecía podría resolver su melancolía: el suicidio.

Una mañana, mientras los tres niños estudiaban en el colegio y el marido maltratador enredaba en el trabajo, se armó de valor, encendió el gas de la cocina y se dispuso a prender una cerilla. Pero cuál fue su estupor cuando vio que cada vez que la pequeña llama comenzaba a vibrar, ¡fus!, un soplo invisible la apagaba. Al principio pensó que se trataba de un vientecillo inoportuno que se colaba por algún sitio, por lo que llena de nerviosismo por acabar con aquella pesadilla lo antes posible, se apresuró a revisar todas las rendijas de las ventanas. Pero su estupor fue enorme cuando descubrió que no podía encontrar la razón de esa brisilla en su cocina. A ojos vista, todo estaba en orden.

Lo intentó de nuevo y ocurrió exactamente lo mismo. Y así una vez y otra y hasta ¡veintinueve intentos! Cuando llegó al trigésimo intento, asustada, agotada por la grotesca situación y con el corazón roto en mil pedazos, apagó lentamente el gas, se desplomó sobre la mesa de la cocina y se abandonó a un desconsolado llanto. «¡Dios mío! —gritó desgarrada por la angustia—, ¡ni siquiera permites que acabe con mi vida!»

Justo al pronunciar esas lamentables palabras, una extraña sensación de paz la invadió por completo. Los latidos de su corazón se calmaron como los de un bebé al ser acariciado por las manos de una madre y, por primera vez en muchos años, sintió templanza en el alma. Entonces se acordó de golpe y porrazo de que llevaba sujetado con un imperdible un pequeño escapulario pinchado bajo el borde de la falda. Había sido su madre irlandesa, mujer de gran fe católica, quien desde niña le había metido en el corazón la devoción a la Virgen María y la había acostumbrado a portar siempre el escapulario.

—No lo dejes de llevar nunca —le había advertido—. Y si de mayor te molesta porque se ve feo, te lo quitas y lo prendes con un alfiler bajo la ropa.

—Pero, mamá, entonces no se verá...

—No importa. La Virgen sabrá que lo llevas y siempre te protegerá —respondió su madre.

Y así convirtió en rutina el hecho de llevar el escapulario, sintiendo en lo más profundo de su corazón que, aunque no era demasiado creyente, aquel trocito de tela le acercaría al cielo.

Buscó el pequeño escapulario entre los pliegues del borde de su falda, lo tomó entre sus manos y oró con toda la concentración de la que fue capaz dando gracias a Dios por todo lo que había permitido que le ocurriera en la vida, incluyendo tanto lo bueno como lo malo.[6] Y

---

6. Dios no nos desea nada que nos perjudique: ni sufrimientos, penalidades, dolor y tragedias. Todo lo malo proviene del hombre, no de Dios. Él sólo respeta la libertad humana. *(N. de la a.)*

en ese momento preciso tomó la decisión más importante de aquellos días. Esa misma noche dejaría a su esposo y se llevaría a los niños antes de que él regresara.

El camino no ha sido nada fácil para ella desde entonces, pues la batalla legal entre ambos cónyuges tras su huida fue feroz y devastadora. Pero tras años de miedo y lucha en los tribunales, el juez le permitió educar a sus hijos y obligó al energúmeno de su esposo a mantener cierta distancia. Han pasado ya muchos años desde aquella terrible época en la vida de mi amiga. Hoy sus chicos son adultos, las heridas han ido sanando y la vida ha seguido adelante, pero nunca ha olvidado la ayuda que desde el cielo se le brindó, y hasta el día de hoy está totalmente convencida de que ese pequeño escapulario fue el que empujó a Nuestra Señora a liberarla de un final trágico.

—¡La Virgen cumple las promesas que ha hecho a los santos! —decía agudizando las pequeñas arrugas de las comisuras de sus ojos al sonreír.

»A mis hijos les llevé a un sacerdote al día siguiente de mi huida para que les impusiera el escapulario del Carmen. Lo llevan desde entonces y puedo presumir de que son hoy hombres de gran honestidad y dignidad. ¡No quiero ni pensar qué habría sido de ellos de haber explotado yo por los aires como una bomba de relojería!

Segundo consejo: cumplir los sacramentos

¡Ah, los santos sacramentos de la Iglesia católica! ¡Qué caudal de gracias traen para saltarnos el purgatorio! Sobre todo a la hora de la muerte.

Yo no sé usted, pero a mí me gustaría morir habiendo confesado sólo un ratito antes por si las moscas. Y es que le vuelvo a repetir que, ¡a ver dónde se encuentra a alguien sin pecado alguno! Yo desde luego, por muy buena persona que quiera ser, algunos tengo y además soy reincidente, y por ello pido a Dios todos los días que se cumpla en mí el famoso refrán español que reza «que Dios nos pille confesados». Es que si no, la llevo clara.

Todos los sacramentos son importantes, aunque yo destaco el de la comunión y el de la unción de enfermos. En cuanto a este último, hay gran confusión entre los creyentes. Se cree vulgarmente que sólo se puede recibir cuando se está grave, cosa que es garrafalmente falsa. Es cierto que se emplea para los agonizantes, pero también puede ofrecerse a aquellas personas de quienes se sospecha ronda una enfermedad grave.

La Iglesia católica considera de un poder espiritual enorme la unción de enfermos. El enfermo quizá no experimente ningún cambio físico en su estado, pero sí hay muchos testimonios de mejoramiento e incluso de cura de la enfermedad a raíz de recibir tales oraciones y, sobre todo, a raíz de ser ungido con los santos óleos. También proporciona un alivio psicológico y espiritual brutal pues, al menos, uno siente que ha dejado los asuntos arreglados con Dios.

Con todo, lo que se consigue es alcanzar un cierto grado de paz interior que, dadas las circunstancias, es de agradecer, pues ayuda tremendamente a aceptar el destino cercano de la muerte con resignación, paciencia y entrega. Reconozcámoslo: todos tenemos que morir y es mucho mejor que cuando nos llegue el momento tengamos toda la ayuda celestial posible.

Para ello es importante que nuestros sentidos estén más o menos en orden, ya que así podremos confesarnos con la mayor claridad y entender todas las bendiciones que nos caen con las oraciones del sacerdote que nos atiende en los momentos más críticos de nuestra vida. Por esta razón considero una barbaridad lo que hacen muchos familiares de enfermos terminales, que dejan pasar el tiempo hasta que ya el paciente no tiene conciencia de nada.

Personalmente he tenido el enorme privilegio de trabajar dos años como voluntaria en el Hospital Gregorio Marañón de Madrid, en el ala de paliativos de cáncer, donde mi única misión era hacer compañía a aquellos enfermos que morían en soledad. Desgraciadamente, esto es una realidad que se repite con espantosa frecuencia y siempre me ha sorprendido que las familias puedan llegar a extremos tan crueles como el de abandonar en los momentos más duros de la vida a un familiar, por muy perverso que haya sido durante el pasado.

Como me gustaba el trabajo y encontraba gran alegría en mi tarea, mi jefa acabó por entregarme a los enfermos de mayor gravedad y mi misión era prácticamente andar por la quinta planta, más conocida como «la planta de los terminales». Hoy estoy casi segura de que se me han ido muchos al cielo, pues se me han muerto gran cantidad de enfermos en los brazos tras haber orado juntos. Pero otros, para mi horror, han muerto llenos de rabia, maldiciendo a sus enemigos, recordando malos momentos de sus vidas y negándose a recibir los últimos auxilios de la Iglesia a pesar de profesar la fe católica. Así se han marchado sin perdonar y creo que sin ser perdonados.

¡Qué triste es ver cómo una persona muere así! Piénselo, querido lector, y sopese todas las ventajas que supone entregar la enfermedad a Dios y marcharse del mundo de los vivos con templanza, agradecimientos a la vida pasada y con esperanza en llegar al cielo. ¡No se puede imaginar la angustia que es morir lleno de odio! Nuevamente le insisto: a mí nada me gustaría más al final de mis días que tener al lado a un sacerdote que me brinde todos los regalos sacramentales que me ofrece mi religión. Espero que con ello acelere mi entrada en el cielo.

Tercer y cuarto consejos: ofrecer todas las penas de la vida a Dios con templanza, resignación y alegría, y ejercer la caridad

Otra vez casi nada ¡Uf! Porque lo de cumplir los sacramentos, bueno... Quizá para aquellos católicos practicantes y devotos sea más sencillo. Pero lo de ofrecer todas las penas con templanza, resignación y alegría... ¡Ahí me han pescado! Ya que, como le ocurre a casi todo el mundo, tengo miedo al dolor, al sufrimiento, a las enfermedades, a perder a un ser querido y a mil cosas más que ahora no vienen a cuento. Además, ¿cómo se puede llegar a ofrecer hasta la muerte con alegría y templanza? Parece tarea imposible.

Esta última pregunta se la he hecho a varios teólogos y todos, unánimemente, me han contestado: con caridad. Pues vaya... Sí que me han ayudado. «Niña, léete los Evangelios y la vida de los santos otra vez, que parece que no te enteras...», me repetían sin piedad. Y fue eso lo que hice. Comencé retomando la deliciosa tarea de estudiar las anécdotas que de los santos han quedado documentadas y encontré tesoros de incalculable valor. Y, cómo no, también encontré maravillas esperanzadoras en los Evangelios con respecto a la caridad: Lc. 7, 47; Mt. 5, 7; Lc. 6, 37; Mt. 6, 14; Lc. 6, 30; Lc. 16, 9; Sal. 40, etc.

En todos estos datos, Cristo da pistas a los apóstoles sobre cómo librarse de una mala eternidad a través de ejercer la caridad, y esto incluye el ofrecer todo tipo de penas en la Tierra a Dios sin queja. Si se piensa despacio, es cierto que esto puede ser realmente ejercer la caridad en extremos absolutos, ya que las penurias, dolores, enfermedades, etc., se pueden ofrecer por los demás. ¿Existe mayor ejemplo de entrega?

Recuerdo una anécdota que leí en la extraordinaria biografía de Kathryn Spink sobre la madre Teresa de Calcuta.[7] La gran beata luchaba entre la vida y la muerte durante una operación a corazón abierto. Su edad era ya muy avanzada, su obra caritativa con los pobres era conocida en el mundo entero y la adoración que sentían éstos por ella, infinita.

Todo el continente asiático rezaba expectante por su salud. Sus gentes no cesaban de implorar por tenerla de nuevo activa, sin importar la religión que profesaban, siendo católicos, protestantes, hindúes o budistas, los que unieron las plegarias. Pero sólo sabemos de una persona que, con toda la entrega imaginable, ofreció a Dios intercambiar su vida por la salvación de esa pequeña y arrugada monjita. Fue un hombre, su confesor desde hacía muchos años, quien pidió a Dios que se lo llevara a él en el lugar de a su amiga favorita.

«Déjame morir a mí —le propuso—. Que ella sobreviva a la operación. Yo no sirvo para nada; sin embargo, ella es necesitada por los pobres del mundo entero.» La madre Teresa estuvo gravísima, antes, durante y después de la operación, pero salió adelante.

La congregación de su orden tuvo la delicadeza de esconder un gran secreto que, de haberlo sabido antes, se-

---

7. *Madre Teresa*, Plaza y Janés, 2003.

guro que habría menguado su muy precaria salud y hasta le hubiera provocado la muerte. No le dijeron que su querido amigo y confesor había fallecido repentinamente de un ataque al corazón un día después de la operación. Cuando por fin la madre Teresa se enteró de lo ocurrido, acudió rota de dolor a visitar a su Señor en el sagrario de la capilla de las hermanas, donde oró durante largas horas cargada de tristeza y donde derramó amargas lágrimas por la pérdida de su gran amigo.

A mis ojos, y creo que a los de todo el mundo, el sacrificio del sacerdote fue aceptado por el Señor como una gran ofrenda de amor al prójimo. Y así, el mundo entero tuvimos la gran alegría de poder disfrutar de la madre Teresa unos años más, tiempo que utilizó para redoblar la eficiencia de su labor humanitaria, que llegó a límites extraordinarios.

La verdad es que si morimos habiendo llevado una vida ordenada, llena de caridad y entrega, tenemos prácticamente todo ganado. ¿Quién no desea morir habiendo hecho las paces con Dios? ¿Quién no se pregunta durante los momentos previos al fallecimiento qué es lo que hay detrás de la frontera de la vida?

Todos sentiremos temor a lo desconocido y nos plantearemos y analizaremos el pasado de nuestra vida. ¿Habremos cumplido con nuestros allegados? ¿Dejaremos rastros de alegría, de cariño y de amistades verdaderas? O por el contrario, ¿nos sorprenderá la muerte con el corazón roto por heridas pasadas? ¿Estarán nuestras pisadas colmadas de rencores?

La gran mayoría de la gente desearía fallecer con el alma tranquila, la conciencia serena y el corazón en paz. La clave está en perdonar profunda y sinceramente al prójimo porque, al final, se nos juzgará no por lo que nos hayan amado, sino por lo que hayamos amado nosotros. Por ello, debemos ofrecer sencilla y llanamente a Dios todos nuestros pesares, enfermedades, críticas, calumnias, humillaciones, traiciones, etc., por la purificación de nuestros pecados.

También es muy bueno pensar de vez en cuando en el ayuno, concepto muy difícil de entender en los tiempos que corren, donde nadie se fía de nadie y nada es entregado sin exigir algo a cambio. Me ha costado tiempo y muchas horas de discusión con teólogos entender el extraordinario valor que tiene a los ojos de Dios un ayuno hecho desde el corazón. Podría darle mil ejemplos para hacérselo entendible, querido lector, pero quizá el más adecuado sea el que me dio un sacerdote misionero de la República Dominicana, donde convive con los más pobres entre los pobres.

—Padre, yo no entiendo eso del ayuno. ¿Para qué sirve además de para que el pantalón me cierre un poco mejor?

—Es muy sencillo —me contestó con una franca mirada—. Tú siempre tienes comida en el plato, mi gente no. Obviamente, no puedes venir a ofrecer tu alimento del día a algún hambriento de mi aldeíta, pero sí puedes ofrecer sustento a un pobre en tu barrio madrileño. Y puedes hacer algo mucho más valioso aún: puedes compartir con él su hambre. Esa que él padece a diario tú puedes sentirla sólo hoy. Así aprenderás lo que verdaderamente duele no recibir alimentación durante todo un largo día. Tú lo solventarás mañana, pero el mendigo de la esquina de tu casa volverá a pasar hambre. Por eso, para compartir un día su dolor, ayuna hoy y, con el dinero ahorrado de ese almuerzo, cómprale a él un buen alimento para este día. Le saciarás el cuerpo y tú saciarás tu corazón. A tus ojos tu acción es nimia, pero a los ojos del hambriento, es vida.

¡Vaya! Esta explicación me dejó dubitativa y atolondrada... No se me había ocurrido nunca enfocarlo de esa manera, ni se me había pasado por la cabeza el pasar hambre voluntariamente por los demás durante un solo día de mi vida. ¡Con lo tragona que soy!

—Está bien —oré minutos más tarde a Dios con algo de soberbia—. Aún no entiendo bien qué fin se busca con esto del ayuno, ni cómo puede ayudarme a mejorar como persona. Pero quizá seas Tú, Señor, quien deba explicármelo. Busca entonces la mejor oportunidad para que yo pueda ponerlo en práctica y comprender en qué consiste. Ya está...

Después me enredé con mis quehaceres y me quedé tan ancha. No tardó el Señor en responder a mi oración. Lea y vea lo que me ocurrió muy pocos días después.

Estando yo en el jardín de mi casa más contenta que un pajarito en una rama, recibí una llamada llena de angustia de un amigo muy querido. La vida le ha tratado mal y, como muchos jóvenes desesperados, ha buscado solución a sus problemas en el peor de los callejones: el de la droga. Su camino ha sido un eterno deambular por hospitales, centros para drogodependientes y duros tropiezos.

—Acabo de salir de un centro de desintoxicación y ahora estoy en casa, solo y desesperado. El deseo de buscar droga es incontrolable y, aunque estoy limpio, no puedo dejar de pensar en localizar hachís entre los almohadones del salón de mi apartamento —me dijo llorando desconsoladamente—. ¡No quiero volver a caer y me aterra espantosamente el fracaso! Y lo huelo; lo huelo cerca... ¡Ayúdame!

—Claro que te ayudaré... ¡No desesperes!

—¿Rezarás por mí?

Su pregunta me dejó algo perpleja, pues él siempre se

burla de mi fe, llamándome beatorra sin solución a pesar de quererme mucho.

«¡Oh, Dios mío! —pensé llena de angustia—. ¿Qué puedo hacer ya por él?»

Entonces me fijé en la mesita que a mis pies sujetaba una hermosa bandeja con un gazpacho de los de verdad y un plato de croquetas con aspecto de anuncio televisivo.

—Haré eso y algo más —le contesté llena de esperanza—. Mira: cuando sientas un enorme deseo de drogarte, como ahora, yo comenzaré a hacer algo por ti.

—¿En serio?

—Bueno..., yo no me drogo, por lo tanto, no sé qué es pasar el mono. Pero sí puedo conocer lo que se siente al pasar hambre y desear con toda el alma recibir un alimento. Así que, yo te acompañaré en tu mono. Tú prométeme que no buscarás más la droga y yo te prometo que no comeré. Así te acompañaré en tu dolor, en la búsqueda y el deseo incontrolado de algo tan sabroso como lo es para mí la comida. Tú sacrifica todo el tiempo que aguantes ese deseo irrefrenable que es el fumarte un porro... Yo no almorzaré. Los dos estaremos unidos en el deseo de poseer algo absolutamente necesario. Aguantemos juntos ambas necesidades.

Un pequeño silencio invadió la línea telefónica.

—¿Estás ahí? —pregunté preocupada pensando que quizá me hubiera colgado.

—Claro que estoy...

—¿Estás..., estás bien?

—Sí —contestó con un sollozo—. Sólo estoy algo emocionado... Nunca pensé que alguien pudiera ofrecerme un pequeño mono para acompañarme en mi dolor...

La conversación que siguió fue larga y hermosa. En ella hubo llanto, risas y bromas, y como guinda a todo lo hablado, nació un entendimiento profundo y verdadero del mucho bien que un ayuno puede lograr, tanto física como espiritualmente, siempre y cuando se enfoque para ayudar al prójimo.

¡Y no vea lo que cuesta!

Cuando mi amigo superó su ataque de ansiedad, me tomé un buen bocata de jamón a su salud, pero eso sí, con un corazón más resplandeciente de luz y alegría que el mismo sol.

Quinto consejo: aprovechar las indulgencias que ofrece la Iglesia y rezar ciertas oraciones que fueron dictadas por el mismo Jesús a un gran número de santos a lo largo de reconocidas experiencias místicas

¿Se acuerda usted de santa Brígida y de santa Faustina Kowalska? ¡Sí, hombre! No sea usted despistado... Se las nombré en el capítulo 3, el que hace referencia a los santos. Pues bien, ellas han sido las depositarias de dos grandes regalazos místicos que, si somos listillos y humildes de corazón, podrán ayudarnos a llegar al cielo sin tener que pasar por el purgatorio.

En el caso de santa Brígida, el mismo Jesús le dictó unas oraciones de gran profundidad durante una aparición mística y le hizo una serie de promesas a aquellos que las recitaran durante doce años seguidos. Una de las promesas es precisamente la de no tener que pasar por el purgatorio tras la muerte. ¡Zum, directos al cielo![8]

8. Encontrará tales oraciones al final del testimonio número 7 de este libro en caso de que sea un valiente y se lance a rezarlas. (N. de la a.)

En cuanto a santa Faustina Kowalska, la gran santa del siglo xx, el Señor en una de sus muchísimas apariciones místicas le ordenó que proclamara al mundo entero la brutal importancia de la misericordia divina y prometió que aquellos que rezaran la coronilla de la misericordia divina durante nueve días seguidos, comenzando el Viernes Santo y acabando el domingo siguiente a Pascua, obtendrían indulgencia plenaria de todos sus pecados, siempre que ese mismo domingo comulgara y confesara.

La coronilla de la divina misericordia fue dictada por Jesús a la santa. Consiste en un rosario muy corto y sencillo de orar, no llega a cinco minutos el tiempo empleado en su recitación. Faustina recitó esta coronilla junto a los enfermos hasta la saciedad, ya que Cristo le prometió también que, cuando se rezara junto a un moribundo, éste salvaría su alma del infierno. ¡Recémosla entonces siempre junto a nuestros familiares enfermos! No perdemos nada y podremos ganar mucho para ellos.

Y con esto de las promesas, entramos en esos regalos impresionantes que son las indulgencias, poco apreciadas por los católicos pero de increíbles consecuencias espirituales. Para aquellos despistadillos, les diré que la indulgencia es la remisión ante Dios del castigo temporal que todos deberíamos pagar por haber pecado, aunque nos hayamos confesado.

Pero esto tiene su miga, querido lector, y mucha, porque como en todo hay condiciones que cumplir. En primer lugar, la persona debe estar bautizada, no excomulgada, estar en estado de gracia, haber confesado las faltas cometidas y tener profundo deseo de ganar la indulgencia. En segundo lugar, se tiene que tener en cuenta que sólo la Iglesia puede ofrecer tales indulgencias, según se acordó el 4 de diciembre de 1563, en la 25.ª sesión del Concilio de Trento.

Hay dos tipos de indulgencias. La indulgencia parcial es la que perdona parcialmente un tiempo determinado de estancia en el purgatorio, y se logra con determinadas oraciones dictadas y proclamadas por el Vaticano. Para ganarla, el orante debe ofrecer sus pesares diarios al Señor, con alegría y entrega, a la vez que recitar alguna jaculatoria que le sea familiar, por ejemplo «Sagrado Corazón de Jesús, en vos confío» o «Jesús, José y María, sed la salvación del alma mía», etc. La Iglesia considera que también se puede ganar haciendo una obra de caridad hacia los necesitados. Esto último es de una importancia enorme a ojos de Dios y, además de remitirnos nuestro purgatorio, habremos logrado dar felicidad a muchas personas de nuestro entorno. Por último, hay cientos de oraciones que promueve el Vaticano, que ha considerado que el solo hecho de rezarlas reduce sustancialmente nuestras manchas del alma a ojos de Dios.

La indulgencia plenaria, en cambio, es la que nos libera en su totalidad de las penas que se deben pagar como consecuencia de nuestros pecados. Es decir, si una persona gana una indulgencia plenaria y se muere al ratito, es perdonada en profundidad de todas sus faltas y sus consecuencias de la mancha del pecado y, por lo tanto, va directita al cielo. Para ganarla, el orante debe confesar, recibir la comunión y rezar una oración especial por las intenciones del papa, además de hacer lo que prescribe la Iglesia para ganarla, que son acciones varias y de diferente condición. Algunas son éstas: hacer una peregrinación a un santuario determinado, por ejemplo el Camino de Santiago o visitar Lourdes, Fátima, etc., rezar el rosario en familia o en comunidad de manera meditada visitar el Santísimo Sacramento al menos durante media hora, leer durante al menos media hora las Sagradas Escrituras con veneración y seriedad, o hacer un vía crucis en una capilla o iglesia cercana.

Las indulgencias, como ve, son importantes y hay que tenerlas en cuenta en nuestra vida diaria; nos pueden ayudar a ser mejores personas, a orar por nuestra alma y por las de los demás y a traernos un sinfín de regalos espirituales. Pero, ¡cuidado!, no se equivoque, es esencial recordar que una buena obra de caridad es incluso más preciosa a ojos de Dios que cualquier tipo de oración y que ésta, sin duda, nos otorgará más gracia al alma que nada de lo que podamos lograr ganando indulgencias plenarias a toda carrera.

¿Ha visto, querido lector, como no todo lo tenemos perdido? ¡La Iglesia nos ofrece grandes tesoros a los que agarrarnos para dar un buen salto hacia el cielo! ¿Usted cree que conseguiremos evitar un aburrido, larguísimo y doloroso purgatorio? No sé yo, quizá con un poco de perseverancia y una caña...

CAPÍTULO 5

DÍAS CLAVE PARA LIBERAR ALMAS DEL PURGATORIO

Dice san Francisco de Sales que no recordamos con frecuencia a nuestros difuntos, esos seres queridos que ya partieron. ¡Y vaya que es verdad! Por eso, la Iglesia católica, que piensa en todo, como una buena madre ha escogido un mes del año que ha consagrado especialmente para las benditas almas del purgatorio. Hablamos del mes de noviembre.

La práctica piadosa de rezar por ellas durante este mes escogido nació dentro de las primeras comunidades cristianas, ahí por tiempos en los que Roma era dueña de un imperio, y ha sido respetada por todos los papas de la historia y por los grandes doctores de la Iglesia. También rezar por los difuntos es muy alabado en las Sagradas Escrituras y no podemos olvidar que antes de que aparecieran los cristianos en el mundo, los judíos ya oraban durante treinta días por los parientes fallecidos.

Los católicos gozamos además de un gran regalo de la Iglesia que, de cumplirse, liberará a muchas almas del purgatorio. Se trata de las misas gregorianas, establecidas por el papa san Gregorio el Grande, y que consisten en ofrecer una misa diaria durante treinta días seguidos por el alma de una persona fallecida determinada.

Pero no es éste el único presente que nos ofrece nuestra religión para ayudarlas, pues además ha establecido dentro del propio noviembre un día clave, una fecha especial en la que toda la comunidad católica en el mundo entero se une en oración por los difuntos. Se trata del día 2 de noviembre, más conocido como «día de todos los difuntos» o «de la conmemoración de todos los fieles difuntos». Es una fecha de vital importancia para las almas, y la tradición católica cree que es el día en el que mayor número de ellas entra en el cielo si se ofrecen misas y oraciones en su nombre.

Sin embargo, debo informarle de que durante estas últimas generaciones, el significado católico del 2 de noviembre no se ha respetado demasiado en la sociedad. Es vergonzoso que se dé mucha más publicidad y se jalee de manera desmedida a la fecha del 31 de octubre, tan cercana en el tiempo al día de difuntos. Esto es debido a la invasión de una extraña tradición que se remonta a tiempos ancestrales y que hoy en día ha sido absorbida por la cultura norteamericana. Desgraciadamente se está infiltrando en España y, mientras los chavales se vuelven locos por su celebración, es poca la gente que recuerda que pocos días más tarde debería orar por sus difuntos.

Esta fiesta extraña, pagana y oscura, es conocida como Halloween o el día de las brujas y durante ella los niños se disfrazan de hechiceras, esqueletos, momias o simplemente del increíble Hulk, si su mamá no encuentra algo mejor. La diversión consiste en ir por las casas del vecindario pidiendo caramelos, piruletas y chucherías varias.

Pero ¿sabe usted, querido lector, cuál fue el comienzo y el verdadero significado de semejante celebración?

¿No? Creo que si lo supiera, se pensaría dos veces dejar a sus nietos o hijos enredar con esas cosas. Vea y asómbrese de cuál es el verdadero significado de esta peculiar celebración.

Halloween era un festival que celebraban los celtas, una sociedad controlada por sacerdotes druidas que vivían en regiones irlandesas, francesas e inglesas, alrededor del año 300 a. J.C. y que señalaba el comienzo del invierno. Estas sociedades druidas adoraban y servían al dios Samhain o dios de la muerte.

Todos los años en la fecha del 31 de octubre, los druidas celebraban la víspera del año céltico y lo hacían alabando a semejante dios. Esto en principio no parece censurable, pero lo que sí lo es, era que ofrecían sacrificios humanos durante la fiesta, asesinaban incluso a bebés, para demostrar a su dios que le adoraban más que a la vida misma. El origen de semejante celebración bárbara estaba lleno de paganismo, leyenda, supersticiones, brujería y todo tipo de actividades del mundo de las tinieblas.

Durante esa noche de cada 31 de octubre, los druidas vestían sus cuerpos con cueros y adornaban sus cabezas con las de ciertos animales, como cabras, ciervos o jabalíes. Intentaban emular así el aspecto de un fantasma o de un alma en pena. Pasaban la noche recorriendo las chozas o viviendas de la zona exigiendo ofrendas y regalos que luego pudiesen colocar en el altar del dios de la muerte, Samhain.

Si los sacerdotes no quedaban conformes con los regalos recibidos, maldecían a los habitantes de la casa familiar o quemaban sus campos en un ritual compuesto de extraños bailes, cantos y gritos. No se puede ignorar que en ocasiones podían hasta llevarse a las vírgenes de la familia cuya ofrenda no les hubiera agradado. Entonces las violaban y sometían como esclavas del grupo sacerdotal durante el resto de sus vidas. Otras veces mataban al ganado o envenenaban a las gallinas del poblado.

Después de haber reunido todas las ofrendas, estos druidas encendían enormes fogatas donde daban rienda suelta a la sádica afición de matar a víctimas humanas o animales, colocándolos sobre un altar de piedra y musgo, con el ánimo de adorar a su dios. Los druidas se iluminaban durante su paseo nocturno con un nabo al que previamente habían vaciado la carne y en cuyo hueco colocaban una vela encendida. Eso les permitía ver por dónde pisaban y a qué puerta llamaban.

Cuando esta práctica llegó a Estados Unidos, muchos siglos más tarde, los nabos no eran tan abundantes como en Europa, por lo que los sustituyeron por otro fruto de mayor tamaño, anaranjado y más fácil de vaciar. ¿Adivinan cuál? La calabaza. Sí, señor.

Con el paso de los siglos, esta celebración se fue incorporando a nuestras festividades y es hoy en día popular y conocida, sobre todo en Estados Unidos. En ella se introduce de forma velada e inocente un culto extraño, morboso y satánico.

Cabe incluir en esta información que es hoy un hecho comprobado por el FBI norteamericano que la noche del 31 de octubre se celebran en Estados Unidos gran cantidad de misas negras de gran peligrosidad, pues en ellas no faltan ofrendas y sacrificios humanos. También se ha demostrado que es la fecha más importante para los grupos satánicos más poderosos y perseguidos por la ley estadounidense, además de ser una noche en la que se hacen barbaridades de índole de lo más extraño, burradas incalificables de las que prefiero no informar aquí para no fastidiarle el día.

Y yo me pregunto, querido lector, ¿cómo es posible

que se haya extendido tantísimo la fama de esta fecha tan extraña, pagana y peligrosa? ¿Por qué se celebra a diestro y siniestro sin saber siquiera de dónde proviene y la peligrosidad que conlleva?

¿Y qué pasa con el 2 de noviembre? Hablamos tan sólo de tres días de diferencia entre una fecha y la otra, cuando la segunda tiene tremenda importancia. ¿Se va a rezar por los abuelitos? ¿Por ese amigo que murió? ¿Por la tía Basilisa? ¡Ah!, de eso la gente no se acuerda tanto, ¿verdad?

Esto es una pena, querido lector. Una verdadera y triste pena.

En nuestro país las cosas no van tan mal en este sentido, pues aún se mantiene, aunque ha disminuido mucho, la cultura católica de antaño y no es raro ver por pueblos y comarcas que los familiares de una persona fallecida acudan a los cementerios para limpiar la tumba, llevarles flores u orar en la fecha del 2 de noviembre.

Sin embargo, y como haré en muchas ocasiones a lo largo de este curioso trabajo mío, no debo pasar al capítulo siguiente sin hablarles antes de algunas revelaciones privadas que hacen referencia a estas fechas tan importantes para la liberación de los difuntos. Se trata de personas conocidas y menos conocidas, que la Iglesia continúa hoy investigando, aunque sus protagonistas no estén todavía reconocidos como santos. El que algún día lleguen a serlo no es asunto nuestro, querido lector. Dejemos esa tarea complicada a los grandes teólogos del Vaticano y, mientras tanto, beneficiémonos usted y yo de las increíbles curiosidades que les cuentan a aquellos que les investigan.

Uno de los personajes que han hablado de la cuestión de los días en los que más almas entran en el purgatorio es Maria Simma, de la que ya le he hablado con admiración en el capítulo 3. Cuando se le preguntó sobre ello, respondió: «La mayoría de las almas son liberadas en Navidad pero, por supuesto, sólo marcharán hacia el cielo si se ha orado mucho por ellas y se han ofrecido pequeños sacrificios en su nombre. Hay que orar muchísimo por los difuntos en el día de Navidad.»

Maria Simma añadió que precisamente durante el día de Navidad es cuando más gracias nos envía Dios desde el cielo y esto incluye a todas las almas, las de los vivos y por supuesto las de los difuntos que sufren en el purgatorio. Por último, afirmó que las almas le habían comunicado que muchas eran admitidas en el cielo el día 2 de noviembre, pero que también el Viernes Santo y el día de la Ascensión eran de grandes alegrías en el purgatorio. Curiosamente informó a sus investigadores que precisamente durante el mes de noviembre se le aparecía un mayor número de almas y que todas, sin excepción, rogaban para que orara por ellas y ofreciera misas por su liberación.

Pensemos por un momento en la cantidad de noviembres que hemos vivido a lo largo de nuestra existencia. ¿Cuarenta? ¿Veinte? ¿Sesenta y uno? ¡Muchos sin duda a ojos de las pobres almas que esperan pacientemente a ser liberadas por usted durante ese mes!

Mi querido lector, la caridad y la gratitud no sólo nos obligan a rezar por las almas; ahora que ya sabemos esta información, se ha convertido además en un deber. Así, ante los ojos de Dios, usted ya ha sido informado sobre ello y, por lo tanto, debe actuar en consecuencia. El Creador nos ha dado el poder y el privilegio de poder liberar almas del purgatorio y nada agrada más a Dios que seamos extraordinariamente caritativos con el prójimo.

Piense por un momento que quizá haya almas sufrientes que están ahí por nuestra causa. ¿A quién no se le ha muerto una persona con la que tal vez discutimos? ¿Acaso todo fallecido lo hace totalmente arrepentido? Desgraciadamente hay millones de personas que mueren en accidentes de coche, de avión, en atentados, de ataques al corazón... Este tipo de fallecimientos no permite a la gente realizar una buena confesión o pedir perdón a aquellos a quienes se ha hecho daño. ¿Quién quiere irse de este mundo dejando un mal recuerdo? ¡Nadie!

Puede que por nuestra causa existan almas sufrientes porque siguieron nuestro ejemplo en cierta conducta deshonesta o nos hicieron caso en un mal consejo. Recuerde siempre que entre las almas y usted existe una enorme e importantísima diferencia. Usted está vivo y puede reparar sus faltas a tiempo; ellos, en cambio, están muertos y no pueden ya solucionar nada sobre su destino.

Y así entonces la misericordia de Dios comienza a funcionar para estas almas, pues permite que usted les consiga alcanzar grandes gracias y alivios. Y por eso nuestra responsabilidad a partir de ahora, que ya estamos enterados de todas estas cosas que nos cuenta la Iglesia, es enorme. ¡No debemos esconder la mano cuando la tenemos llena de alimento para las almas!

Ya le he creado un problema, querido lector... Pero no se asuste. Verá que si reza con devoción por los difuntos, muy pronto comenzará a sentir la recompensa. Ellos están deseando ayudarle a usted e intercederán incesantemente con oraciones por el resto de su vida. Y no olvide nunca que noviembre debe ser desde ahora un mes pero que muy importante en su calendario, ¡especialmente el día 2!

CAPÍTULO 6

UN MUSEO EN ROMA SOBRE LAS BENDITAS ALMAS DEL PURGATORIO

Si usted, querido lector, ha aguantado su lectura hasta aquí y han sido muchas las veces que se ha quedado totalmente anonadado, pues prepárese, porque lo que le comunico ahora le va dejar en un estado de asombro tal, que su pareja tendrá que acudir en su ayuda para recolocarle la barbilla en el lugar correcto. Por lo menos, la mía me tocó el cuello al descubrir lo que le voy a relatar. Porque de lo que le hablo es de ni más ni menos que... ¡de un museo sobre las almas del purgatorio! Ha oído usted bien, el Piccolo Museo de las Almas del Purgatorio, para ser más exactos.

Cómo no, fue mi gran amiga y maravillosa periodista Paloma Gómez-Borrero quien tuvo la gentileza de hablarme de la existencia de este lugar peculiar cuando le comenté que me proponía comenzar este libro. ¡Y es que lo que no sepa Paloma sobre Roma no lo sabe nadie!

«¿Sabes que hay un museo sobre las almas del purgatorio en una iglesia de Roma?», me dijo con cara de pilla. Al principio pensé que se trataba de una de sus bromas, pues quien conoce bien a Paloma sabe que posee un extraordinario sentido del humor. Pero ¡qué va! ¡Resultó que no me engañaba!

El caso es que, siguiendo su consejo, me acerqué a la calle conocida como Lungotevere Prati, 12, en el corazón de Roma, situada muy cerca del castillo de Sant'Angelo y del Vaticano. En ese número se topa uno de golpe con una iglesia de estilo gótico, bella y de calidad artística admirable como todo o casi todo lo que luce en Roma. Por dentro es muy parecida a las muchas iglesias góticas españolas, con bellas vidrieras cargadas de inspiración cristiana y luz con tenues contrastes.

Cuando llegué, la misa tempranera había comenzado y decidí quedarme a orar un rato, quizá por el impacto que me produjo ver que tan sólo habían acudido a la celebración dos viejecitas de edad eterna. La misa fue más corta de lo esperado y me sorprendió ver cómo ambas mujeres se escabulleron por la puerta de salida antes de que me diera apenas tiempo de preguntarles por la existencia de tan extraño museo.

Miré a mi alrededor y comprobé que no había nadie más que yo. Todo quedó medio en penumbra después de que el sacerdote que había celebrado la misa apagara el interruptor del altar. Después, salió por una puerta colateral hacia lo que supuse que era la sacristía. Un silencio misterioso invadió todo el santuario y me di cuenta de que me había quedado completamente sola en su interior.

«A ver si ahora me quedo aquí encerrada», pensé con algo de temor. El corazón me comenzó a latir sospechosamente, como me ocurre siempre cuando me quedo aislada en un lugar de oración en donde los olores a incienso y el sabor del mundo sobrenatural se mezclan en una misma atmósfera. «Esto es ridículo —murmuré es-

Museo de las Almas del Purgatorio, parroquia del Sacro Cuore; Lungotevere Prati, Roma.

Reproducción fotográfica de un pedazo de pared situada tras el altar de Nuestra Señora del Rosario. Procede de la capilla cuya existencia data de antes de 1890, situada entre la actual iglesia y la casa religiosa. Es visible la imagen que quedó sobre la pared, después del pequeño incendio acaecido el 15 de noviembre de 1897. Tal incendio surgió de modo sobrenatural ante los atónitos ojos de los asistentes a la misa matutina. Entre las llamas les pareció vislumbrar esta figura. El asombro general fue enorme al descubrir, tras apagar el fuego, que la figura había quedado impresa sobre la pared. Puesto que muchos de los presentes consideraron el acontecimiento como sobrenatural, o como la aparición de una alma del purgatorio, la noticia voló como la pólvora por Roma. La afluencia de la gente que acudió desde ese día para observar la extraña figura fue tan enorme que las autoridades eclesiásticas tuvieron que tomar cartas en el asunto y proteger la imagen con estricta vigilancia.

Impronta de tres dedos dejada, el domingo 5 de marzo de 1871, sobre el devocionario de Maria Zaganti, de la parroquia de San Andrea del Poggio, en Berni, Rímini. Es el rastro de la difunta Palmira Rastelli, hermana del párroco y fallecida el 28 de diciembre de 1870, que pedía por medio de la amiga al hermano, don Sante Rastelli, la aplicación de Santas Misas.

Aparición en 1875 de Luisa Le Sénèchal a su marido Luigi Le Sénèchal, en la casa de ambos de Ducey, Francia, para pedirle oraciones. Nacida en Chanvrières y fallecida el 7 de mayo de 1873, le deja como señal la impronta de los cinco dedos sobre este gorro de noche. Según el relato autentificado de la aparición, la quemadura sobre el gorro fue hecha por la difunta Le Sénèchal para que el marido documentase con signo visible a la hija la petición de celebración de Santas Misas.

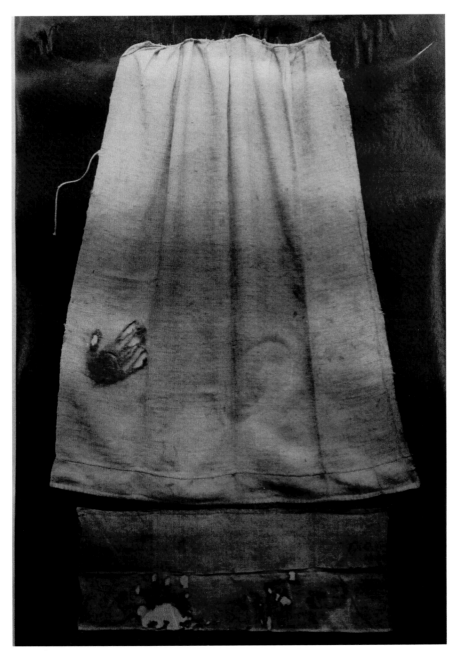

Facsímile fotográfico (el original se conserva en Winnenberg). Impronta de fuego dejada el sábado 13 de octubre de 1696 sobre el mandil de sor Maria Herendorps, religiosa conversa del monasterio benedictino de Winnenberg, cerca de Warendorf, Westfalia, por la mano de la difunta hermana Clara Schoelers, religiosa corista de la misma orden, fallecida de peste negra en 1637. En la parte inferior de la fotografía aparece la impronta quemada de dos manos, dejada por la misma hermana encima de una tira de tela.

Fotografía de una impronta dejada por la difunta señora Leleux
sobre la manga de la camisa de su hijo, Giuseppe, durante su aparición
la noche del 21 de junio de 1789 en Wodecq, Bélgica. Según el relato
del hijo, su madre había fallecido veintisiete años atrás, y ésta se le apareció
en la noche del 21 de junio de 1789, después de que durante once noches
seguidas él escuchara intensos ruidos que lo habían asustado
y que casi le cuestan una enfermedad nerviosa. La madre le recordaba
la obligación de las Santas Misas como legado paterno y lo reprendía
por la vida disipada que llevaba, rogándole que cambiase de conducta.
Le puso la mano sobre la camisa y le dejó una impronta muy visible.
Giuseppe Leleux se regeneró y fundó una congregación religiosa.
Murió en loor de santidad el 19 de abril de 1825.

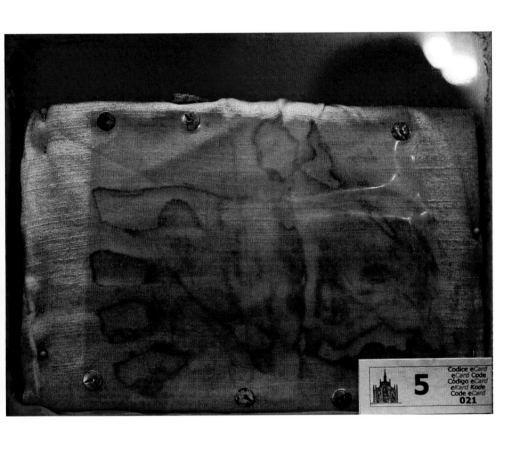

Impronta de fuego dejada por un dedo de la hermana Pía María de San Luis Gonzaga, que se apareció a la hermana Margarita del Sagrado Corazón entre el 5 y el 6 de junio de 1894. La relación del hecho, conservada en el monasterio de Santa Clara del Niño Jesús en Bastia, Perugia, relata cómo dicha hermana, que sufría desde hacía dos años de tisis con fuertes fiebres, toses, asma y hemoptisis, fue presa de un descorazonamiento y deseó una muerte súbita para no sufrir más. Sin embargo, era muy fervorosa y, ante los exhortos de la madre superiora, se repuso con calma a la voluntad de Dios. Algunos días después, en la mañana del 5 de junio de 1894, expiró santamente. Se le apareció a la hermana Margarita la noche del 5 al 6 de junio, vestida de clarisa y circundada por sombras, pero reconocible. El espectro comunicó a sor Margarita que se encontraba en el purgatorio para expiar su gran impaciencia frente a la voluntad de Dios. Pidió oraciones de sufragio y, para testificar la realidad de su aparición, posó el dedo índice sobre la funda de un cojín y prometió volver. Se le volvió a aparecer a la misma hermana entre el 20 y 25 de junio para darle las gracias y dar avisos espirituales a la comunidad antes de subir al cielo.

Signe que notre pieux S. M. de St Louis de Gonzague
a fait sur l'oreiller de la S. a qui elle à apparu dans
la nuit du 6 juin 1694.

Improntas dejadas el 1 de noviembre de 1731 en una mesita de madera, en un papel
y sobre el paño de la manga de la camisa de Isabela Fornari,
la Venerable, abadesa de las Clarisas del monasterio de San Francisco en Todi (Italia).
Las improntas son de las manos del difunto padre Manzini, abad olivetano de Mántova.
Las improntas de la ilustración de la izquierda y de la ilustración inferior pertenecen a la mano
izquierda y están impresas, respectivamente, sobre un trozo de papel y sobre una mesita de la cual se
servía la venerable abadesa para su trabajo; esta última es bien visible,
y su lado aparece el signo de la cruz también impreso profundamente en la madera.
La ilustración de la derecha pertenece a la impronta de la mano derecha sobre la manga del hábito.
La relación fue dada por el padre Isidro Gazala del Santísimo Crucifijo,
confesor de la Venerable, a la cual ordenó por obediencia cortar los trozos del hábito,
de la camisa y de la mesita para que fuesen conservados.

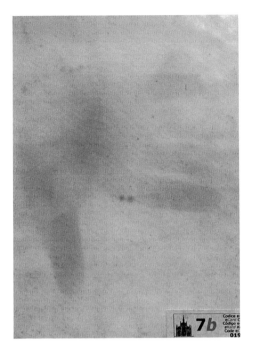

7b

7c

7a

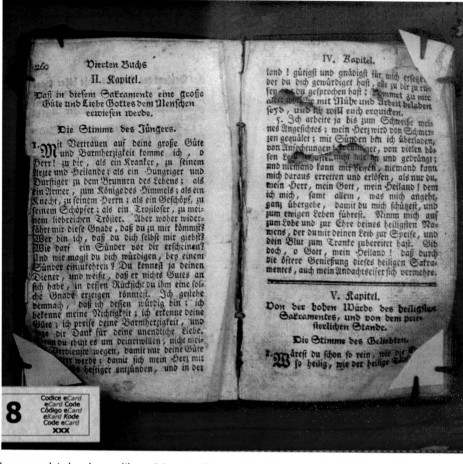

Impronta dejada sobre un libro a Margarita Demmerlé, de la parroquia de Ellingen, Metz, por parte de su suegra. Ésta se le apareció treinta años después de fallecida (1785-1815). La difunta se aparecía con el traje típico del país, de peregrina, y bajaba por la escalera del granero gimiendo y mirando con tristeza a su nuera, como si quisiera pedir alguna cosa. Margarita Demmerlé, aconsejada por el párroco, en una sucesiva aparición le devolvió la palabra y obtuvo esta respuesta: «Soy tu suegra, muerta de parto hace treinta años. Ve en peregrinación al santuario de Mariental y allí haz que se celebren dos Santas Misas por mí.» Después de la peregrinación, la aparición se mostró de nuevo para anunciarle a Margarita su liberación del purgatorio. A la nuera que, bajo consejo del párroco, pide una señal de la aparición, deja posando la mano en forma de quemadura en el libro *La imitación de Cristo*. Tras esto no volvió a aparecérsele jamás.

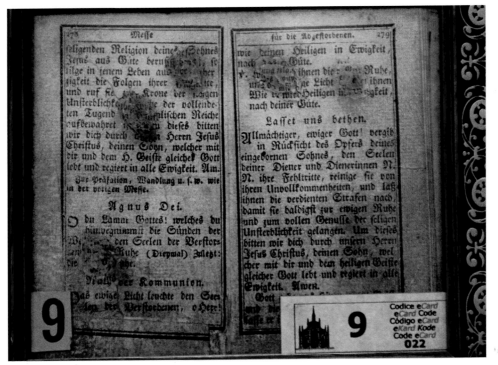

Impronta de fuego que dejó el difunto Giuseppe Schitz al tocar con la extremidad de los cinco dedos de la mano derecha un libro de oraciones en lengua alemana de su hermano, Giorgio, el 21 de diciembre de 1838 en Serralbe, condado de Lorena. El difunto pedía oraciones de sufragio para reparar la poca piedad que tuvo en vida.

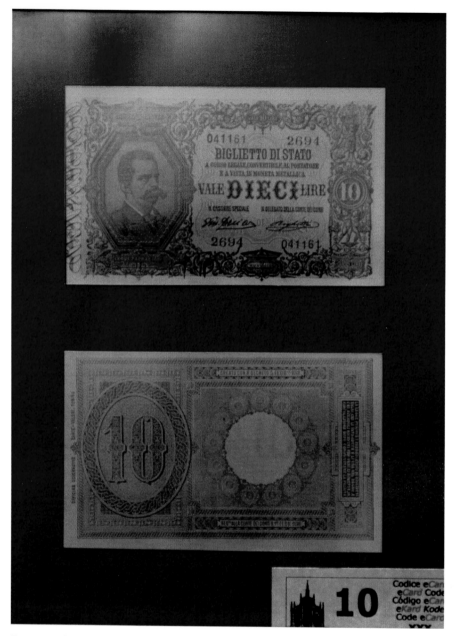

Fotocopia de un billete de 10 liras. Entre el 18 de agosto y el 9 de noviembre de 1919, un sacerdote fallecido que pedía la aplicación de Santas Misas dejó treinta billetes en el monasterio de San Leonardo de Montefalco (Italia). El original de este billete ha sido devuelto a este monasterio, donde se conserva en la actualidad.

bozando una sonrisa nerviosa—. Aquí no hay museo alguno. Esta Paloma y sus bromas. Sin duda me ha engañado. La mataré.»

Giré sobre mis talones y me dispuse a salir apresuradamente del lugar. El hecho de que los tacones produjeran un pequeño eco al rozar contra el suelo frío de piedra me devolvió de golpe al sentimiento de soledad. Por eso me sorprendí sobremanera cuando ya casi a punto de abrir la puerta principal que me escupiría a la muy ruidosa calle de Lungotevere Prati, oí que alguien me llamaba a mis espaldas.

—Señora, ha olvidado esto.

Me di la vuelta bruscamente para darme de bruces contra un hombrecillo con gafitas, de baja estatura, aspecto huraño y rostro sombrío.

—¡Oh!, el paraguas. Muchas gracias... —contesté algo aturdida—. No sabía que aún quedaba alguien en la iglesia. Temí haberme quedado encerrada en ella.

—¡Qué cosas dice! ¿Cómo iba a quedarse presa aquí dentro? Yo estoy aquí. ¡Siempre estoy aquí! Aunque me aburro una barbaridad. Me tengo que quedar hasta la una, aun sospechando que no acudirá nadie.

—¡Oh! Entonces, ¿es usted el párroco? —le pregunté mientras tomaba de sus manos mi viejo paraguas de viaje.

—¿Párroco, dice? ¡No! Qué va, soy el encargado del museo. Es que aquí tenemos un museo algo peculiar, ¿sabe?

Aquella afirmación me llenó de esperanza.

—¡No me diga que no me he equivocado! —grité llena de alborozo.

—¿Cómo dice, joven? —me preguntó frunciendo el ceño.

—Me han informado de que aquí hay un museo sobre

las almas del purgatorio, creado por un tal padre Jouet, que obtuvo el visto bueno del papa Benedicto XV para ello. La verdad es que pensé que quien me lo había dicho me había tomado el pelo y que dicho museo era producto de su sentido del humor.

—¡Ja!, de tomarle el pelo nada, *signorina*. Yo soy el encargado de cuidarlo con esmero y explicárselo a los visitantes curiosos como usted. Verá, el padre Jouet era un sacerdote francés, misionero del Sagrado Corazón, que tenía una enorme devoción por las almas del purgatorio. Rezaba con ahínco por ellas y hasta fundó una asociación en la que se rezaba por los difuntos. Pero lo que le llevó realmente a reunir las piezas de este extraordinario museo fue debido a un acontecimiento impresionante que ocurrió el día 15 de noviembre de 1897, en una capilla dedicada a la Virgen del Rosario. Durante la misa de aquel día, brotó de forma inexplicable un pequeño incendio en una de las esquinas de la capilla, y a todos pareció ver que una figura humana se retorcía en aquellas llamas. Cuando al fin se consumió el fuego, los presentes quedaron de una pieza al ver que dicha figura se había quedado impresa en la pared posterior del altar. Ésa es, precisamente la primera pieza que se enseña en este pequeño museo.

—¡Oh, qué bien! —pensé frotándome las manos de satisfacción. «Esto promete...»

—¿Es usted monja? —La brusca pregunta del viejito me tomó totalmente por sorpresa.

—No... —contesté con cierta timidez.

Personalmente no considero que tenga pinta de consagrada; es más, algún listillo de la prensa me ha descrito en su columna como escritora beatorra de aspecto bastante sexy, debido, supongo, a mis gustos en el vestir. Quizá por esa fama que me he echado, me sorprendió aún más su reacción.

—¿Acaso eso parezco, señor?

—No...

—Entonces, ¿por qué me lo pregunta?

—Pues porque sólo las monjas y los curas se acercan por aquí para ver el museo. Es muy extraño que algún turista conozca este lugar.

—Pues siento defraudarle, señor...

—¿Qué es usted entonces? —me dijo escudriñándome el rostro.

—Soy escritora...

—¡Ah! Entonces, ¿va a escribir usted una novela sobre el purgatorio?

— Más o menos...

—Mmm. Bien. Entonces, sígame.

El viejecito no me dio tiempo ni a responder. Giró bruscamente sobre sus talones y comenzó a andar a pasos chiquitos por un lateral de la iglesia.

—¡Vamos, joven! —me gritó desde el fondo. Se paró junto a una puerta en cuya cerradura introdujo una enorme llave de aspecto medieval que sacó de la manga derecha.

»Si quiere ver las maravillas que guardamos aquí, haga el favor de darse prisa. ¡No tengo todo el día!

Lo que mis ojos vieron en ese lugar va a ser para mí una tarea extraordinariamente difícil de describir. Por eso me limito a copiar, palabra por palabra, las explicaciones que junto a cada pieza lucen para que el boquiabierto turista entienda algo de todo aquello.

No deseo, antes de pasar a describir cada pieza, dejar de recomendarle desde lo más profundo de mi corazón que visite sin falta ese misterioso y oscuro museo de Roma, en caso de que deseen visitar tan espectacular ciudad. ¡Se quedarán totalmente pasmados! No se arrepentirán. Se lo promete una *beatorra sexy.*

Le repito nuevamente la dirección en caso de que sea usted un lector despistado:

Parrocchia Sacro Cuore in Prati.

Lungotevere Prati, 12. Roma.

Junto al castillo de Sant'Angelo, cerca de la basílica de San Pedro en el Vaticano.

Mi querido lector:

Supongo que se ha quedado sin palabras. ¡Caray las cosas que pasan! ¡Uf! Pues imagínese cómo me habré quedado yo después de haber tenido el privilegio de ver estas piezas con mis propios ojos.

Llegado este momento, puede usted creer que ya con nada puedo sorprenderle. Sin embargo, no hemos hecho más que empezar a adentrarnos en este oscuro lugar tan desconocido para el hombre vivo como es el purgatorio.

Quizá piense ahora que todo lo que le he contado hasta este punto no es otra cosa que un gran saco de mentiras. No le culpo. O quizá, el lector más amable de entre los que ahora mismo sujeten en sus manos este extraño relato, piense que estas pamplinas ocurrieron supuestamente hace mucho tiempo, tanto, que hoy es imposible encontrar testigos.

¡No se preocupe, sea quien sea, querido lector! Porque lo que he descubierto, para mi total anonadamiento, es que hay miles de personas que hoy en día pueden relatarle cosas muy parecidas.

Todo parece indicar que las benditas almas del purgatorio siguen dando guerra a los vivos del siglo XXI. Y si no me cree, pues pase usted la página y adéntrese en la fascinante segunda parte de este libro, donde testigos conocidos y menos populares nos relatan a usted y a mí sus extraordinarios encuentros con fantasmas, espectros y otras cosas raras.

Agárrese, querido lector. ¡Empieza la aventura!

LOS TESTIMONIOS

ÁLVARO DE FIGUEROA GRIFFITH, CONDE DE ROMANONES

Madrid, viernes 23 de junio de 2006

No... La verdad es que no tengo reparo en que desveles mi verdadera identidad. ¿Por qué habría de avergonzarme por un hecho que no propicié? Además, me han dicho que tú nunca te burlarías en caso de que te relatara mi experiencia. Me han asegurado que eres una mujer creyente como las de antes; de esas que juran que hay cielo, purgatorio e infierno y que no te achantas a la hora de relatar sus misterios a todo el que desee oírte.

¡Vaya!, veo que tienes prisa por que te cuente lo que me sucedió... ¿De dónde has sacado tanta bulla?

¡Ah, es verdad...! Fui yo quien te dije que tenía poco tiempo para dedicarte... Perdóname. Es que soy un hombre muy ocupado, ¿sabes? Siempre ando de aquí para allá haciendo mil cosas a la vez.

¡Ah, cuánta gente me ha dicho eso mismo! Claro que no me extraña que mi vida te parezca interesante, y es que es cierto que ha estado colmada de muchas vivencias peculiares. ¿Cómo podría ser de otra manera si pertenezco a una familia que se ha relacionado con la gente más variopinta?

A lo largo de mi vida he tenido la oportunidad de conocer personas de todo tipo y condición; algunas fascinantes y otras tediosas... Pero de todas he aprendido algo. Supongo que tienes razón al decir que soy por ello afortunado. Y para colmo de la buena suerte, encima Dios ha permitido que experimente cosas extraordinarias, como esas por las que has venido a verme y que tanto te interesan. Ya me han advertido que eras curiosa y que estas cosas raras te fascinaban. La verdad es que a mí también y, mirando hacia atrás, se me hace hasta divertido haber experimentado aquel hecho tan extraño, pues por inusual me hace diferente y único.

¡Ah!, ¿que no soy un caso aislado? ¿De verdad? ¡Uf! ¿Y cómo estás tan segura? ¡Ah!, que porque te han contado ya más de veinte testimonios parecidos al mío... Vaya, vaya... ¡Qué cosas! De lo que se entera uno.

¿Y ellos quedaron tan impactados como yo por sus experiencias? No me extraña, hija, porque la verdad es que son vivencias que le dejan a uno con un recuerdo imborrable que no se llena nunca de telarañas. ¡Ya lo creo!

Mira, a mí tanto me impactó aquello que, aunque han transcurrido la mar de años, no he logrado olvidar un solo detalle. ¡Dios mío, qué miedo más horrible pasé! Tienes que pensar que yo tenía sólo siete años, y a los niños esas cosas se les meten entre los surcos de la memoria como un tractor en un sembrado. Queda la raya hecha bien aplastadita en el cerebro y ni la más estricta de las lógicas que caracteriza a la edad adulta puede rellenarla.

Así que te digo que vi un fantasma y que además lo tengo más claro que el agua. ¡Pero si aún hoy me tiembla el espinazo al recordarlo!

No, no me atreví a comentarlo con nadie después de que mi pobre padre registrara todo el dormitorio de arriba abajo y me diera la satisfacción de pensar que no me lo había inventado. Me creyó a pies juntillas. ¡Cómo no lo iba a hacer si lo vimos tanto yo como uno de mis hermanos menores! Ambos estábamos aterrorizados.

¿Qué cuántos años tengo ahora? ¡Uf! Algunos ya... Bueno, cincuenta y siete, que son muchos más de los que tienes tú. Pero eso no quiere decir que esté medio lelo o que no tenga memoria. ¡Al revés! Cuanto más pasa el tiempo, más nitidez acompaña al recuerdo de tal peripecia de mi pasado.

Es verdad, tienes razón. No soy un viejo, sino un mozalbete canoso, ¡ja, ja! Y un canoso que además sabe que no te miente. Que pasó aquello te lo aseguro como que me llamo Álvaro y me da igual que tus lectores piensen que han transcurrido demasiados años. Yo sé que digo la verdad y punto. Y el que no me quiera creer pues que no lo haga. Pertenecemos a una sociedad libre, ¿no? O al menos eso dice el Gobierno. Bueno ése no está seguro de nada de lo que dice y menos de lo que promete. Pero yo sí, quizá no al cien por cien, pero al menos con un noventa y nueve por ciento de seguridad.

¿Cómo que por qué? Pero si tú misma me lo acabas de decir. Pues porque son cosas raras que ni un adulto preparado alcanza a desmenuzar con cordura. Yo siempre he creído que los niños son más adictos a la verdad que los mayores. ¿Por qué será? Tú debes de saberlo, como eres pedagoga y todo eso...

¡Ah!, que hace muchos años que terminaste la carrera. No lo sabía. Como pareces tan joven.

¡Ala! ¿Cuántos años dices que tienes? ¡Uf! Entonces hace ya veinte que te licenciaste. Bueno qué más da; algo sabrás más que yo. Yo no soy pedagogo como tú y estoy convencido de que los chiquillos aceptan estas cosas con mucha más naturalidad que nosotros los adultos sabelotodo. Creo que tiene que ver con las vergüenzas, con el temor al ridículo, al desprecio y todo eso. Y es que los adultos tenemos miedo a muchas cosas: a que se rían de nosotros, de hacer el canelo o de que cuchicheen a nuestras espaldas. Somos así de necios. Aunque, como ya te he dicho antes, yo no tengo temor a esto precisamente.

¿Que por qué? Déjame que te diga. A ver... ¿cómo te lo explicaría?

Mira, yo creo que he pasado ya por mucho caminar en la vida. Soy un hombretón hecho y derecho, con hijos, familia y he trotado mucho. He sufrido malos tragos y he vivido grandes alegrías. También son muchos los hombres de valía que se han cruzado en mi camino. ¿Qué puedo perder por contar lo que una vez me aconteció y que sé positivamente que fue un hecho cierto?

Además, me has convencido para dejarte contarlo en tu libro. ¡Vaya verborrea que tienes! Me parece que eres capaz de convencer a cualquiera de cualquier disparate. Y es que yo no me había planteado antes estas cosas que me cuentas sobre el purgatorio. ¡Los sacerdotes nunca me han hablado de ello, chica! Si lo hubieran hecho, quizá hubiera reaccionado de otra manera. Aunque pensándolo mejor, quizá me hubiera confundido aún más porque era demasiado crío.

A ver, ¿qué niño se pondría a rezar como un loco por un alma que se le aparece cuando tan sólo cuenta con siete escasos años? ¡Pues nadie! Ahora bien, si vas y me cuentas todo lo que me has dicho, pues entonces ya no sé.

Quizá tengas razón y sea necesario que alguien nos explique de una vez a los que hemos vivido este tipo de experiencias, de qué tratan realmente estos líos porque ¡vaya miedo se pasa!

¿Qué? ¡Ah, que no me enrolle y que vaya al grano! Pues si que... De acuerdo, vale. Pues ahí va mi historia. ¡Espero que te guste después de la carrera que te has pegado para venir a escucharme!

Pues como te decía, yo contaba entonces con tan sólo siete años de edad. Mis padres poseían una casa distinguida en un barrio excelente de Madrid, situada en la pequeña colonia conocida como El Viso. Nuestra casa era grande y señorial. Tenía varios pisos espaciosos unidos por una regia escalera en cuya barandilla muchas veces resbalábamos haciendo todo tipo de malabarismos que aterrorizaban a nuestra tata.

Uno de mis hermanos menores, Luis, compartía el dormitorio conmigo. Consistía éste en un cuarto de dimensiones proporcionadas, fresco y alegremente decorado, en el que jamás antes habíamos experimentado ningún fenómeno sobrenatural.

Recuerdo que nuestras camas tenían unos barrotes a ambos lados.

No, no eran cunas... ¿No te digo que teníamos cerca de siete años? A esa edad ya no se duerme en una cuna.

Ya... Bueno, pues yo qué sé... Tenían barrotes y punto.

Sí, en efecto, parecidos a los que protegen a los bebés en las cunas... Pero te aseguro que lo nuestro eran camas hechas y derechas de hombrecitos de casi un metro.

La noche en la que ocurrió el suceso mis padres festejaban una cena junto a un gran número de amigos. La casa lucía con candelabros de plata y bullía entre risas, licor y el olor de las muchas fragancias que acariciaban la piel de las damas invitadas.

Mi hermano Luis y yo pudimos oír durante poco tiempo toda aquella algarabía, pues al poco de comenzar a repiquetear las notas de un piano, nos quedamos profundamente dormidos.

No sé cuánto tiempo transcurrió ni puedo especificarte qué hecho fue o qué sonido me arrancó de ese dulce sueño. Lo que sí puedo afirmar con convencimiento es que de pronto noté cómo algo me molestaba el descanso y me forzaba a abrir los ojos. No es que me tocaran alguna parte del cuerpo y tampoco puedo afirmar que escuchara sonido alguno diferente a esas dulces notas del piano de las que te hablaba hace un momento. Creo que simplemente nació en la parte más desconocida de mi intelecto la certeza de que una presencia estaba a punto de entrar en mi terreno, hasta entonces tan seguro y protegido.

Abrí molesto los párpados sintiendo una desagradable sensación de incomodidad. ¡No deseaba abandonar tan plácido descanso! Y entonces, para mi espanto, fue cuando lo vi.

Mis ojos se dirigieron hacia el techo del dormitorio. Una enorme lámpara de cristalitos, aparatosa y señorial, colgaba desafiante de él. En algunos de sus lagrimales rebotaba el breve destello de la luz eléctrica que se colaba por la rendija inferior de la puerta. De pronto, aquella lámpara comenzó a vibrar ante mis ojos. Su movimiento era lento al principio, como el que debe provocar sobre la tierra el paso torpón de un inmenso elefante. Pero antes de que pudiera reaccionar, ¡zas!, una increíble luz invadió todo el espacio que rodeaba aquella elegante lámpara.

No sé bien cómo describirlo, pues sucedió tan rápidamente como el relámpago que atiza un cielo lluvioso. Sólo puedo afirmarte que en menos de un segundo algo atravesó esa enorme lámpara adornada con miles de cristalitos. Algo muy, pero que muy peculiar... Se trataba de una figura humana, un varón alto que portaba un sombrero semejante al de un espadachín. Mejor dicho, al de un mosquetero.

Sí, sí, exacto... ¡Como los que salen en las películas de D'Artagnan! Los ropajes eran anticuados, de otros tiempos pasados que ya no volverán. Yo los encuadro en las típicas vestimentas masculinas del siglo XVII.

¡Ah!, la cara... Dios mío, qué pregunta me haces. Déjame pensar, no lo sé... ¡Vaya fastidio, no puedo recordarla! Y es que todo ocurrió muy rápido, demasiado, y mi miedo entorpeció todo, ya que me quedé absolutamente petrificado por la experiencia. Sobre todo cuando vi cómo aquel extraño y desconocido personaje se acercaba sigilosamente a la cama de mi hermano menor.

Entonces fue cuando las barras de nuestras camas de niño, esas que tú te preguntabas si no eran cunas, desempeñaron su papel. Aquel espectro se agarró con ambas manos a ellas e inclinó la cara medio tapada por ese enorme sombrero emplumado sobre el cuerpo durmiente de mi hermano. Por un brevísimo instante vi cómo le observaba muy de cerca, tanto que no aguanté más.

Presa del pánico, pegué el salto más grande que he dado en mi vida y salí corriendo como el Correcaminos, casi con los pies suspendidos en el mismo aire. El terror me invadió de tal manera que no pensé en que abandonaba al pobre Luis, a quien dejé rodeado de oscuridad bajo la mirada penetrante de un espectro con traje de D'Artagnan y sombrero emplumado.

Gritando despavorido, con las pupilas dilatadas y el corazón saliéndoseme del cuerpo, corrí escaleras abajo, proporcionando un susto de muerte a mis padres, a sus invitados y al servicio doméstico.

«¡Alvarito, niño! —gritó la tata asomándose a la puerta de la cocina con ojos espantados—. Pero ¿qué ocurre?»

Y entonces me puse a hablar a gran velocidad lleno de terror, mezclando las palabras con una respiración entrecortada, describiendo como podía a los adultos lo que nos acababa de ocurrir ahí arriba. Deseaba ardientemente que subieran a la velocidad del rayo para defender a Luis de semejante monstruo emplumado. Recuerdo la cara de los comensales que, elegantemente vestidos con esmoquin negro y pajarita sedosa, me comenzaron a rodear plagados de perplejidad.

—El niño lo ha soñado —se atrevió a diagnosticar una invitada.

—Alvarito, eso se llama tener una pesadilla —dijo mi madre algo pálida.

—¡Que no, que no!

—¿Estás seguro, hijo? —insistió mi padre.

—Papá, que arriba hay un hombre con un traje antiguo... ¡Sube, sube!

¡Ah!, los invitados... Algunos sonreían incrédulos, otros se daban codazos y alguna de las damas empalideció no sé si a causa del temor o de pura pena al sospechar que me había trastornado.

¿Qué fue lo que hizo mi padre? Pues acceder a mi deseo y subir a nuestro dormitorio para ver a qué se debía todo aquel alboroto. ¿Qué iba a hacer si no? Entró despacito, quizá con la intención de no despertar a mi hermano, sospechando que dormía plácidamente ajeno a tal aventura. Pero tanto él como los varios invitados masculinos que le acompañaron descubrieron que no era así, ya que se lo encontraron sentado en la cama, pálido como una luna llena y balbuceando que había visto a un hombre disfrazado.

¿Que si buscaron bien al supuesto ladrón bromista, espectro o lo que fuera? ¡Oh, sí! Lo registraron todo. Chica, pero que todo, todo... Levantaron las camas, corrieron las cortinas, movieron los muebles. ¡Nada! Allí no había nadie.

¿Qué hizo Luis? Bueno, tardó largos minutos en calmarse. Horrorizado, temblando y agarrado a mí como una garrapata, afirmó que no mentía y que aquel sujeto había estado observándole de cerca con su gran sombrero y su traje extraño.

Mi padre y sus amigos acabaron por incorporarse de nuevo a la fiesta, no sin antes intentar calmarnos durante un buen rato. Al final nos dejaron solos, con los ojos abiertos como búhos y con la luz de la mesilla encendida por si las moscas. Porque convencernos de que lo habíamos soñado, eso no lo lograron. Sabíamos muy bien lo que habíamos visto y además éramos dos. Menos mal. Si no, no me habría creído nadie. Luis fue mi testigo y mi amigo en la aventura.

¡No, no apagues la grabadora! Es que aún hay más... Sí, hija, sí. Ahí no acabó la historia. Quizá lo que viene ahora sea de vital importancia para poder deducir que, como te digo, no se trató de un sueño o una pesadilla.

Al día siguiente, después de pasar una noche llena de sobresaltos, siguió el fantasma dándonos guerra, aunque esta vez yo me libré por un pelo mientras que fue el pobre Luis quien pagó el pato. Y digo pagó el pato porque se pegó otro susto morrocotudo, de esos que le ponen a uno los pelos de punta y que pueden trastocar el corazón.

Habíamos salido del dormitorio con la intención de bajar a almorzar. El pasillo al que estaba unido era largo; por un lado daba a los cuartos y por el otro a la barandilla de la gran escalera. Yo me dirigí tan contento hacia los primeros peldaños dando zancadas y con las tripas haciéndome ruido por tragón. Luis salió del dormitorio unos instantes después. Cuando yo ya estaba bajando los primeros escalones vi por el rabillo del ojo cómo mi hermano se había quedado como petrificado, parado en medio del pasillo con la cabeza vuelta hacia un lado y los ojos abiertos como dos monedas de cien pesetas.

—¿Qué te pasa? ¿Por qué te paras? ¡Venga, baja ya! —grité.

Pero él no respondió. Me miró rápidamente y señaló con el dedo hacia el fondo del largo pasillo, en donde lucía un hermoso y enorme espejo del siglo XIX.

—Pero ¿qué haces? ¡Ven de una vez, Luis! —insistí.

—Es que, mira... —Y entonces señaló con su dedito hacia ese gran espejo—. Me estoy viendo reflejado y a mi lado está el señor de ayer. Lleva la misma ropa y ese sombrero con pluma... ¡Me mira y sonríe!

¡Ah!, esto fue ya demasiado para mí. Pegué un brinco tan grande hacia abajo que casi me parto la crisma. También grité de lo lindo, hasta que salió el servicio doméstico al *hall* de la entrada y nos hicieron callar a los dos. Mi hermano también descendió la escalera a velocidad de vértigo y debió de ser verdad lo que afirmaba, pues la criatura temblaba como una hoja al viento.

No te cuento el miedo que le cogimos al maldito espejo ese. Desde entonces, cada vez que teníamos que subir al piso de arriba rogábamos que alguien nos acompañara, no fuera a ocurrir que el mosquetero nos hiciera ver que estaba a nuestro lado o que nos miraba con cara de malas pulgas.

Bueno, mi historia llega hasta aquí.

No, no... Nunca hemos vuelto a ver a tan estrafalario caballero, ni falta que nos hace. Recuerdo cómo unos quince años más tarde, saqué el tema con Luis y él me aseguró que lo recordaba tan nítidamente como lo hacía yo. ¡No se nos había olvidado! ¿Cómo podría ser de otra manera? ¡Válgame el cielo! ¡Si fue algo que le deja a uno marcado!

Gracias a Dios ningún suceso tal como aquél se ha

vuelto a repetir en mi vida, aunque quizá te interese saber que mi hijo ha experimentado algo parecido.

¡Ah! Que sí te interesa... Vaya, pues si quieres te lo cuento.

¡Bueno, bueno! Vale... Ahí va.

Mi hijo es un muchacho extraordinario. Se llama Álvaro Figueroa Domecq, tiene veinticinco años y nos llevamos muy bien, ¡lo que es cosa rara que hoy en día ocurra entre padres e hijos!

Mi familia es propietaria de una hermosa finca en Cáceres, llamada Pascualete, donde acudimos con mucha frecuencia. Cuando los niños eran pequeños, no nos saltábamos ni un fin de semana. Cuando Álvaro tenía unos siete años, mira tú qué casualidad, vivió una experiencia harto parecida a la que vivió su padre. ¡Curioso hasta en lo de la edad!

Yo creo que los niños son mucho más sensibles a este tipo de cosas que los adultos. Vamos que en el caso de Álvaro, mi hijo, se convenció a pies juntillas. Si a un adulto le pasa lo que le ocurrió a él pensaría: «Vaya con el coñac que me tomé después del postrecito...», ¡ja, ja! Bueno el caso, como te decía, es que mi hijo Álvaro está aún conmocionado por el recuerdo y hasta el día de hoy no para de repetir que fue cierto.

Yo había pedido a dos de mis hijos que me acompañaran a hacer un recorrido por todas las estancias del piso de abajo para apagar las luces, pues era de noche y pensábamos retirarnos a dormir. Mi esposa se quedó leyendo relajadamente en uno de los salones que colindaban con el *hall* de la entrada. Mi hija y yo nos metimos en uno de los salones y Álvaro fue hacia el *hall*.

Cuando ya se disponía a apagar la luz como le había ordenado, vio totalmente estupefacto cómo una mujer alta, vestida con largo camisón blanco, melena rubia suelta hasta los hombros y andar majestuoso, pasaba por delante de él atravesando lánguidamente la estancia. No le dio tiempo a vislumbrar el rostro pues, según él, estaba de perfil y volvió bruscamente la cabeza hacia delante.

Mi hijo jamás la había visto antes y en un principio pensó que era alguien desconocido a quien habíamos invitado a pasar el fin de semana y de cuya presencia no le habíamos advertido. Sin embargo, su sorpresa se tornó en absoluto terror cuando vio cómo aquella mujer se dirigía directamente a la pared del fondo de la estancia, que atravesó sin el mayor problema.

Álvaro se quedó helado como un glaciar, tieso sobre sus pies y con la boca abierta hasta el cuello. Durante unos breves segundos no pudo reaccionar. Después, tenso y sigiloso, dio marcha atrás sobre sus propios pasos y se dirigió a pequeñas zancadas hacia el salón que estaba en el lado opuesto, que era precisamente donde mi esposa leía llena de tranquilidad. Podría haberse dirigido al salón que tenía justo enfrente, precisamente donde él sabía que nos encontrábamos mi hija y yo apagando las luces.

«Pero, papá —me dijo después cuando le reprendí—, no me atreví a ir hacia ti puesto que tendría que haber pasado justo por donde aquella mujer había desaparecido. ¡Simplemente el miedo me lo impidió!»

Pobre pequeño... ¡Estaba entumecido por el susto! Sin embargo, lo que sí hizo fue contárselo de inmediato a mi esposa, su madre, quien pensó que se lo había inventado y quien le mandó a la cama prohibiéndole decir más tonterías. En fin... Esto es lo que ocurrió y hoy todos le creemos, pues después de tantos años él sigue asegurando convincentemente que no nos ha mentido en este aspecto.

¡Vete tú a saber si durante su adolescencia nos echó alguna mentirijilla, ja, ja!

Madrid, 30 de junio de 2006

Querido Álvaro:

Gracias de todo corazón por tu sinceridad y la confianza que has puesto a la hora de relatarme tan extraños sucesos. ¡Por supuesto que yo nunca me reiría de ti! Faltaría más, sobre todo por el hecho de que ya te considero un amigo importante. ¡Cómo no podría hacerlo después del cariño con el que me recibiste!

Con respecto a tan inusual acontecimiento en tu vida, y en la de algunos familiares tuyos, sólo puedo decirte lo poco que sé sobre estos temas. Soy una mujer ignorante sobre ellos aunque mi profunda fe me ha llevado a intentar investigar sobre lo mucho que la Iglesia católica ha podido llegar a profesar acerca del tema.

Intentar explicar el purgatorio o su posible existencia es una tarea muy difícil que conlleva una ardua investigación y muchas preguntas que a veces van a dar a un callejón sin salida. Tampoco me ha sido fácil encontrar expertos dentro del terreno de la Iglesia católica, ya que muchos de los sacerdotes a quienes he acudido para conseguir ayuda estaban tanto o más confusos que yo y, aunque el concepto del purgatorio es un dogma de nuestra fe, es mucha la inquietud que despierta el tema.

Las opiniones sobre su existencia abarcan todos los colores del arco iris. Algunos afirmaban creer en este extraño estado del alma tal y como tradicionalmente la Iglesia católica lo ha explicado, mientras que otros rebatían el hecho sumergidos en un mar de dudas que a veces nos conducían irremediablemente hacia charlas interminables que nos entretenían hasta el alba.

«Mira, chica —me han repetido en diversas ocasiones—, no te enrolles como una persiana con estos temas. Es muy sencillo: o se va al infierno o al cielo y, como nadie es perfecto y nuestro Dios es infinitamente misericordioso, pues nos vamos casi todos al cielo. Además, todo lo referente a Dios es un gran misterio.»

¡Pues vaya respuesta! Vamos, que si me tenía que quedar contenta con eso la llevaba buena... Como ves, Álvaro, la cosa no ha sido fácil de ninguna manera.

A pesar de todo, sí te puedo asegurar que he encontrado tesoros maravillosos entre los muchísimos libros que sobre las vidas de los santos se han escrito. En ellos, el tema del purgatorio es recurrente y son libros de fiar, pues están escritos por teólogos, sacerdotes, religiosas y hasta laicos que, como tú, han experimentado sucesos muy parecidos a los que me has relatado. Casi todos coinciden en que con oración han logrado aliviar el tormento de estas almas o fantasmas.

Yo voy a intentar darte mi humilde opinión y al final de mi larga y aburrida epístola te copiaré una de las más hermosas oraciones que la Iglesia católica tiene preparada para este tipo de fenómenos. Porque la Iglesia, en su esencia, cree en el purgatorio aunque muchos sacerdotes no se acaben de aclarar del todo.

Por eso en nuestra fe católica damos una inmensa importancia al funeral, es decir, a la misa que tras el fallecimiento de una persona querida ofrecemos para que su alma pecadora, que es como la de todo el mundo pues santos desgraciadamente hay demasiados pocos, vaya al cielo.

Verás, Álvaro, existe la creencia en nuestra fe que, tras la muerte, el alma humana tiene tres posibilidades claras. Una es ir al cielo, otra al infierno y, por fin, para aquellas personas que no han alcanzado la santidad pero que han vivido con un corazón honrado y digno, que han amado a los demás y que han intentado llevar una vida correcta, está el purgatorio.

Los teólogos a los que he preguntado parecen coincidir en calificar el purgatorio como un estado espiritual misterioso al cual llega el alma cuando por fin se separa del cuerpo. Será la primera vez que nos veamos cara a cara frente a Dios. Nuestro Señor, entonces, lleno de ternura paterna y supongo que lleno de tristeza también, nos hace ver toda nuestra vida en un segundo, con todas aquellas cosas que hemos hecho bien y también nos mostrará en las que hemos fallado. Entonces habrá ciertos pecados, de los que muy seguramente nos hayamos olvidado hace mucho tiempo, que se habrán caracterizado por atentar contra la caridad del prójimo. Éstos son los pecados más graves del ser humano y en ellos se encuadran desde los más inocentes, por ejemplo el mofarse de una persona fea por el simple hecho de ser poco agraciada, hasta los más graves como asesinatos, violaciones, etc. Todos ellos son considerados pecados hacia la caridad humana.

Nadie estamos libres de pecado. Porque, ¿quién no se ha burlado del débil o del dientes de conejo en el colegio? ¿Qué mujer no criticó por envidia a otra? ¿Quién no calumnió alguna vez por el simple hecho de tener una conversación divertida? ¿Quién no hizo daño en alguna ocasión a los padres, a los amigos, a los hermanos? En definitiva: ¿quién es perfecto? Yo tengo la respuesta: ¡sólo los santos! Y hasta a alguno dejaba yo fuera durante un tiempecito.

¡Ay, mi querido amigo, yo no soy santa! Así que mucho me temo que quizá tenga un purgatorio que experimentar. Y si digo esto es porque creo firmemente que el alma, cuando ve por fin todos los pecados y las faltas, se rompe de tristeza. Y entonces somos jueces de nuestro propio juicio.

No creo que sea el Señor el que nos condene. ¡Seremos nosotros! Y de ello estoy convencida, ya que, tras ver la belleza inconmensurable de Dios, en toda su bondad infinita y su total esplendor, no nos quedará más que sufrir un fortísimo arrepentimiento del alma. Y así, nos alejaremos voluntariamente de la presencia divina, llorando nuestras faltas y deseando ser perdonados. En definitiva, no entraremos por un período de tiempo en el cielo, ya que conscientemente no nos lo habremos merecido.

Sor Emmanuel Millard, una monja que vive en Medjugorge, Bosnia, muy querida por mí y más lista que el hambre, ha escrito un maravilloso libro sobre las almas del purgatorio,[9] donde lleva a cabo una comparación curiosa. Dice que, cuando nos veamos frente a Dios con pecados ensuciando nuestra alma, aunque hayamos sido perdonados antes de la muerte, quedará la mancha, que no es otra cosa que un gran dolor provocado por la culpa al descubrir, en toda su esencia, el sufrimiento que hemos sembrado en el prójimo. Y esa mancha nos impedirá ver con claridad a Dios, convirtiéndose en una gran muralla u obstáculo para poder quedarnos con Él para siempre.

¡Uf, la que nos espera! Y es que no podemos olvidar que al cielo sólo entran las almas totalmente puras, es decir, santas. Cuando nos demos cuenta de esto, ya habremos sentido y abrazado por un instante lleno de entendimiento. Pero, ¡ay!, aún estaremos sucios y, al descubrir esa suciedad, nos tendremos que alejar voluntariamente de la infinita pureza del Dios omnipotente. Sentiremos un inmenso deseo de reparar, de limpiar todas aquellas faltas de caridad que cometimos durante la vida contra el prójimo.

Para sor Emmanuel es como el que se queda fuera de una boda porque su traje está tan sucio y harapiento que ofendería a los novios. En un caso así, lo normal es co-

9. *El maravilloso secreto de las almas del purgatorio*, Ed. Shalom, 2000.

rrer a casa, lavarse, peinarse y luego intentar volver a entrar al convite pero ya sin vergüenza. En el purgatorio no hay duchas, pero como Dios es todo misericordia, aunque ya no puedan reparar, sí podrán beneficiarse de las oraciones de sus familiares y amigos vivos. ¡Ellos sí pueden orar por esas almas purgantes! Y esas oraciones o pequeños sacrificios serán lo que poco a poco liberen a esa alma de su purgatorio. Por eso, repito, es tan importante celebrar el funeral por un amado difunto. ¡Qué agradecimiento sentirá en su corazón nuestro ser querido! Los vivos no podremos ver el bien que hemos hecho, pero esa alma quedará agradecida para siempre y nos ayudará e intercederá desde el cielo por nosotros.

¡Oh, Álvaro! ¡Cuánto me duele ir a un funeral y descubrir que muchas de las personas que ahí están no oran por el difunto! No nos engañemos, mucha gente acude simplemente por contentar a la familia doliente por la triste pérdida o, mucho peor, por quedar bien. Saludan efusivamente a los familiares y luego se marchan. Algunos tienen la desfachatez de dar un abrazo al familiar del difunto antes de la ceremonia y luego salen a hurtadillas perdiéndose hasta la misa. Esto me entristece mucho... ¡Se debe rezar para que el alma suba al cielo! Además con todo el cariño, la entrega y la fuerza posibles. Es nuestro deber hacia tal amistad.

En cuanto a las experiencias que tú has vivido, ¡uf!, ¡cuánta información he encontrado sobre este tipo de fenómenos! Después de leerla toda y volverme medio tarumba, he llegado a la misma conclusión: que deberías haber rezado por ellos como si hubiera sido el espectro de un ser querido o un familiar reconocido por ti, ya que lo que necesitaba era exactamente lo mismo que todas las demás almas. Hablando en claro: ansiaba oración para aliviar su purgatorio.

Verás, Álvaro, esas personas, entes o fantasmas que tú y algunos de tus parientes habéis visto con vuestros propios ojos, no son más que pobres almas purgantes por las que nadie rezó. No sabemos cómo murieron, quizá en un accidente o en una batalla. Y tal vez no pudieron morir bendecidos con los santos sacramentos y, quién sabe, a lo mejor hasta cometiendo graves pecados. Y Dios, en su increíble misericordia, ha permitido que pudieran hacerse ver ante vosotros, seres humanos normales, sanos y vivos. Vuestra única misión tendría que haber sido orar un ratito por ellas. Es lo que necesitaban y lo que os pedían.

Podrías preguntarme: «pero ¿por qué nosotros?» A lo que yo te contestaría con otra pregunta: «¿y yo qué sé, amigo mío?»

«Pero ¡si no éramos una familia de oración profunda! ¡No sabíamos nada de estas cosas!», podrías insistirme. A lo que yo repetiría como un loro: «yo qué sé, yo qué sé.»

Y es que los misterios de Dios son tan grandes, tan infinitos, que ni el más sabio entre los teólogos te podría dar una respuesta. Y mucho menos yo, que soy como la burra de Balam.[10]

Sin embargo, sí he visto reaccionar así a varios amigos que, como tú, me han contado su historia. Alguno de ellos, más asustado que un conejillo en un laboratorio, sintió la necesidad inmediata de orar por aquel fantasma y según mi criterio, hizo lo correcto.

Y si quieres saber más sobre ello, pues sigue leyendo, ya que en el siguiente capítulo trato a fondo este caso.

Con un fuerte abrazo,

LA AUTORA

10.   Núm. 22, 22-34.

* * *

Oración que te recomiendo por si te vuelve a pasar.

LA ORACIÓN DE LAS MIL ALMAS
DEL PURGATORIO
(muy popular en Alemania)

Padre eterno, os ofrezco la preciosísima sangre de vuestro divino hijo Jesús, junto con las misas que se celebren en todo el mundo hoy:
— por todas las santas almas del purgatorio
— por los pecadores en todas partes
— por los pecadores en la Iglesia universal
— los de mi propio hogar y dentro de mi familia. Amén.

En una aparición mística, Jesús aseguró a santa Gertrudis *la Magna*, religiosa cisterciense del monasterio de Helfta en Eisleben, Alemania, a finales del siglo XIII, que esta oración liberaría a mil almas del purgatorio cada vez que se ofreciese y se extendería también la promesa a la conversión y salvación de las que todavía peregrinan por la Tierra.

Consideraciones: se recomienda su rezo diario, pues es incalculable el bien que podemos hacer a las almas si se recita varias veces y se consigue además la salvación de miles de ellas, dentro y fuera de la Iglesia, y en la propia familia.

Testimonio núm. 2

MANUEL Y UN PALACETE EN SEVILLA

Prefiero que no escribas mi verdadero nombre. Invéntate uno y ya está.

Hija, no sé... Puedes llamarme Manuel, Pedro o Fabián, o lo que te parezca a ti mejor. ¿Acaso no eres tú la escritora? Los autores tenéis que tener imaginación y esas cosas.

¡Ah, que te gusta Manuel! Vale entonces. Pues se queda así la cosa. Desde ahora y para tus lectores, me llamo Manuel y punto.

¿Que por qué deseo esconder mi identidad? ¡Oh!, bueno, pues porque me daría mucho apuro que mis amigos, que son los tuyos, descubrieran lo que me ocurrió y temo las burlas. La gente es incrédula y, aunque no hay nada malo en mi conducta, es posible que a alguien se le escape alguna que otra sonrisilla y, la verdad, yo sé que lo que vi fue real y no un cuento chino o un resto de borrachera.

Además, no quiero dar pie a que en una cena con amigos me lo hagan jurar hasta el hastío o que la familia que me alquiló la casa descubra lo que me ocurrió en ella durante una noche de marzo. ¡Qué vergüenza sentiría si se corriera por Sevilla que me topé con un fantasma en el pasillo que conducía a mi dormitorio!

133

¿Cómo que qué más da? A mí me importa un montón. No quiero que pienses que soy un pusilánime; simplemente me inquietan las burlas. No olvides que soy un prestigioso economista y que mis clientes me aprecian en el banco en donde trabajo. ¿Fiarían sus finanzas a un pobre individuo que jura haber visto un fantasma? A algunos quizá hasta les hiciera gracia, pero sé de otros que levantarían las cejas hasta dejarlas como las de Zapatero.

Ya, que vaya al grano, ¿no? Vale, vale... Pues aquí va mi historia.

Todo comenzó poco antes de la Semana Santa pasada, cuando mi mujer me dijo que nunca la había vivido en Sevilla y que nada le haría más ilusión que experimentar el fervor de la gente durante las procesiones. Y es que ella es muy creyente, ¿sabes? Yo en cambio, no lo soy tanto.

Sevilla tiene un aura dorada que siempre me ha entusiasmado; sus gentes son entrañables y el clima invita a visitarla en cualquier estación del año. Además, los tres soldadillos que tengo en casa necesitan entretenimiento durante las vacaciones y, si nos quedábamos en Madrid como era lo previsto, temía que nos dieran una guerra de muerte.

¡Sevilla en Semana Santa es tan bella! Sospesé durante pocos días el deseo de mi mujer, hice algunos números y le prometí que la llevaría. No pasó mucho tiempo hasta que se lo comenté a mi familia política, quien a pesar de refunfuñar un poco por el hecho de alejarnos durante las vacaciones me recomendaron telefonear a unas amistades suyas.

—Tienen un palacete destartalado y preciosísimo en el casco viejo de la ciudad —insistió la anciana tía Melania—. La bisabuela del marqués de [...], cuya familia es la propietaria del palacete, fue novia de nuestro bisabuelo.

—¿Y qué pasó con la relación, tía? —preguntó curiosa mi esposa.

—Pues que el noviazgo no cuajó —contestó Melania echando un suspirillo al aire.

—Vaya por Dios, tía —interrumpí burlonamente—. Lástima de destino el nuestro. Ahora serías la condesa del Puturrú de Foie y saldrías en la revista *¡Hola!* Seguro que tu amiga Fifí Entrepeñas se moriría de la rabieta.

Pobre tía Melania. Siempre me gusta tomarle el pelo a pesar de que a la madre de mi esposa le siente fatal y de que me reprenda después a escondidas.

—Mira que está muy vieja y la pobre no entiende tu extraño humor... ¿Qué ganas con chincharla así? —me dice.

—Bah... Ya sabes que en el fondo la quiero mucho porque no es tan cascarrabias como se empeña en aparentar.

—Ya...

Y así fue como a pesar de mi guasa, gracias a tía Melania y sus amistades de alta alcurnia surgió la oportunidad de alquilar por una semana, a un precio poco disparatado, el ala norte de uno de los palacetes escondidos de Sevilla.

Nos suponía un esfuerzo económico algo sacrificadillo, pero mi mujer se mostraba ilusionada como pocas veces. Ya sabes lo buena que es y me moría por darle el gustazo. Así que, con ilusión y bastante energía, nos dispusimos a vivir y experimentar desde el corazón la maravillosa Semana Santa sevillana.

—Veremos las procesiones pasar por debajo del balcón —expliqué a los niños.

—¿Y qué son las procesiones? —me preguntó el mediano, que a sus cinco años no para de querer saberlo todo.

—Pues que pasará la Virgen.

—¿La de Jesús?

—Sí, nene, sí. La misma.

—¿Y estará sentada en el burro?

—Pues no sé...

—Pues a mí en el cole me han dicho que se fue con el burro *Calixto*...

—Será que se fue en burro a Egipto, nene.

—¡Ah, que la Virgen era la faraona!

—Nene, calla que me duele la cabeza.

Y así, con mil conversaciones y muchas incógnitas, acabamos por llegar a Sevilla en una tarde de un azul de marzo, donde no tardamos en encontrar el lugar que nos serviría de hogar durante las vacaciones. ¡Con qué alegría nos instalamos allí a principios de las festividades de Semana Santa!

Como muchos edificios de finales del siglo siglo XVIII, el palacete era un lugar algo destartalado, repleto de parches reparadores y goteras mal escondidas. Pero no se podía negar que poseía un encanto excepcional. Sus largos pasillos y sus altas paredes estaban salpicadas de magníficos tapices de alta valía. Los dormitorios eran amplios y luminosos y los salones, señoriales y de una belleza extraordinaria.

En un principio, los marqueses de [...] tuvieron la delicadeza de enseñarnos el palacete en su totalidad, con su patio central colmado de geranios y sus grandes estancias. Luego nos condujeron a las que habíamos alquilado en el ala norte, donde se situaban las zonas residenciales de invitados y que la familia había decidido utilizar para sacar cierto provecho económico del lugar. Mantener en buenas condiciones tal mansión debía de ser una tarea ardua y exhaustiva.

Disfrutaríamos de todo un salón, una hermosa biblioteca, una cocina remodelada de pequeño tamaño y tres dormitorios, todos ellos elegantemente decorados aunque con alguna que otra tela de araña en donde no debía de haber más que cortinajes.

No te cuento cómo estaba de contenta la tata María.

—Señor, ¡qué preciosidad de casona!

—No se acostumbre usted, María... Será sólo por una semana.

—¡Lo que le habrá costado el alquiler! —comentó mirando y remirando los valiosos retratos que colgaban en las paredes de la escalera principal.

—Bueno... Todo sea por hacerle un regalo a la señora.

—Pues vaya regalo más caro...

—Vale, tata, que eso no es asunto suyo.

—Bueno. Si usted lo dice...

Y es que la tata María tiene un desparpajo que no veas y unas confianzas que a mí me sacan de quicio, pero como ha sido quien cuidó a mi mujer desde niña y lleva más de treinta años trabajando para la familia, pues a ver quién la echa... Mi esposa siente adoración por ella y ello ha convertido a la tata en el capitán del barco y da más órdenes y comparte más opiniones que un sargento.

Los que demostraron más entusiasmo que nadie con el palacete fueron nuestros tres soldadillos, quienes nada más llegar se pusieron a corretear como locos por todos los rincones y pasillos de nuestra ala. No tardaron en querer pasar a la zona que ocupaban los dueños del lugar antes de que me diera tiempo a frenarlos.

—¡No, niños! —gritó mi mujer—. Por ese pasillo no debéis enredar. La parte de la casa que hemos alquilado llega hasta este salón.

Los niños pararon en seco su carrera y nos miraron algo incómodos.

—¿Y por qué? —preguntó, como siempre, el mediano.

—Pues porque los dueños del palacio viven en esa zona y no les debemos molestar.

—Y si no quieren ser molestados, ¿por qué lo alquilan?

—Pues porque quieren ganar algo de dinero sacando provecho económico de la zona que no habitan.

—¡Anda! Pero si los que tienen palacios son ricos y ésos no necesitan ganar dinero. ¡Qué cosas tienes, mami!

—Bueno eso no es cierto del todo porque los dueños de palacios también tienen que emplear mucho dinero para mantenerlos bonitos y limpios.

—¡Uy, qué tontos! —intervino mi hijo mayor—. Pues si les cuesta dinero que lo vendan y se compren un piso como el nuestro de Madrid. Como sería mucho más pequeño que este palacio, no tendrían que alquilarle a nadie nada, ni gastar mucho dinero en cuidarlo.

—Anda, nene, déjate ya de preguntas y ve a tu cuarto a correr un ratito. Aprovecha que es casi tan grande como una plaza de toros —le contesté, dándole un empujoncito. Y es que mis niños son un poco pesados, ¿sabes?

Pero la pura verdad es que se portaron maravillosamente durante esas vacaciones. Todos nos mostramos entusiasmados con la Semana Santa sevillana. El ambiente era sobrecogedor y las iglesias estaban abarrotadas. Sevilla lucía bellísima y no desperdiciamos ni un momento para trotar por sus calles y empaparnos de su cultura, de su vino y sus tapas. También es cierto que los niños nos aburrieron a preguntas durante los cinco días que duró nuestra experiencia andaluza, pero el resultado fue que todos aprendimos mucho de la gran cultura que muestra este pueblo durante la Semana Santa y disfrutamos como pocas veces enredando entre sus calles.

¡Ah, las noches! Éstas fueron lo mejor de las vacaciones. Cenábamos todos juntos en la pequeña cocina restaurada y luego volábamos a los balcones para ver pasar las procesiones. ¡Qué extraña, atrayente y fascinante es esta tradición española! Los niños miraban con ojos atónitos todos aquellos pasos, con sus dramáticas figuras y valiosas estatuas.

—¡Pobre Jesús! —gritaba el pequeño—. ¡Y qué malos eran los romanos, papi!

—Sí, hijo, sí. Qué malos que eran...

Y así volaron los tres primeros días de nuestra estancia y fue tanta la velocidad con la que corrió el tiempo que casi nos dio un patatús al descubrir que tan sólo nos quedaba una noche para disfrutar de nuestra vida en palacio. Hasta entonces nada inusual había ocurrido entre sus largos pasillos, sus bellos cortinajes o sus amplios salones. Pero la última noche que pasamos allí, ¡uf! Qué experiencia tan extraña, no la olvidaré mientras viva.

Recuerdo que era Viernes Santo, las procesiones habían pasado muchas veces bajo nuestro balcón y los niños no deseaban perderse ninguna. Al fin Andresín, el pequeño, cayó rendido en mis brazos y me dispuse a acostarle.

—No sería mala idea que los otros dos se marcharan a dormir también —susurré a mi esposa viendo lo revolucionados que aún estaban mis dos hijos mayores—. Yo estoy agotado y mañana tengo que conducir hasta Madrid.

—¡No, papi! —gritaron ambos habiéndome oído no sé cómo—. ¡Déjanos un poco más, que va a pasar otra vez la del soldado con la lanza!

—Estos niños tienen una antena que llega hasta La Giralda —comentó la tata.

—Pues como usted... —refunfuñé.

—Pues lo que usted diga —contestó muy ufana.

Y tras esta impertinente respuesta me fui solo hacia el cuarto de los niños, con un peso en los brazos semejante a un buen saco de patatas y la carita de mi hijo menor, caliente y suave, apoyada sobre el hombro derecho. El pasillo estaba poco iluminado y lucía tan sólo un par de apliques sobre dos de los elegantes retratos que adornaban las paredes.

Recuerdo con nitidez que uno de ellos representaba a un gran almirante, con largo bigote y sendo uniforme, y el otro a una dama de blanca belleza con moño trenzado. Ambos podían retratar a antepasados de la familia que, por los ropajes, concluí que vivieron durante el siglo XIX. Entré con sigilo en el dormitorio de mis hijos y con sumo cuidado desvestí a Andresín y lo acosté. Le tapé con la manta, le di un beso en la frente y me dispuse a salir.

Fue entonces cuando me pareció oír a mis espaldas un sonido. Era un ruido peculiar, como el que hace una falda de dama al rozar el suelo o una enagua antigua al ser arrastrada sobre los peldaños de una gran escalera señorial. En ese momento no sentí la menor inquietud. Tan sólo quizá un poco de extrañeza. Me di la vuelta despacito y comprobé que nada parecía moverse en el interior del dormitorio. La luz era tenue, pues sólo entraba la que se colaba por la puerta que, como ya he dicho, era la que provenía de la iluminación eléctrica de los apliques de los retratos.

«Qué raro, me ha parecido oír un *frufrú* como de falda... —me dije—. Bah, sin duda lo habré imaginado.» Y convencido de que mi oído me había jugado una mala pasada me dispuse a retornar al balcón del final del pasillo, donde mi mujer, mis dos hijos mayores y la tata María seguían disfrutando de lo lindo.

Sin embargo, no pude evitar darme la vuelta un par

de veces durante el trayecto. Algo me susurraba al entendimiento que quizá no me había equivocado. El corazón me comenzó a latir inquieto. ¿Habría alguien escondido entre las sombras del dormitorio de mis hijos?

Algo aturdido por la duda, llegué al balcón y me uní al grupo. El jaleo y las saetas que provenían del empedrado de la calle lograron templar mis dudas durante unos segundos. Quizá por ello callé y opté por esconder a mi esposa mis sospechas. No había transcurrido ni media hora cuando nuestros pequeños comenzaron a bostezar.

—Creo que ya ha llegado la hora de que todos nos retiremos a descansar —comentó mi esposa agarrándome del brazo—. Aprovechemos ahora que están medio atontados y los llevamos rápido a su dormitorio. Mañana, como bien dices, debemos conducir largas horas.

Como no contesté me miró algo confusa.

—Manuel —dijo clavándome la mirada—. ¿No me respondes? Pareces aturdido. ¿Te encuentras bien?

—Oh, sí, sí.

—Como no dices nada.

—Ya, bueno... Creo que tienes razón. Vayámonos a la cama.

Entonces condujimos a los niños al dormitorio, donde con la ayuda de la tata María logramos ponerles el pijama y acostarlos.

—Buenas noches, peques —les dije antes de abandonar la estancia—. Que descanséis bien.

—Adiós, papi —logró balbucear el mayor, ya que el mediano había caído rendido al sueño nada más rozar la cabeza con la almohada.

La tata María se retiró al dormitorio y mi esposa y yo atravesamos de nuevo el pasillo para alcanzar nuestra alcoba. Un escalofrío me recorrió la espalda al pasar junto al retrato de la dama hermosa de pelo trenzado.

«Qué tonto soy... —pensé esbozando una sonrisa—. ¡Y qué imaginación tan absurda tengo!»

Con estas elucubraciones logré calmar un poquito mi destemplanza. Por fin entramos en el dormitorio con la intención de ponernos el pijama y dormir plácidamente hasta el día siguiente. No recuerdo muy bien las palabras que mi esposa y yo intercambiamos mientras nos desvestimos, aunque recuerdo con nitidez que preparé el despertador para que sonara a las nueve de la mañana. Acto seguido me lavé los dientes y me metí en la cama no sin antes dar un beso a mi esposa, que en pocos minutos se sumergió en un profundo sueño reparador.

Ya sabes que tengo la costumbre de leer siempre un poquito antes de dormir, esté agotado o fresco como una lechuga. Así que siguiendo tal capricho, logré con algo de esfuerzo leer un par de páginas de la novela que me llamaba ansiosa desde la mesilla. A los pocos minutos comencé a notar cómo el peso se apoderaba de mis párpados cansados.

«Bueno —me dije—, se acabó el baile por hoy.»

Dejé suavemente la novela sobre la mesilla, apagué la luz y por fin caí presa de un profundo sueño. Mi descanso era total cuando cerca de las tres y media de la mañana me arrancó de él un sonido extraño. Era recurrente y parecía como el ruido que produce un mueble al ser arrastrado por un suelo de madera. En un principio era tal el sopor que semejante sonido se introdujo en aquello que soñaba, de lo que por cierto, no me acuerdo. Sólo sé que su repiqueteo acabó por incomodarme y consiguió que abriera los ojos. Mi cerebro estaba aturdido aún por el despertar cuando lo oí de nuevo, esta vez con claridad y nitidez.

Ras, ras.

—¡Caray! —dije incorporándome ya de golpe sobre la cama—. ¿Qué demonios será eso?

Mi esposa dormía plácidamente a mi lado y a un tris estuve de despertarla, pero me contuve. Me quedé quieto como una lechuza sobre una rama en plena noche, abriendo mucho los ojos y agudizando el oído.

Ras, ras —volví a oír. Efectivamente parecía que en el dormitorio de los niños alguien estaba moviendo sillas y mesillas.

«Pero ¿qué hacen estos chiquillos», me pregunté algo mosqueadillo. Y es que en el fondo, sabía que era del todo improbable que se estuvieran entreteniendo con semejante actividad. Mis hijos son traviesos, pero nunca antes se habían despertado a las tres de la madrugada para redecorar un cuarto. Me levanté, me coloqué la bata y salí descalzo del dormitorio.

En el pasillo todo era paz y silencio. Los apliques estaban aún encendidos y desplegaban un suave velo claro sobre los retratos. El corazón me comenzó a latir de nuevo con cierta rapidez.

«Quizá estoy imaginando cosas», me dije.

Agudicé el oído y controlé mi respiración. Nada.

«Bah —pensé—. Esto es absurdo. He debido de soñar con un ruido que no existe.»

Me volví para encaminarme de nuevo hacia la cama y cuando lo hice volvió a repiquetear en mis tímpanos ese sonido inquietante.

Ras, ras.

Me quedé helado. Ahora ya no había duda alguna. Había alguien o algo moviendo los muebles en el cuarto de mis hijos. Con el corazón en un puño e intentándome convencer de que todo tendría una explicación de lo más coherente, me armé de valor y comencé a andar despacio hacia donde mis hijos descansaban ajenos a todo.

—¿Quién hay ahí? —pregunté con la voz algo temblorosa—. ¿Estáis moviendo los muebles, niños? ¡Ah, qué malos sois! Ahora iré y me enfadaré mucho con vosotros.

En cuanto finalicé esta amenaza el sonido cesó en seco. Ya estaba rozando con los pies la entrada del dormitorio, cuando de pronto noté cómo un escalofrío me recorría toda la espalda. Me giré de golpe sobre mis talones y agudicé la vista.

—¿Quién hay aquí? Si se trata de una broma, es de muy mal gusto —dije enérgicamente.

Mi voz retumbó por las paredes del pasillo. Y después, otra vez silencio, profundo y pacífico. Notaba cómo el corazón me latía ya desenfrenado y comencé a transpirar. Yo siempre he sido muy cagueta, ¿sabes? y, como hace poco entraron en plena noche ladrones en la casa que tienen mis tíos en Madrid, pues me comencé a imaginar de todo.

Como te digo, el silencio había regresado a toda la estancia, pero aun así estaba muy intranquilo. A un paso estuve de salir corriendo a buscar a mi esposa para despertarla y pedirle que me acompañara al cuarto de los niños, pero ¡vaya imagen de cobardón que hubiera dado de mí mismo! Me imaginé a mi mujer somnolienta, refunfuñando y diciéndome que no la despertara con bobadas.

«¡Qué cosas más tontas se me están pasando por la cabeza! —pensé cabizbajo—. Ahora mismo descubro quién es el que ha estado enredando con los muebles de los niños.» Y respirando hondo, me introduje en el dormitorio.

Encendí la lámpara de la mesita de noche, cuya luz

alumbró tenuemente todo el cuarto. Ahí reinaba la paz y la armonía. Ningún mueble estaba movido de su sitio ni ningún libro había caído de la estantería. Entonces arropé a Andresín, a quien se le habían escurrido las sábanas, le besé en la frente y salí despacito del cuarto con cuidado de no hacer ruido.

Pero antes apagué la luz de la mesita de noche y dejé de nuevo la estancia sumergida en la oscuridad. Me encaminé por el pasillo hacia mi dormitorio, pero cuando llevaba más de medio recorrido, oí de nuevo con una claridad sorprendente aquel *frufrú* ya familiar. El sonido me alcanzó por la espalda; volvía a asemejarse al que produce una falda larga de señora al arrastrarse por el suelo o el que provoca una bata de cola sobre baldosas.

Se me heló la sangre y se me erizó la piel. «Dios mío —pensé aterrorizado—. Hay alguien detrás de mí.» Y entonces, con el corazón en un puño y las tripas a punto de salírseme por la boca, me di la vuelta despacito, como si no quisiera molestar siquiera a aquello que, supuestamente, deseaba molestarme a mí.

Entonces la vi. Ahí, bajo la jamba de la puerta del cuarto de los niños, se erguía una bella mujer de cabellos rubios. Llevaba como una toca sobre la cabeza parecida a esas que utilizan algunas religiosas de clausura, pero que también podían emplearse en el pasado para cubrir la cabeza a la hora de dormir.

Su vestido era largo, blanco y con cola y no percibí ningún tipo de adorno sobre la tela. Su mirada, templada y tranquila, se clavó en la mía. Sonrió unos segundos, tras los cuales con una expresión de enorme tristeza bajó la cabeza, se volvió y se dirigió hacia el fondo del pasillo, donde para mi horror desapareció atravesando la pared.

Yo me quedé durante unos eternos segundos petrificado sobre las baldosas frías del pasillo. Por un lado no sabía si echar a correr al cuarto de los niños, cogerlos en brazos a los tres y encerrarme con ellos en mi dormitorio o si, por el contrario, era prudente llamar a un buen psiquiatra en cuanto rayara el alba. Aun así, opté por una decisión sabia. No sé qué pensarás tú al respecto, si quieres luego me das tu parecer.

Lo que hice fue buscar con los temblorosos dedos de una mano mi medalla escapulario, esta que llevo siempre colgada al cuello, y recé un padrenuestro por aquel espectro de blanca belleza. Tras pocos segundos, la templanza regresó tímidamente a mi corazón, quizá lo suficiente como para sacar fuerzas de no sé dónde y dirigirme al dormitorio con pasos apresurados. Te reconozco que en esos pocos metros eché la vista atrás más de seis veces.

Cuando me metí por fin en la cama temblando como un niño, mi mujer abrió un ojo de lo más somnoliento, me miró entre sueños y me dijo:

—Pero ¿qué porras haces paseando por el pasillo de arriba abajo?

—Nada, nada. Rarezas que llegan con las primeras canas —respondí.

Para mi sorpresa y alivio, mi esposa se dio la vuelta y no preguntó más.

* * *

Cádiz, 29 de agosto de 2005

Mi querido Manuel:

¡Pues claro que hiciste lo correcto! Absolutamente. Pues vuelvo a repetirte que lo que viste no fue otra cosa sino una pobre alma en pena, sufriendo aún su purgatorio. ¡Trágicamente casi todo el mundo ignora que lo que debe de hacer es precisamente lo que tú hiciste! Es decir, rezar. Sólo una oración profunda y verdadera puede aliviar el estado en pena en el que se encuentra un alma que aún no ha podido alcanzar el cielo. Ella ya no puede hacerlo, pues la persona está muerta, ya no existe físicamente entre los vivos y la prueba de su vida llegó a su fin.

Muy poca gente en vida se preocupa del estado que alcanzará su alma cuando llegue el momento del fallecimiento y mucho menos de cómo puede evitar acabar con su alma en un purgatorio eterno. Tal vez sea porque nadie aquí en la tierra sabe con exactitud por cuánto tiempo ha de estar un alma en el purgatorio y en qué consistirá la purga o el sufrimiento que habrá que padecer para expirar todas las faltas cometidas.

Resulta entonces más fácil, y muy humano, ignorar este tipo de meditaciones, correr un tupido velo y pensar que tampoco uno irá a parar allí si ha conducido su vida de una forma de lo más corriente, con sus pecadillos y sus cosas, pero sin nada que pueda provocar que el Señor se eche las manos a la cabeza.

Una amistad me dijo hace poco:

—Mira, yo estoy tranquila y sé que no iré al purgatorio.

—¿Y a qué viene tanta seguridad? —pregunté.

—Pues muy fácil: porque no mato, no robo, procuro no hacer daño a nadie y quiero mucho a los míos.

«¡Ah, bobalicona!», me dieron ganas de contestarle.

Porque lo que verdaderamente importa a ojos de Dios es el amor que hayamos entregado a los demás. Sólo por eso seremos juzgados y por encima de esto, no podemos olvidar lo más importante: que no vale amar sólo a los allegados queridos, sino... ¡también a los enemigos!, como bien lo aclaró el mismo Jesucristo en una parábola fascinante.[11]

Y yo me pregunto: ¿quién es el santo que puede llegar a conseguir esto? Por encima de todo no te me vayas a agobiar, Manuel. Piensa siempre que Dios es infinitamente misericordioso y ésa es nuestra gran esperanza. Y por ello ha permitido que grandes santos de la historia nos dejaran pistillas y consejos de los que valernos para ayudarnos a dar ese salto importante hacia el cielo. Quizá rocemos con un pie el purgatorio y sea como una pequeña migraña. Y no sólo eso, también ha permitido que pidamos protección a las almas del purgatorio para que sean ellas portadoras de grandes gracias para nosotros.

Maria Simma, la viejecita austríaca de la que tantas veces te he relatado anécdotas y que durante toda su vida tuvo el don de ver a las almas del purgatorio, cuenta un suceso muy curioso al respecto. Relata que un amigo suyo, que siempre la había escuchado y apreciado, le contó que durante una noche fue despertado por una voz desconocida que le dijo: «Acude presto al cobertizo.» El buen hombre abrió un ojo con gran esfuerzo, pues estaba profundamente dormido cuando oyó tal orden; miró a su alrededor y, al no ver a nadie, pensó que se trataba de un sueño. Se dio media vuelta y procuró retomar el descanso.

No pasó ni un minuto cuando volvió a escuchar que le repetían las mismas palabras, pero esta vez utilizando un tono mandatario y áspero. «¡Acude al cobertizo!» Con gran susto se sentó de golpe sobre la cama, encendió la luz de la mesita y miró con estupor a su alrededor para descubrir que no había nadie. El muchacho no sa-

11. Mt. 5, 44-48.

bía qué hacer. Por un lado, había oído nítidamente dos veces seguidas una voz desconocida dentro de su dormitorio que le daba una orden extraña. Por otro lado, se le hacía un mundo moverse, pues estaba aterrorizado.

«¿Qué significa esto?», pensó y, armándose de valor, con gran sigilo y muchas incógnitas, decidió obedecer tal orden. Tomó una manta con la que se cubrió los hombros, se colocó los zuecos y salió al patio cubierto de oscuridad, hielo y nieve. No había terminado de atravesarlo cuando para su disgusto descubrió a un ladrón escapando de puntillas del cobertizo, cargando varias crías de cerdo entre los brazos. ¡Le estaba robando los cochinillos que había parido su cerda pocos días antes!

Nuestro aldeano comenzó a gritar furioso, cogió una azada y persiguió al ladrón, que, asustado, acabó por soltar las crías en su carrera y huyó despavorido hacia el monte. Los cochinillos fueron rescatados de las manos del rufián y el aldeano pudo evitar una pérdida económica importante. Eso sí, no pudo volver a dormir tranquilo esa noche. Al día siguiente colocó candados en las puertas del cobertizo y puso rejas en las ventanas.

No tardó en visitar a su amiga Maria Simma, vecina de su pueblo, a quien relató la historia. A Maria nada extrañó tan curiosa experiencia, pues el muchacho era un gran devoto de las almas del purgatorio, rezaba por ellas junto a Maria con gran asiduidad y hacía pequeños sacrificios en su nombre, como dar limosnas a los necesitados aun siendo él más pobre que las ratas.

Maria Simma afirmó hasta su muerte que a aquel muchacho le ayudó algún alma por quien había rezado. A mí no me ha ocurrido nada parecido a lo relatado, pero sí puedo transmitirte una hermosa e importante oración católica que he encontrado mientras investigaba sobre todas estas cosas enigmáticas del más allá. Se trata de una plegaria compuesta por un beato algo desconocido pero cuya bondad ha sido aclamada por el Vaticano. El nombre del beato es Jacobo Alberione y su oración reza así:

Benditas almas del purgatorio: estáis sufriendo y me pedís sufragios para proporcionaros alivio. Vivo en gran peligro y gran necesidad, por lo que también os pido protección y ayuda a vosotras. Así pues, en el día de hoy,[12] voy a ofrecer todas mis plegarias y especialmente todas mis buenas obras en vuestro favor. Y a vosotras pido a cambio que os acordéis de mí y de mis necesidades. Liberadme de los peligros que me acechan y, en particular, obtened para mí esta gran gracia.[13] Ruego a la primera alma que entre hoy en el cielo gracias a mis plegarias que no cese de interceder por mí ante la misericordia divina hasta que, algún día, llegue yo también allí. Que el Sagrado Corazón de Jesús bendiga este intercambio de plegarias. Amén.

12.   Se nombra el día en el que se realiza el rezo.
13.   Se pronuncia la intención deseada.

PALOMA GÓMEZ-BORRERO, INVITADA EN LA EMBAJADA

¡Ay, qué cosas me pasan, amiga mía! Sí, sí. Tú pártete de la risa, que verás. La próxima vez que vayas a la embajada, ándate con cuidado no vaya a ser que te ocurra lo que a mí. Entonces la que me reiré en tus narices seré yo. ¡Ja! Verás qué gracia te va a hacer.

Además, no he sido ni la primera ni la última en toparme de narices con el padre Picollo. ¡Ya me lo podían haber advertido antes! Si llego a saber que lleva rondando la embajada desde el siglo XVIII, hubiera estado más avispadilla. Pero como no me había dicho nadie nada al respecto, pues..., ¡a ver cómo iba a saber que enredaba su fantasma!

¡Ah!, que empiece desde el principio. Vale, bueno, desde el principio de mi aventura porque, hija, no me puedo remontar al siglo XVIII.

Veamos... Creo que mi anécdota me ocurrió por la década de los setenta, cuando el presidente Suárez luchaba por levantar un país que se había convertido en una madeja llena de nudos enrevesados.

¡Qué difícil período el de esa España que nos tocó vivir! La política temblaba, los españoles vivían inquietos con tanto cambio y tensión económica y la Iglesia andaba preocupada. Muy difícil esos años setenta, sí... Bueno, tú apenas te enterarías porque eras una chiquilla.

¡Ah!, que sí te enteraste... Vaya. Bueno, pues eso. Que España bullía nerviosa y los españoles andaban sobre finos filos de cristal, así de puntillas, para no cortarse. Yo por entonces ya llevaba una vida muy activa en Roma y despertaba interés en los medios de comunicación por mi cercanía con las noticias vaticanas.

Recuerdo que recibí con bastante ilusión una invitación del primer ministro consejero de nuestra embajada que, para que te aclares, es como el brazo derecho del embajador. Su papel es de enorme envergadura y es el segundo responsable de una embajada.

Además, había oído maravillosas descripciones del hermosísimo palacio que es nuestra embajada de la Santa Sede, que se sitúa a los pies de los famosos escalones de la Plaza de España. ¡Qué preciosidad de edificio!

Y así, más contenta que unas castañuelas, ahí que me presenté a eso de las nueve, que para horario romano es algo tarde. Pero es que, hija, como me pasa siempre, me retuvo no sé qué cardenal con vete tú a saber qué entrevista. Hace ya tanto tiempo, que no me acuerdo de quién era tan regio entrevistado.

Y por ello llegué con prisas y algo atolondrada hasta nuestra embajada. Llamé al timbre del enorme portalón del palacio y me lo abrió un guardia civil de lo más servicial.

—Buenas noches, señora. ¿Qué desea?

«¡Huy qué agradable es oír hablar castellano de pura cepa!», pensé de lo más contenta.

—Buenas noches. Soy Paloma Gómez-Borrero y me esperan para cenar en casa del primer ministro consejero.

—Espere un momento aquí por favor —me dijo invitándome con la mano a pasar hacia dentro.

El *hall* de entrada de la embajada es absolutamente espectacular. No es un *hall* propiamente dicho, sino un patio empedrado para carruajes cuyo fondo está cubierto de preciosas plantas y fuentes. A la derecha, en una esquinita medio escondida, está la garita del guardia civil que tan caballerosamente me había atendido.

Miré el reloj y me impacienté al ver que era algo tarde. ¡Sería la última en llegar y los invitados pensarían que era un poco grosera!

—Estooo, perdone —interrumpí al policía algo incómoda—. Verá, es que llego con retraso; el primer ministro consejero me está esperando y...

—Señora, no puedo dejarla subir sin antes verificar su identidad.

—Vaya por Dios —contesté algo irritada—. Pues tendré que esperar.

Le miré por el rabillo del ojo y vi que marcaba el número de la casa del primer ministro.

—Doña Paloma Gómez está aquí...

—Gómez-Borrero, caballero —interrumpí algo molesta.

—Dice que *Gómez-Borrero*... Mmm... De acuerdo. Le indicaré cómo llegar. Gracias.

—¿Puedo subir ya? —pregunté encaminándome ya hacia una espléndida escalinata que se erguía monumental a mi izquierda.

—Sí, señora, pero no es por ahí... —me dijo extendiendo educadamente un brazo hacia el lado opuesto.

—¿Ah, no?

—No. Esa escalera se dirige hacia la embajada propiamente dicha. Desemboca en los salones y en los aposentos privados del señor embajador.

«Vaya por Dios», pensé fastidiada. Y es que había oído describir en muchas ocasiones los bellísimos aposentos del palacio, con sus increíbles retratos de Goya e impresionantes estatuas de Bernini.

—El primer ministro consejero vive en el ala izquierda del palacio. Si me permite, es por aquí...

Te tengo que reconocer que sufrí una pequeña decepción, pues la curiosidad me mataba aquella primera vez y, como a todo el de a pie, me hubiera encantado estar un buen rato arrobada entre tanta belleza. Pero mira, tampoco pasó nada porque después con los años he sido invitada no sé cuántos cientos de veces por los muchos embajadores que han pasado por Roma. Hija, es que una no se mueve de la Ciudad Eterna... Son los diplomáticos los que nos dejan. Se van unos y vienen otros. ¿A cuántos habré conocido? ¡Ay!, ya ni me acuerdo. A estas alturas ahora me conozco la embajada al dedillo. ¡Es espléndida!

Vale, sí, entiendo. Que me centre en el padre Picollo. Bueno... ¿dónde me quedé? ¡Ah, sí! En el ala izquierda del palacio.

No es que sea más fea que la zona residencial del embajador, es simplemente... diferente. Se trata de un bloque de pisos antiguos, con una entrada acristalada de dimensiones amplias y elegantes corredores. En el tercer piso se sitúa la casa del primer ministro consejero, mientras que en el primero y en el segundo viven otros diplomáticos de la embajada.

Subí a ese segundo piso en el ascensor, un aparatejo de lo más elegantemente decorado en el que no me hizo demasiada gracia entrar, ya que sus paredes acristaladas me dejaban ver un sinfín de cuerdas y pesas que me transmitieron cierta inquietud. Cuando al fin salí de él, me encontré en un *hall* espacioso rodeado de tres ventanales de altura considerable, que transmitían una luz tenue y suave a toda la estancia. Frente a mí se alzaban cuatro puertas señoriales que obviamente daban paso a cuatro viviendas diferentes. Dos de ellas estaban muy cerca de los ventanales, una frente a otra. La tercera se situaba justo frente al ascensor y la cuarta se escondía en una de las esquinas de la sala.

—¿Cuál será la puerta a la que debo llamar? —dije en alto sin apenas percatarme de ello.

Y como a causa de la penumbra no se veía del todo bien, apreté el interruptor de la luz que encontré justo entre los ventanales. Se trataba de ese tipo de iluminación que existe en muchos hoteles y que tan sólo dura un par de minutos. Cuando ya parece que has encontrado las llaves, ¡zas!, se apaga en un santiamén. Y entonces tienes que volver a recorrer tus pasos para alcanzar de nuevo el interruptor porque no te dio tiempo de meterlas en la cerradura. Un rollo, hija. Supongo que tan incómoda solución se debe al deseo de ahorrar energía.

En cuanto el *hall* se iluminó artificialmente, me topé de golpe con un fraile de baja estatura que parecía estar esperando a que le abrieran la puerta de la derecha. Vestía un hábito marrón de tela de aspecto áspero y le colgaba un cordel de color crema por la cintura. Tal hábito tenía una cogulla que, al estar echada hacia atrás, dejaba al descubierto una cabeza con cabellos plateados. No pude distinguir bien los rasgos de la cara, ya que aquel fraile tenía corvado el cuello hacia delante, apoyaba la barbilla contra el pecho y permanecía en una postura de recogimiento. Tenía las manos entrelazadas y me sorprendió descubrir que sus dedos eran regordetes y con vello.

—Vaya —dije muy contenta—. Menos mal que está usted aquí... Viene a la cena, ¿verdad? Qué bien. ¡Llegamos un poco tarde! Qué vergüenza, je, je... Voy a llamar para que nos abran. ¿Sabe usted cuál de las cuatro puertas pertenece a la casa donde se celebra la cena?

¿Que en qué idioma me comuniqué? Pues, hija, en español... No se me ocurrió hablarle en otra lengua. ¿Acaso no estábamos en la embajada de España?

Bueno, ahora que lo dices, pues quizá tengas razón. ¡Ay, yo qué sé mujer! A mí me dio la sensación de que aquel hombre era español y punto. Por eso le hablé en nuestro idioma.

Tampoco me sorprendió ver a un monje, chica. Hombre, si en vez de un fraile hubiera visto a una prostituta, ¡pues claro que me hubiera mosqueado! Pero encontrarse a un fraile en la embajada española ante la Santa Sede es de lo más normal. ¿O no? Bueno, pues eso...

Además, ¿qué más da? El fraile me entendió, que es lo que verdaderamente importa, ¿no? Porque sin hablar siquiera desenlazó los dedos de ambas manos y utilizando un pulgar bien estirado señaló la puerta más pegada a los ventanales.

—¡Ah!, que es ésta —dije apresurándome a tocar el timbre, pasando tan sólo a unos centímetros de él.

El fraile se corrió un poquito hacia atrás, como para dejarme el paso. «¡Qué educado es este religioso!», pensé agradecida.

—Muchas gracias —dije mirándole de nuevo.

La verdad es que me extrañó un poco que no me contestara y sobre todo que se quedara tan quieto, pero pensé que quizá era un poco sordo y no me había oído. De todas formas no dio tiempo a más conversación, pues la puerta se abrió de golpe y se asomó un camarero perfectamente acicalado.

—Buenas noches, señora —me dijo—. Pase, usted, que se la estaba esperando.

—¡Vaya! —dije dirigiéndome a mi nuevo amigo el fraile—.Tenía usted razón. La casa era ésta. De no ser por usted, hubiera tenido que tocar todos los timbres, je, je.

Entonces me di la vuelta y atravesé la puerta mientras el camarero acicalado me ayudaba a quitarme el abrigo. Pero mi sorpresa fue tremenda cuando descubrí que cerraba con la otra mano la puerta en las narices de aquel pobre fraile.

—¡Cuidado! —dije bruscamente—. ¿Acaso no ha visto que hay otro invitado esperando fuera?

Pero el hombre no me contestó, pues antes de que lo hiciera se me abalanzó con gran alegría Isabel, la esposa del primer ministro consejero, quien con su usual simpatía me hizo un recibimiento colmado de cariño.

—¡Paloma! —dijo abrazándome—, ¡qué bien que hayas podido venir al fin!

—Hola, Isabel —contesté algo confusa por lo que había pasado con aquel mayordomo—. Mira, hay uno de vuestros invitados esperando fuera; concretamente un fraile de hábito marrón. Pero este caballero le ha cerrado la puerta. Creo que no se ha dado cuenta de que un monje estaba esperando para entrar. Ha sido precisamente él quien me ha indicado qué puerta era la de vuestra vivienda. De no haber estado él, hubiera perdido el tiempo llamando a los cuatro timbres y eso me hubiera obligado a llegar aún más tarde.

Isabel me miró con una extraña expresión.

—¿Fraile? ¿Qué fraile, Paloma?

—Pues el que hay fuera... Ya te lo he dicho. He pensado que era otro de tus invitados. ¿O no?

El camarero y la esposa del primer ministro consejero se miraron con suspicacia.

—Pero ¿qué pasa? ¿Acaso no le vais a abrir? —pregunté algo inquieta.

Para entonces el esposo de Isabel y el resto de los invitados se habían unido a nuestra pequeña tertulia. Para colmo, descubrí que uno de ellos se comenzaba a reír por lo bajines.

—¿Y a usted qué le pasa? —pregunté algo sorprendida.

—Vamos a ver, Paloma —contestó el primer ministro consejero con una gran sonrisa en los labios—. ¿Qué es eso de que fuera hay un monje?

—Otra vez... —refunfuñé—. ¡Pues el que estaba ahí, caramba!

Entonces fuimos todos en corrillo y abrimos la puerta de nuevo. Pero, hija, ahí no había monje, ni fraile, ni santo ninguno. No había más que aire, paredes y suelo.

—¡Arrea! —suspiré llena de vergüenza.

—Vamos a ver —dijo Isabel mirando interrogativamente al camarero que tan galantemente había cerrado la puerta en las narices del fraile—. Usted, Manuel, ¿ha visto algo raro?

—No, señora —contestó con gran elegancia—. Yo sólo vi a doña Paloma hablando sola...

Mira tú qué bien. ¡Yo me quedé boquiabierta con semejante afirmación!

—Pero ¡oiga usted! —amonesté a ese mayordomo tan embustero—. ¡Que yo no me lo he inventado y no estoy loca!

—Señora, con todos mis respetos, yo no he dicho que usted sea todas esas cosas feas. Yo sólo afirmo que cuando abrí la puerta, la vi a usted hablando sola. Junto a la puerta no había nadie. Lo siento de veras, yo tampoco entiendo nada.

Y entonces, alguien del grupo a quien aún no había tenido el placer de ser presentada en condiciones, explicó la clave de todo aquel confuso asunto.

—¡Caray! ¡Me parece que vuestra amiga Paloma se ha topado con fray Picollo! ¡Qué cosa más extraordinaria!

—¿Lo veis? —contesté llena de alivio—. Este señor tan simpático conoce al invitado a quien yo me refería.

Aquel señor comenzó a mondarse de la risa y en pocos segundos todos hicieron eco a sus carcajadas. Mira tú qué situación la mía. Parecía que yo era la única que no conocía la historia. Vamos, que me eché a reír también por no ponerme a dar bolsazos a diestro y siniestro.

Y fue así como por fin me contaron la historia del famoso fray Picollo, cuyo nombre real era otro, pero a quien se había adjudicado semejante mote debido a su pequeña estatura.

Resultó que nuestro fantasma se había estado apareciendo a muchísimas personas desde el siglo xix. Los testigos que juraban haberle visto eran variopintos y muy numerosos y entre ellos no faltaban nombres de alcurnia, reyes, políticos y todo tipo de celebridades. También muchos criados se habían topado con el espectro y no pocos se habían despedido después del suceso.

La historia que se relata sobre el frailecillo es curiosísima y colorista y, la verdad, me hace hasta gracia que yo me haya convertido en una de las protagonistas de sus famosas apariciones dentro de nuestra embajada. Lo que me contaron los invitados durante aquella inolvidable velada fue que se sabía que el religioso había vivido en el palacio a finales del siglo xviii. Era popular por su sabiduría y su chistoso carácter, pero no era demasiado piadoso ni hacía buen papel dentro de su hábito de monje porque ante el estupor de todos los que le conocieron se descubrió que era un extraordinario galán y que enamoraba a las mujeres con un simple coqueteo.

Niña, ya sabes el refrán, «el hábito no hace al monje».
Vamos, que era bajito pero matón. Y así se encariñó de él la esposa de un diplomático de alto nivel que acabó enredada entre sus brazos durante una tarde de otoño.

¡Ah! Qué riesgo corrieron... Y se pillaron los dedos, claro, porque apareció el cornudo esposo antes de lo previsto y les descubrió hechos un nudo en uno de los dormitorios del palacio. Eso puso los pelos de punta al ofendido, que armó la de San Quintín.

Al parecer, el esposo tenía un genio endiablado y con esas cosillas románticas del siglo XIX no se le ocurrió otra cosa que tirarse encima del atractivo monje y estrangularlo con sus propias manos. Nadie me explicó qué ocurrió con los esposos después de tan terrible suceso, aunque se sospecha que la desgracia acaecida acabó por hacer añicos ese matrimonio y que ya no se pudo recomponer. Lo que sí se sabe es que el espectro del monje no ha hecho más que aparecerse desde entonces a despistados visitantes como yo.

¡Vaya miedo que se pasa, hija! Pero yo te aseguro que moriré jurando que lo vi. Fíjate que, como ya te he dicho, hasta le hablé. ¡Y el hombre me contestó! Bueno, lo hizo a su manera, pues aunque no emitió sonido alguno, sí que me señaló con el dedo la puerta que yo tanto me afanaba en encontrar.

¡Qué cosas, niña!

Desde aquella extraña experiencia por la que he tenido que aguantar no pocas burlas, no he parado de escuchar testimonios que hacen referencia al espectro, que como tú dices sólo busca oraciones para poder llegar a ese cielo tan deseado y que perdió por bribón y mujeriego.

Una de las historias más curiosas que me relataron durante la cena sobre el fraile hace referencia a la mismísima Jackie Kennedy, la que fue primera dama norte-americana. No hace falta que te recuerde lo bella que era esta mujer y su imponente atractivo, con el que arrollaba en todas partes. Tanto brillaba que logró casarse con el hombre más poderoso de la economía griega del momento: el magnate Aristóteles Onassis, quien dejó plantada a la gran María Callas por ella.

Pues bien, ¡la pobre tuvo un encuentro con el padre Picollo! ¡Ja, ja! La que se armó aquella noche en la embajada. En esa época, Jackie era la dama más perseguida por los galanes del mundo entero, pues hacía poco tiempo que había enviudado de su esposo John Kennedy tras su tremendo asesinato en Dallas. Había sido invitada de excepción a nuestra embajada de Roma por el entonces embajador don Antonio Garrigues que, a su vez, no hacía mucho que había perdido a su esposa, la elegante y muy admirada Hellen Walker.

Don Antonio ordenó preparar el dormitorio más hermoso de la embajada para su ilustre invitada, situado en el ala residencial del palacio. Ya te he dicho que esta zona es de una belleza extraordinaria y que de sus paredes cuelgan valiosos retratos de Goya. También es de incalculable valor el de ciertas estatuas, entre las que está el famoso busto de Bernini, que representa el infierno.

Durante la cena de gala que se ofreció en honor a Jacqueline, no faltó el listillo de turno al que se le escapó el desagradable asunto de fray Picollo, por el que la ex primera dama mostró un especial interés. Después, entre risas y alborozo, se marcharon los invitados y la ex primera dama norteamericana se fue a dormir.

Sus dos guardaespaldas se quedaron sentados sobre sendos butacones del siglo XVIII en el saloncito dorado que colinda justo con el dormitorio de invitados. Se suponía que no podían quedarse dormidos. Ya sabes, las cosas de la seguridad. No habían rozado las agujas del reloj de pared las cuatro de la madrugada, cuando ambos policías recibieron un susto de muerte al ver a la ex primera dama salir del dormitorio dando tremendas voces. Vestida con un camisón elegantísimo que le revoloteaba como la espuma de mar entre las piernas, daba saltos afirmando que un monje la había despertado en el cuarto.

Tiritando como un pajarito se escondió tras un gran biombo del gran salón, mientras los pobres guardaespaldas se introdujeron en el dormitorio con pistola en mano sin saber muy bien a qué disparar, pues a nadie vieron. Todo el personal diplomático levantó una ceja al día siguiente cuando la bella dama se excusó y se marchó precipitadamente, alegando haber recibido una llamada urgente desde Washington.

A que esto no lo sabías, ¿eh? Ya ves... Je, je.

Yo no he estado casada con un presidente pero, oye, sí que he visto un fantasma como le pasó a Jackie Kennedy. Ahí queda eso.

* * *

Madrid, 10 de octubre de 2006

Mi querida Paloma:

¿Cómo agradecerte la gran ayuda que me has brindado para escribir este libro? No sólo me has ofrecido tu cariño y amistad, sino que has tenido el detalle de compartir conmigo esa anécdota tan famosa que tantas risas ha provocado. Y yo te digo: no les hagas caso, pues yo sé que lo que me cuentas es verdad. Y si lo afirmo es porque no eres la única que me ha relatado la experiencia vivida en la embajada. ¡Qué va!

No deseo molestar a nadie ni por supuesto desvelar aquellos nombres a quienes he prometido discreción. Por ello no puedo mencionar a aquellas personas que en un momento de intimidad me han revelado el miedo tan tremendo que sienten cada vez que son invitadas a nuestra maravillosa embajada de España ante la Santa Sede. Todos ellos han notado la presencia, o incluso han visto con la misma claridad que tú, a nuestro fray Picollo. ¿Que si se han atrevido a contarlo? La mayoría no...

Tú sabes bien que la gente es insegura y nadie desea ser la diana de las burlas de los demás. Por ello muchos de los visitantes o de los empleados que han tenido que vivir entre las paredes de tan precioso palacio desean olvidar y mantener en secreto los sustos que el frailecillo les ha proporcionado. «¿Para qué lo voy a contar? —me dijo una antigua cocinera que hace años dejó su puesto en el palacio—. Nadie me creería y encima se reirían de mí. Pero que yo vi al monje es una realidad como la copa de un pino. Vamos, que no volví a subir en ascensor sola.»

Ya ves Paloma que como dices, no has sido la única. ¡Pobre fray Picollo! Mi intuición es que anda perdido en el purgatorio y todos aquellos que lo habéis visto no habéis debido de caer en esa terrible y desesperante realidad. ¡Está en el purgatorio, Paloma! Y éste existe, ya lo creo.

A propósito de esta afirmación, me vienen a la cabeza las palabras de dos grandes sabios cuya santidad nos ha dejado perplejos a todos. Dicen así:

De todas las oraciones, la más meritoria, la más aceptable a ojos de Dios, es aquella que ofrecemos por los difuntos, porque en ella se implican todos los esfuerzos de la caridad, tanto a nivel físico como espiritual. (Santo Tomás de Aquino.)

Hay una intensa participación en la vida entre nosotros y los hermanos y hermanas que ya están en el cielo, y también entre nosotros y los que aún están siendo purificados después de morir. (Papa Juan Pablo II.)

Y tras este pequeño recordatorio lleno de cariño hacia esas dos mentes privilegiadas, insisto en afirmar que tu misión y la de las personas que lo vieron es la de orar por su definitiva salvación. También puedes ofrecer pequeños sufragios o quizá algún ayuno, pues, ¿acaso no ha permitido Dios que se te aparezca precisamente a ti? Sólo hay una razón para ello y es la de recordarte que su alma está estancada en un estado sufriente, sin descanso ni consuelo.

Que sirva esta pequeña epístola para recordar esto incluso a aquellos tímidos que no se han atrevido a contar su experiencia vivida con el padre Picollo. ¡Que no se preocupen! Están aún a tiempo de enviarle derechito al cielo.

Con un beso,

LA AUTORA

MICAELA VISITA UN CONVENTO
DE MADRID

Lo que me ocurrió aquella tarde es algo que hasta el día de hoy no he podido comprender. Ahora ya es otra cosa porque hoy sé que lo que vi tiene sentido. Pero en aquel momento yo aún era un poco ignorante sobre estas cosas del purgatorio. Además, ¿cómo porras iba a imaginar que aquello que se movía eran almas en pena? ¡Vaya sensación más rara me produjo verlas! Hombre, no es que tuviera miedo. Pero rarito, sí resultó ser.

Ya sé lo que vas a decirme. Que como siempre he sido una mujer creyente y he orado mucho por los demás, al menos debía tener algún conocimiento sobre las benditas almas del purgatorio. Pues hija, mira por dónde que nunca me lo había planteado.

Conocía lo que la Virgen había transmitido en Fátima a los pastorcitos sobre la necesidad de orar por ellas pero, de ahí a profundizar en el tema, hay un abismo, chica. Y ya no te cuento lo extraño que hubiera sido que yo pensara que algo como aquello me podría suceder precisamente a mí, que soy una mujer adulta de lo más normalita, madre de cuatro hijos adolescentes y con

165

más vida recorrida que muchas personas. ¡Vaya con las cosas raras que le ocurren a una!

Soy católica y verdaderamente me tomo en serio mi religión; y como me conoces bien, tampoco ignoras que oro con frecuencia por mis difuntos y también por mis seres queridos vivos. ¡Rezo hasta por aquellas personas que en alguna ocasión me han hecho sufrir! Piénsalo, esto es algo que no logra mucha gente, niña. Yo creo que si Dios me permitió vivir aquello, se trata de un regalo. ¿Que por qué lo considero como tal? Pues porque sí. ¿Cómo se puede entender de otra manera?

Mira, yo no podré olvidar mientras viva la lección aprendida y tengo el convencimiento de que, gracias a aquello, ya son muchas las almas a las que he ayudado. Porque si rezo desde entonces con tanta devoción para que los difuntos vayan al cielo, fue gracias a eso que vi.

¿Qué me dices de los amigos, conocidos o familiares que tienes y que dejan este mundo? ¡Cómo desagraviarlos no pidiendo por la salvación eterna de sus almas! Por todos mis difuntos he orado y tú ya sabes que a alguno de ellos lo he querido de verdad y lo echo terriblemente de menos. ¡Uno sufre tanto cuando fallece alguien cercano! ¿Y qué mejor regalo puede recibir el que queda con vida en esos momentos? Pues lo que nos cuenta la Iglesia: que aún puedes prestarles una ayuda infinita con tus oraciones para que alcancen el descanso eterno junto a Dios. Mira tú qué fácil; sólo hay que orar.

¿Que por qué es tan importante? Pues, hija, porque yo soy de las que piensan que del purgatorio no nos vamos a librar nadie. Ni tú, ni yo ni el pipero de la esquina.

¡Cómo que tú sí! Ya verás lo que te espera, ya. ¿Acaso eres perfecta? ¿Acaso lo somos los demás? ¡Qué va, niña! Sólo los santos y los mártires van allí de un zapatazo. Desgraciadamente a nosotros, los de a pie, nos tocará purificar nuestra pobre y sucia alma a base de Dios sabe cuántos lamentos. Porque una vez en el purgatorio ya nos podemos arrepentir que de nada vale. Sólo nos podrán librar de allí las oraciones de gentes piadosas vivas que tengan la bondad de acordarse de nosotros. Y por eso rezo por mis difuntos tan queridos porque ellos ya no pueden pedir para sí mismos; y si yo les ayudo a llegar al cielo, rogarán por mí cuando lo necesite.

¡Cómo se pena cuando se pierde a un ser querido! ¿Te acuerdas de lo que sufrí cuando «X» murió? ¡Ah, qué dolor tan amargo sintió mi alma! Lloré durante meses y su ausencia parecía que dejaría un hueco en mi vida incapaz de rellenarse con nada. Ni las amistades, ni los deportes, ni el cariño de mis maravillosos cuatro hijos pudieron aliviar mi desconsuelo. Y es que una persona, cuando pierde a un ser al que ha amado, queda desamparada y hundida en la mayor miseria emocional.

También he experimentado que orar por ellos me proporciona gran alivio, porque viene la Iglesia y nos dice que al fallecido no le hemos perdido para siempre, pues habrá un reencuentro en un futuro incierto. La gran incógnita es: ¿alcanzaremos nosotros el mismo destino eterno? ¡Huy! Cuando lo pienso, siento que me corretean como unas hormigas por las tripas.

¡Ay, madre! Es que yo no deseo ir al purgatorio, ¿sabes? Porque a ver, dime, ¿quién es el descerebrado que quiere quedarse estancado ahí? Pues nadie. Por ello he sopesado el asunto y he pedido a mis amistades que el día que yo les deje para siempre, hagan el favor de orar por mí. A ver si no cómo me voy a librar del purgatorio, si tengo pecados colgando hasta de las pestañas. ¡Vamos, que si no van mis amigos a mi funeral, les corto el cuello! O peor: me aparezco ante su cama en plena noche y les doy un susto de muerte. Je, je.

Mira, ya fuera de bromas, no creas que he aprendido todas estas cosas de golpe. Qué va. Durante largos años he nadado en la ignorancia. Todo esto me lo ha ido enseñando la vida, los amigos y, sobre todo, la Iglesia católica. ¡Menudos tesoros tiene guardados para las personas fallecidas! Oraciones, sufragios, misas, bendiciones... ¡Se puede hacer tanto por nuestros difuntos!

Antes de hablar con un montón de sacerdotes sobre el tema nada sabía de lo que eran los fantasmas, las almas en pena o como quieras tú llamarlos. ¡Ya me lo podían haber explicado antes! Porque de haberlo hecho, mis oraciones hubieran sido pronunciadas con mucho más ahínco. Hubiera agradecido saber antes que la Iglesia católica se ocupa de estos temas. Ahora me avergüenzo de lo mal que he rezado a lo largo de mi vida durante los funerales. Porque he tenido que acudir a un porrón de ellos y en pocos he orado con el fervor que merece un difunto, que ya no se puede defender ante una adversidad que, además, es casi eterna.

¡Ay, niña! Yo antes era un trasto. Rogaba a medias, ya que me distraía con facilidad y se me iba el santo al cielo al toparme con tal o a cual amigo, a quien no veía desde el año de la polca. ¡Uf!, qué sociales se han vuelto los funerales, chica. Ahora comprendo que supone un gran agravio para el pobre difunto, ese pobre desgraciado que además se está enterando de todo lo que pasa en su propio sepelio. Porque no sé si sabes que el muerto ve quién reza por él y quién no; y se da cuenta de quiénes han acudido sólo por quedar bien con sus parientes.

Bueno, mi pasado ya no tiene remedio, así que mejor será que me concentre sólo en el futuro para emplear mejor mi caridad con los vivos y los muertos. Por eso te decía antes que aquello que me ocurrió en aquel convento, durante una tarde soleada de mayo, me había servido de mucho. Buen cuidado que he tenido desde entonces en atender y orar desde lo más profundo del corazón por personas fallecidas y por su familia. ¡No hay que tomárselo a broma!

Bueno, tampoco hay que exagerar ni asustarse. Al fin y al cabo, el purgatorio es mil veces mejor que estar vivo y sufrir en la tierra. Pero por si las moscas, pues eso. Que recéis todos por mí y punto.

¡Ah!, que me enrollo mucho y tus lectores querrán saber qué me pasó. Vale, vale... Pues te lo cuento y todos tan contentos.

Como te decía cuando llegaste, hace relativamente poco tiempo fui invitada a visitar un convento de clausura de religiosas en Madrid. Como nunca había podido hacerlo antes, estaba ilusionada. Siempre me han fascinado los contemplativos. ¿Cómo debe latir el corazón de una persona para desear voluntariamente abandonar el mundo y encerrarse a orar por los demás?

Este modo de vida no es entendido prácticamente por nadie, pero yo sí puedo comprender su función, pues siendo creyente, pienso que son quizá las permanentes oraciones de tales gentes las que aún salvan el mundo. Mira, yo soy de la opinión de que si todo el mundo parara un segundo de guerrear y se pusiera a rezar por la paz universal, en la Tierra no habría más contiendas. ¿Te imaginas lo que ocurriría si cada vez que tienes ganas de pegar un bofetón a un taxista, te contuvieras y oraras por él? Yo estoy segura de que lograrías que fuera más amable la próxima vez.

Bueno, puedes reírte de mí si quieres. Yo estoy convencida de lo que digo, pues sé que el mundo está enfermo por falta de amor y no por otra cosa. ¡Orar por los demás no es sino amar un poco más al prójimo! ¿O no?

Pero a lo que iba. ¿Dónde estábamos? Ah, sí... El convento de clarisas de Madrid. La invitación de ese día he de agradecérsela a unas amigas entrañables que desde hace muchos años me venían hablando de su admiración por los contemplativos. No recuerdo bien a qué religiosa conocían dentro de tal comunidad, pero el caso es que un buen día nos permitieron pasar una jornada junto a ellas y que nosotras aprovechamos la oportunidad.

Pasamos una mañana muy agradable junto a las contemplativas. Nos hablaron durante largo rato de sus quehaceres diarios, de sus tareas en el huerto y nos dejaron observarlas mientras doraban en el horno gran cantidad de pasteles que luego pasó a recoger un camión para venderlos. También se dedicaban a la costura y bordaban a mano gran cantidad de sábanas, casi todas encargos de tiendas y futuras novias. ¡Qué trabajo tan delicado! Algunas de las religiosas de más avanzada edad eran maestras con la aguja. ¡Qué bonito lo que hacían, chica!

Yo con todo disfruté muchísimo, aunque lo que más me gustó es que nos dejaran orar junto a ellas en la capilla. ¡Qué paz se respiraba allí! Así el tiempo pasó volando y al caer la tarde nos llevaron hacia sus aposentos personales, las celdas, que me sorprendieron por su austeridad y pequeñez. Cuando ya habíamos salido de nuevo al claustro, me fijé en que en el centro del patio había un pequeño jardincito destartalado. Estaba decorado con un precioso pilar de mármol en un extremo, en cuyo tope se erguía una delicada estatua de la Virgen zaragozana.

Si te digo que estaba destartalado es porque a los pies del pilar yacía una hierbita medio feúcha, despeluchada y seca. Y entre hierbajos, guijarros y arena, yacían también varias cruces y lápidas planas con inscripciones.

—¿Hay alguien enterrado ahí? —pregunté a una de las monjas.

—Claro —me respondió con expresión llena de asombro—. Aquí hemos sepultado a muchas hermanas. Fue el cementerio utilizado por la comunidad durante generaciones.

«Gran número de personas habrá enterradas aquí entonces...», pensé. Y es que el convento era antiquísimo, su construcción databa de hace no sé cuántos cientos de años.

De pronto las monjitas se dieron cuenta de la hora que era. Lo habíamos pasado en grande, el tiempo había volado y no se habían percatado de que se habían retrasado en comenzar otro misterio del rosario. Por si no lo sabes, en los conventos de clausura rezan las cuatro partes.

¡Ah!, ¿que ya lo sabías? Bueno perdona, es que no sé lo que sabes.

El caso es que se apuraron un poco, pues las normas de la clausura son rigurosas y al rezo del santo rosario no te cuento la importancia que le dan.

—No se alarmen, hermanas —dijo la superiora con calma chicha—. Hay solución para todo. Comenzaremos a rezarlo ahora mientras vamos hacia la capilla y así ganaremos el tiempo perdido.

—¿Y estas señoras? —preguntó una novicia.

—Pues ellas se pueden unir a nuestros rezos. ¿Verdad? —dijo invitándonos con una mirada observadora desde detrás de sus gafitas redondas.

—¡Claro, claro! —contestamos mis amigas y yo al unísono.

Y ahí que empezaron a repetir avemarías y padrenuestros, caminando despacito en fila india con gran concentración. Pero como yo soy un trasto y me distraigo con nada, se me fue el santo al cielo en un santiamén al atravesárseme una mariposa por delante de la nariz. La seguí con la mirada, que fue a dar al jardincito. Entonces fue cuando ocurrió aquello.

El patio y su jardincito central parecían los mismos y en realidad lo eran, pero de pronto se había llenado de multitud de figuras. Parecían humanas, pero a primera vista estaban hechas como de humo. Sólo se notaba los perfiles exteriores de gente. Al menos a mí lo que me vino a la cabeza es que eran personas, pero hechas de vaho o bruma. Algunas eran más alargadas y otras más anchotas. Era del todo imposible distinguir los rasgos en los rostros.

«Pero ¿qué porras es esto? —pensé llena de asombro—. Debo de tener las gafas manchadas con huellas dactilares o con polvo.» Me quité las gafas, las limpié con un pañuelo que saqué del bolsillo y me las volví a colocar sobre la nariz. Agudicé la vista, pero nada cambió. Ahí estaban todas delante de mí y yo sentía que me miraban sin poder diferenciar ni siquiera si tenían ojos.

Me sorprendió muchísimo descubrir que aquellas sombras o figuras se movían. Unas iban hacia delante y hasta me pareció percibir que varias clareaban hacia tonos más luminosos, más ligeros. «Santa María, madre de Dios...», repetían las monjitas mientras continuaban con su lenta marcha hacia la capilla. En el momento en el que comenzaron el tercer avemaría, me pegué un susto de muerte, pues una de esas figuras de humo se comenzó a elevar despacito hacia el cielo, adquiriendo cada vez un tono más blanco, más claro.

—¡Arrea! —dije en alto.

Las monjas no parecieron percatarse de mi exclamación. Pero mi amiga Tere, que es más rápida que una liebre, me dio un codazo.

—Shhh... Estás hablando en alto, boba. Ya estás con tus distracciones. ¡Concéntrate!

—Es que... ¿No ves que...? —comencé a decir.

Pero opté por callar, pues Tere es muy mandona y aunque tiene buen corazón puede perder rápido la paciencia. Me volví de nuevo hacia el patio y ahí seguían. Me quedé quieta unos segundos, agudizando la vista y esforzándome para que no se me notara nada extraño.

—Pero ¿qué es lo que te pasa? —me dijo de pronto mi otra amiga, Paula, al ver que me había parado y me separaba un poco del grupo de monjitas—. ¿Por qué te paras?

—Oye... —le dije señalando con un dedo aquellos seres—. ¿Tú no ves nada allí?

Paula miró hacia el patio y me clavó los ojos con las cejas levantadas.

—Pero ¿qué porras dices? Yo no veo nada... Bueno, sí. Veo un patio bastante feo con unas tumbas medio llenas de hierbajos, algunas cruces y una estatua de la Pilarica. ¿Por qué?

«¡Ay, mi madre! —pensé notando cómo me recorría un escalofrío por el espinazo—. Que me parece que estoy viendo cosas raras que no ven las demás.»

A todo esto, tales figuras se estaban comenzando a transformar de forma tan rápida, que ya casi no me daba tiempo de fijarme en cuál se aclaraba y cuál no. Había algunas que estaban formadas de un humo negro parecido al que sale del tostador cuando se le quema a uno una rebanada de pan. Pero ahora, siempre al unísono de las oraciones de las monjas, se habían ido blanqueando tanto que apenas se podía percibir en ellas un tinte grisáceo. Las más claras se acercaban demasiado al grupo orante y cuando ya parecía que nos iban a tocar comenzaban a elevarse hacia el cielo a una velocidad suave y parsimoniosa.

Al verme Tere con los ojos clavados en el patio y expresión alelada, se dirigió a mí de nuevo.

—Vamos, Micaela... ¿Qué bicho te ha picado?

173

—¡Eh! —gritó desde la otra esquina del claustro mi otra amiga—. ¡Qué hacéis! ¡Daos prisa que se van las monjas!

—¡Es ésta, que se ha quedado embobada y no me dice por qué! —refunfuñó Tere a mi lado.

—No, si no me pasa nada —dije pestañeando y con el corazón en la boca—. Es que... me parece que aquí hay como manchas de gente o figuras de personas.

—¿Eh?

—Ya sé que es muy raro. ¡Mira, ahora se mueven! ¡Se están acercando cada vez más hacia nosotras...! Pero ¿no lo ves?

Al oír las monjitas tanto alboroto, pararon su marcha en seco. Se miraron unas a otras con expresión confundida y arrastrando sus pies con sandalias, regresaron arremolinadas y desordenadas hacia donde yo estaba. Algunas fruncían el ceño intentando enfocar su vista sobre donde yo decía que había gente hecha de humo. Otras se santiguaban, mientras que las más jóvenes comenzaron a decir que tenían miedo.

—Pero ¿qué es lo que ve, querida? —me preguntó la madre superiora con una cara llena de preocupación—. Yo no veo nada.

—Pues eso madre —contesté—. Que es muy raro todo esto, que veo a unas personas que se acercan hacia nosotras. Pero no son normales...

—Eso ya lo podemos nosotras afirmar, hija —dijo Tere a mi derecha—. Porque aquí nadie ve nada más que tú.

—¡Huy qué susto me está entrando! —dije echándome hacia atrás.

—¡No la pongáis nerviosa! —dijo una de las monjitas más ancianas—. A ver, jovencita, explícate un poco mejor. ¿Estás segura de que son personas?

—¡Y yo qué sé, hermana! Sólo sé que cuando entramos en este claustro, aquí no había nada y yo ahora veo muchas figuras.

—¿Y cuántas son? —preguntó una monja muy bajita a mi lado.

—No lo sé... muchas. ¡Hay muchísimas! ¡Cada vez más!

Y de pronto me encontré rodeada de esas figuras. Estaban por todas partes: delante del pilar de la Virgen, entre las tumbas de cruces, sobre las lápidas planas con inscripciones, sobre las florecillas y los hierbajos. Entonces, una hermana de las más jóvenes dijo: «Madre, yo creo que son almas del purgatorio.»

¡Vaya respingo que di cuando dijo esto! Algunas de las religiosas comenzaron a santiguarse, y mis dos amigas dieron un paso hacia atrás.

—Vamos, vamos, hermanas —dijo la superiora—. No digan ustedes sandeces. Aquí no hay almas del purgatorio ni hay nada. Lo que pasa es que esta señora debe estar un poco mal de la vista.

—Oiga, que yo no les miento. ¡No me puedo creer que sólo sea yo la única que las estoy viendo!

—Madre —intervino de nuevo la religiosa jovencita—. Tal vez si recemos, pase algo.

—¡Tiene razón! —volví a decir—. Porque verán, desde que han parado de rezar el rosario ya no cambian de color.

—¡Ah!, pero ¿son de color? —preguntó Tere—. ¡Hija, qué raro es todo lo que nos estás diciendo!

—Bueno, de color no... Algunas son blancas, otras muy blancas; otras grises y hay hasta alguna tan oscura que casi parece sólida.

—Qué barbaridad, qué barbaridad... —susurró una monjita a otra en el oído.

—Mmm... Quizá la hermana tenga razón. Pongámonos a rezar a ver qué pasa —dijo la madre superiora tomando con los dedos las cuentas del rosario otra vez—. Si lo pensamos bien, en realidad este patio ha sido utilizado durante cientos de años como un pequeño cementerio. Si el Señor ha querido que nuestra amiga tenga esta pequeña experiencia, será por algo. Además, aún nos quedaba una decena para terminar nuestro rosario...

Yo estaba cada vez más asombrada. Quizá ya no sentía el temor que me había invadido antes, pues estaba rodeada de todas las monjas, de mis amigas y sobre todo de la presencia de Dios. ¿Acaso no estábamos en un convento de clausura?

El rosario se retomó. Al principio me pareció ver que todas aquellas sombras o figuras no se movían. La verdad es que desde que habían dejado de orar pocos minutos antes, los movimientos se habían ralentizado mucho, como si de pronto ya no pudieran moverse o transfigurarse como al principio.

Pero a los muy pocos segundos las figuras etéreas recobraron el andar. Muchas comenzaron a clarear de nuevo y gran cantidad empezó a elevarse hacia el cielo perdiéndose de mi vista conforme subían y flotaban.

—¿Qué ves? ¿Qué pasa ahora? —me susurró Paula al oído.

—Pues que se han vuelto a mover... ¡Algunas se van hacia lo alto y desaparecen de mi vista!

—¡Ay, hija, qué cosas! —contestó santiguándose.

Las figuras eran cada vez más numerosas. Parecía que conforme avanzaban nuestras oraciones, el patio se llenaba más y más de ellas. Ya me era imposible contarlas, ni siquiera intentar hacerlo. ¡Eran demasiadas!

¿Me preguntas que qué pasó luego? Pues, hija, algo curiosísimo... Porque lo que ocurrió fue que en cuanto las monjitas acabaron de rezar, desaparecieron todas aquellas figuras de mi vista. ¡Se esfumaron! Así: ¡fusss! Como el viento.

Y ahí quedamos todas boquiabiertas, sorprendidísimas y con una anécdota que contar. Claro que hasta hoy sólo me he atrevido a contártela a ti, no vaya a ser que por bocazas la gente me tome por majareta.

* * *

Madrid, 7 de mayo de 2006

Mi querida Micaela:

Yo jamás pensaría que estás majareta. ¿Por qué lo voy a hacer si son innumerables los testimonios que he recibido de gentes que, como tú, han visto almas del purgatorio?

Mira, estas cosas ocurren aun siendo muy raras. Y uno siempre piensa que se le ha caído un tornillo o que los ojos empiezan a fallar a causa de la edad. No vas a ser ni la primera ni la última a la que Dios permita que le ocurran cosas tan raras. ¡Dale gracias y no temas nada! Además, te voy a dar la alegría de saber que, como tú, pienso que ayudasteis a tales almas en pena. ¡Un convento de monjas orando por ellas a la vez es mucha oración!

Quizá tu testimonio sea algo diferente a los que he oído anteriormente en el sentido de que ninguna persona ha visto cambiar o transfigurarse a un alma conforme se oraba por ella. Sin embargo, sí existen muchísimos testimonios en la vida de algunos santos que han visto cómo un espectro se mostraba con un aspecto deplorable y que después de orar por él, le vieron resplandeciente y con expresión colmada de alegría.

He encontrado hasta un testimonio sobre un santo que, por su oración, ¡revivió a un muerto! Y fíjate: un muerto que encima prefirió volver a morir porque decía que en el purgatorio era más feliz que en la Tierra con vida. ¿Ves como no sólo a ti te pasan cosas raras? Lee, hija, lee y asómbrate de veras:

La fascinante historia de san Estanislao de Cracovia y el resucitado Pedro Miles

El célebre milagro de la resurrección de Pedro Miles aconteció en el año 1070 y se encuentra relatado en el *Acta Sanctorum* del 7 de mayo.

San Estanislao era por entonces obispo de Cracovia cuando el duque de Bolesas II gobernaba Polonia, a quien el santo no temía reprender duramente, incluso en público. Al parecer tal gobernante era mujeriego, escandaloso en sus gustos y sus acciones, cosa que al gran santo sacaba de sus casillas. El duque, furioso por el atrevimiento del religioso y sin saber cómo hacerle daño de otra manera, sobornó a los herederos de un tal Pedro Miles para que hablaran en su contra.

Pedro Miles había sido un terrateniente que había fallecido tres años antes, justo después de vender un gran terreno a la Iglesia. A pesar de haber pagado el precio acordado, los hijos del terrateniente, temiendo al duque de Bolesas, aceptaron el soborno y denunciaron al prelado acusándole de haberse hecho con las tierras sin haberlas pagado.

El santo se defendió con ahínco pero nada consiguió y, tras el juicio, se decidió que debía pagar el precio que en su día prometió pagar. Desesperado y desilusionado con la justicia humana, el gran santo acudió en oración a Dios, a quien rogó que le ayudara, pues no tenía modo alguno con lo que pagar de nuevo aquellas tierras.

En plena meditación ante el sagrario, recibió una gran iluminación interior tras la cual se dirigió de nuevo al tribunal a quien habló en semejantes términos: «Señores, permítanme tan sólo tres días para saldar mi deuda. En ese espacio de tiempo el difunto Pedro Miles se les aparecerá en persona para acusar a los embusteros que tanto daño quieren procurarme.»

Ni que decir tiene que todo el tribunal se rió a carcajadas de su inusual propuesta. Pero a pesar de todo aceptaron el trato, eso sí, con gran sorna y guasa. Durante los tres siguientes días el prelado oró fervorosamente, ayunó y celebró la eucaristía.

El condado y sus alrededores bullían de ganas de ver qué pasaba. La expectación que se creó en torno a este asunto era enorme y por ello, pasados los tres días, muy de mañana, una gran multitud de curiosos acompañó al religioso con la intención de ver cómo se enfrentaba de nuevo al tribunal.

Pero cuando llegó ante ellos, el duque y su corte también se encontraban presentes, les rogó que le acompañaran todos al cementerio, donde él aseguraba que su Dios no le fallaría resucitando a Pedro Miles. Esta vez las carcajadas se oyeron más allá de los prados. No obstante, llenos de alborozo y divertimento decidieron acompañar al piadoso hombre hasta el cementerio.

Una vez allí san Estanislao pidió que desenterraran el cuerpo del difunto. Abrieron su tumba y con tristeza observó que sólo quedaban de su cuerpo un montón de huesos medio podridos. Entonces, ante el asombro de los presentes, Estanislao se arrodilló y ordenó al cadáver reconstruirse en el nombre de Jesucristo.

No hay palabras para describir la estupefacción, el miedo y el espanto de los presentes cuando ante los ojos de todos ellos el cadáver comenzó a recrearse, se unieron los huesos y le creció carne, piel y tendones de la nada. Y ahí que se irguió don Pedro Miles, mirando a sus hijos con ojos furibundos y lanzando destellos de ira hacia el tribunal.

Andando muy despacio se dirigió hacia los jueces, ante los que juró que el prelado había pagado su deuda a derechas y, volviéndose hacia sus aterrorizados hijos, les gritó exigiéndoles reparar su grave pecado con una confesión profunda y una vida de caridad y entrega.

Tras esta inimaginable escena, el resucitado se dirigió de nuevo hacia su tumba, aún abierta y rodeada de unos espantados enterradores. Al verlo, san Estanislao le preguntó si no quería vivir unos años más. De ser así rogaría de nuevo al Señor por tan grande favor.

Sin embargo y para sorpresa de todos, el difunto respondió que no deseaba vivir más, pues se estaba mejor en un purgatorio sufriente que en el mundo de los vivos, ya que de regresar a la vida podría caer en el pecado y condenarse.

«No estoy aún en el cielo —dijo lleno de amargura—. Pero he visto de lejos la Gloria y deseo llegar a ella.» Entonces rogó lastimeramente al santo que ofreciera sufragios y misas por su alma, pues lamentaba terriblemente esas culpas pasadas que le habían conducido a un purgatorio doloroso y largo. San Estanislao, sintiendo pena por él, prometió hacerlo.

Acto seguido, Miles se colocó de nuevo dentro de su ataúd y, ante la vista del gentío, todo su cuerpo se deshizo en un sinfín de huesos y partículas, y quedó de nuevo su anatomía en el mismo estado penoso en el que le habían encontrado al desenterrarlo.

Ya ves, Micaela, san Estanislao vivió una experiencia tan grandiosa, tan grandiosa, que la tuya se ha quedado en casi nada.

Testimonio núm. 5

JUANA EN UNA FINCA DE JAÉN

¡Qué cantidad de cosas te han contado! No, no, lo mío es más normalito que eso que me has relatado del santo Estanislao ese... ¡Qué barbaridad, hija! Vaya cosas que pasan.

Bueno, no sé... Tú juzgarás después de que te lo cuente. Será mejor para todos, porque, ¿sabes una cosa? Pues que durante años, mi marido, mis sobrinos y mis cuñados, me han hecho pensar que aquello que vi no fue otra cosa que un sueño. Pero yo sé de verdad que de soñarlo nada de nada. Ni hablar. Además está lo de la foto.

¡Ah!, que vaya en orden porque sino tus lectores no se enteran bien de la historia... Claro. Es que como hablo tanto y tan rápido... Perdóname, hija.

La verdad es que a mis sesenta y cinco años ya nadie me puede convencer de que las cosas que me han pasado las he imaginado. ¿Conoces el refrán que dice «más sabe el diablo por viejo que por diablo»?

Como aquello que me pasó siendo muy chiquita. ¡Mira que han pasado años y aún lo recuerdo tan nítidamente como si lo hubiera vivido ayer! Esa primera experiencia me sucedió cuando yo tenía unos siete u ocho

181

años y vivía junto a mis padres en San Francisco, California.

Habíamos tenido que marcharnos de Perú, mi tierra natal, pues mi padre era diplomático y siempre andábamos mudándonos de un país a otro. Ya desde niña viajaba como una nómada y, mira, sigo igual. Mi abuela vivía con nosotros; era maravillosa. ¡Cómo me hubiera gustado que la conocieras! Porque ella sí que había experimentado gran cantidad de anécdotas con las almas benditas del purgatorio. Era creyente, devota y oraba sin cesar por ellas.

En cuanto a mí, mi primera experiencia extraña con las cosas del otro mundo me ocurrió precisamente con ella. A veces he pensado que mi abuela era un poco bruja y que yo he debido de heredar sus dones porque me ha pasado cada cosa que vaya, vaya, hija... Recuerdo que esa tarde mi madre y yo nos afanábamos preparando un macuto con mi ropa, pues al día siguiente me enviaban a un campamento de verano.

Mi madre salió del dormitorio al oír la voz de mi padre, quien desde el piso de abajo la llamó para Dios sabe qué cosa. Yo me quedé sola unos minutos y seguí preparando el equipaje. Estaba doblando un pijama cuando noté la imperiosa necesidad de mirar hacia el pasillo.

Justo frente a mi dormitorio estaba el de mi abuela, a quien gustaba dejar la puerta abierta para verme a todas horas. Y como en tantas ocasiones anteriormente silbé para llamar su atención, pues me encantaba verla asomar la cabeza y que me dijera cosas lindas. Y es que mi abuela me quería mucho, ¿sabes? Era de esas abuelas a las que no se puede olvidar, por el desparramo de cariño y sabiduría que dejaba tras de sí por todas partes.

La puerta de su dormitorio estaba abierta de par en par, así que agudicé un poco la vista. «Abuela, ¿estás ahí?», pregunté sin obtener respuesta. Y es que no sé por qué razón, yo intuía que estaba ahí y no en otra parte de la casa. Me acerqué un poquito hacia la salida del dormitorio y entonces fue cuando la vi. Estaba tumbada en la cama boca arriba, con el pelo acicalado y vestida con un traje hermosísimo. Las telas eran finas y ricas y enseguida me percaté que me recordaban a las típicas vestimentas de mi país, Perú. En mi tierra los trajes regionales son muy hermosos y, aunque a tan corta edad pocos había visto, supe de inmediato que estaba engalanada con uno de ellos.

«Pero ¿qué hace la abuelita vestida de esa manera tumbada en la cama?», pensé llena de extrañeza. Empujada por la curiosidad salí del cuarto y me acerqué al suyo. Me paré justo bajo la jamba de su puerta. Efectivamente ahí estaba; se la veía muy bella con ese traje tan peculiar y colorista. Parecía dormir profundamente y sonreí al sentirme rodeada de una agradable paz.

Pero tal templanza se me pasó de golpe, pues al bajar la vista hacia sus callosas manos me percaté de que las tenía entrelazadas sobre el estómago y que sujetaba algo entre los dedos. «Abuelita, ¿te encuentras bien? —me atreví a preguntar un tanto confusa adelantándome hacia su cama—. ¿Duermes?»

Pero mi abuela no contestó. Bajé de nuevo la mirada hacia las manos y con gran preocupación descubrí que lo que agarraba entre sus dedos era un crucifijo. Aquella escena gritaba a los cuatro vientos que algo andaba terriblemente mal. Noté un gran escalofrío recorrerme la espalda, di un paso hacia atrás y a todo el volumen que me permitieron los pulmones, pegué un grito de esos que se pueden oír desde las Canarias. Acto seguido volé hacia el pasillo para toparme de bruces con mi padre, a quien casi mato del susto.

—Pero ¡niña! —me reprendió—. ¿Acaso te has vuelto loca? ¿Qué te pasa, criatura?

—¡Papi, papi! —grité agarrándome a su camisa—. ¡Que la abuelita está muerta sobre la cama!

—Pero, nena, ¿qué tonterías dices? Tu abuela está abajo en la cocina, preparándoos a ti y a tus hermanos un cazo de chocolate para merendar.

—¡Que no, papi, que no! —insistí desesperada—. ¡Que la acabo de ver y está en la cama, tumbada y con un crucifijo entre las manos! ¡Está muy pálida pero lleva un vestido muy lindo!

—¡Nena!, deja de decir esas cosas, ya te he dicho que...

—Yo ya no le escuché. Lo agarré de las manos y llena de premura lo arrastré hacia el dormitorio de mi abuela.

Pero una vez dentro, ¡ay, qué cosa más extraña! Porque ahí no había nadie, chica, y encima todo estaba en orden: la cama hecha, las cortinas bien abiertas y ni rastro de mi abuela.

—¿Lo ves, tontona? —me riñó mi padre—. Un día de éstos tu imaginación te va a costar un buen disgusto...

Yo estaba perpleja. No entendía nada. ¡Lo había visto todo con mis propios ojos!

—Pero, pero, pero...

—¡Ay, cuántos peros, nena!

—Papi yo, yo... —tartamudeé.

—Ni papi ni nada. Déjate de historias y baja a merendar a la cocina, donde tu abuela, en vez de estar muerta, te está terminando de preparar el chocolate.

—¡Juana! —llamó mi abuela desde abajo—. ¡Baja ya que se enfriará todo!

—Papi, yo te juro que.... Bueno, no entiendo nada.

Y comencé a descender las escaleras tan feliz, dando gracias a Dios de que aquello que había visto no era más que un producto absurdo de mi imaginación, quizá provocado por los nervios de la marcha al campamento. Entré con mi padre en la cocina dando saltos.

—¡Hola, abuela! —dije.

—¿Por qué tardabas tanto, chiquita? —me preguntó acariciándome la cara.

—Bueno, me distraje —contesté sin saber qué decir.

En ese momento ella cambió la expresión de sus ojos, hizo un rictus extraño con la boca y, ante mi espanto y el horror de mi padre, se desplomó sobre el suelo de baldosas de la cocina. Sí, hija, sí... Se me murió ahí como lo oyes. Nos dejó a todos hundidos en la mayor desolación y a mí con un trauma que tardé años en superar.

Esa misma noche la lavaron, peinaron y vistieron con ese traje tan hermoso de ricas telas peruanas que mi madre sacó de no sé qué baúl, y que yo había visto en mi visión pocos minutos antes de su fallecimiento. La causa de aquel avatar la produjo un derrame cerebral de esos que manda el destino y para los que nadie está nunca preparado.

¿A que te he dejado de una pieza, eh? Pues para que veas.

Lo peor es que cuando cuento esta anécdota mucha gente sonríe incrédula. Claro que no todos porque hay gente buena que sabe captar que no miento. ¿Cómo podría mentir en una cosa tan gorda? Además, fíjate si han pasado años y sigo erre que erre. ¡Y moriré afirmándolo! Vaya que sí.

¡Ah!, que ahora quieres saber lo del fantasma de la casona de Jaén. Ya sé que me enrollo como una persiana, hija, pero es que me apetecía contarte esta primera experiencia de mi vida que tanto me impresionó. Bueno, pues lo de Jaén me ocurrió hace ya más de treinta años; para ser exactos, hace treinta y ocho. Y mira, también lo recuerdo con una claridad que me da escalofríos.

Yo estaba ya casada y embarazada de ocho meses, más gorda que una vaca lechera, pero feliz e ilusionada con la vida. Recuerdo que cuando entré esa primera vez en la casona de la finca, tan destartalada y vieja, sentí una alegría enorme. No sabía por qué, pero había algo en el ambiente que... no sé cómo explicarlo. Todo se me hacía hermoso a la vista: cada habitación, cada butaca, cada pieza de decoración... ¡Hasta el viejo reloj de pared al que faltaba una aguja me pareció un gran tesoro!

«Vaya, me alegro de que te guste tanto la casa de la finca de mi familia —me decía mi marido muy agradecido—. Pero no es tan bonita como la captas. Yo creo que todo lo ves con estrellitas a causa del embarazo. Como estás tan contenta...» Y tanto insistía que yo también acabé achacándolo al embarazo y punto.

Mis cuñados me trataron durante aquellas vacaciones de maravilla. Nuestra relación siempre ha sido buena; les quiero mucho aún hoy, a pesar del paso de los años y de los mil jaleos que siempre hay en las familias. Pero entonces, joven y enamorada, no pensaba en esas cosas raras como fantasmas y entes. Así que mientras duraron aquellas cortas vacaciones me limité a disfrutar de la finca, de mi familia política y de esas sensaciones de paz y armonía que emanaban, sin entender por qué, de cada rincón de la casa.

No recuerdo cuántos días habían pasado desde que había comenzado mis vacaciones en la casona, cuando durante una tarde de nieve y hielo los tíos de mi esposo se dispusieron a entretenerse con una partida de mus en el salón principal. Por su parte, mis cuñadas y mi suegra se sentaron a charlar tranquilamente junto a la chimenea encendida.

De pronto sentí hambre, ¡oh, qué tragona he sido siempre durante mis embarazos! Así que mi suegra me invitó a que fuera a la cocina y tomara lo que más me apeteciera. Y es que en casa de mi suegra siempre se me ha malcriado mucho, ¿sabes? Ella era muy buena. Me encaminé a la cocina en donde me preparé un buen bocadillo y un refresco y con todo colocado sobre una bandeja regresé hacia el salón.

No había llegado a vislumbrar la entrada del mismo cuando me pareció atisbar a alguien subiendo la gran escalera de madera que conducía hacia el piso superior, donde están todos los dormitorios de la casona. Paré unos segundos para enfocar la vista y descubrir quién era el que subía.

Nada me había preparado para lo que mis ojos captaron. Porque justo en el rellano, a punto de girar para alcanzar el último recoveco visible, no vi a ninguno de mis familiares ni a nadie que yo conociese. Se trataba de una esbelta mujer, con un traje de época, con miriñaque y todo. Recuerdo que su color era amarillo brillante con rayas. Éstas eran negras y algo gruesas.

La mujer subía los peldaños despacio con pasitos femeninos y acompasados, acompañados con un movimiento de caderas elegante y delicado. Como la veía de espaldas, de la cabeza sólo distinguí la nuca y el pelo; un pelo rubio, sujetado con un moño trenzado del que se le escapaban un par de rebeldes mechones.

Me quedé totalmente petrificada, con la bandeja agarrada con unos dedos duros como piedras por no hacerla caer. ¡No reaccioné! Miedo no tenía, pero... ¡Vaya bloqueo que me entró!

El espectro era totalmente tridimensional. Nada de humos o vapores. Los rasgos eran definidos y reales. Veía a esa elegante mujer tan claramente como te veo yo ahora. Podría haber sido una persona a punto de ir a una fiesta de disfraces. Pero yo sabía que de fiestas en casa ese día, nada de nada. De pronto esa hermosura se dio la vuelta y me miró. ¡Qué momento más extraordinario en mi vida!

Ahora sé que yo estaba aturdida por las circunstancias y que por eso no reaccioné. Ni siquiera grité y la verdad es que hasta hubiera sido eficaz hacerlo, pues toda mi familia política, que se encontraba sentada charlando ajena a mi experiencia a tan sólo unos tres metros, podría haber venido a confirmar si veían a aquel fantasma.

Pero, hija, no lo hice. Qué le vamos a hacer... Ya no tiene remedio.

¿Que si recuerdo su rostro? ¡Claro! Era fino y con piel aterciopelada; parecía corresponderse con los rasgos de una mujer de veinte primaveras.

Agarró con ambas manos la balaustrada de la escalera, me sonrió con enorme tristeza, y ¡desapareció! Así de golpe, ¡zas! Todo muy raro, chica. Tras su marcha conseguí llegar al salón a pasitos lentos y con el corazón medio parado. Debía de estar pálida como una hoja de papel de fumar, pues mi cuñada me preguntó:

—¿Te encuentras bien?

—Pues no...

Y entonces relaté lo que me acababa de ocurrir. ¡Craso error! Me llamaron romántica empedernida y bobalicona.

Sí, hija, sí... Ya ves. Horas después, ya dentro de la soledad de nuestro dormitorio, describí una y mil veces a mi marido lo que me había ocurrido. Él me colmó de mimos, pero aunque acabó por jurarme que me creía, yo sé que no lo hizo. Creo que cedió por no disgustarme. «Que sí, nena; que vale, que bueno, que te creo...», repetía poniendo los ojos en blanco con desesperación. ¡Hombres de ciencia! Bah, qué pesados... Si no hay comprobación científica detrás de los sucesos, los ignoran tan contentos y a seguir viviendo como si nada.

¿Que si la volví a ver? ¡Oh, sí! Quiso Dios que así fuera, pero eso ocurrió muchos años más tarde.

¡Ah!, ¿que quieres que te lo cuente?, vale... Pues veamos, déjame pensar... Fue cuando ya me habían nacido todas mis hijas, en la década de 1980. Mira, sí, fue en el año 1987, cuando la familia de mi marido decidió hacer obras en la parte superior de la casa.

Una de mis cuñadas me había pedido que me metiera con ella en un cuarto que servía de almacén, justo al lado del dormitorio que yo siempre había ocupado con mi marido. Era un lugar muy enigmático, pues estaba lleno de baúles, cajas, cunas viejas, espejos abandonados, parasoles del año de la polca... En fin, un cuarto lleno de tesoros escondidos, de esos a los que a las escritoras como tú os gusta utilizar en los cuentos de hadas.

Nuestra intención era la de hacer una clasificación de todos aquellos trastos, tirar los inservibles y reutilizar los que pudieran gustarnos, pues al habernos convertido ya en una enorme familia con el nacimiento de tanto bebé, había que limpiarlo, adecuarlo y decorarlo para un nuevo uso como dormitorio. ¡Lo necesitábamos! Así que ahí que entré tras ella, fascinada y con unas ganas tremendas de hurgar en todas las cajas y revolver todos los cachivaches maravillosos que andaban por ahí tirados.

Cuando no había hecho más que comenzar a corretear entre baúles de cuero y polvo acumulado, noté una suave caricia sobre los talones. Era una sensación parecida a la que se siente cuando una falda larga de mujer o una bata de cola, le roza a uno la piel. Y justo en ese preciso momento me invadió un perfume de jazmín muy dulce, mezclado como..., como con un olor a ceniza de chimenea.

Era a la vez agradable y extraño. Como pegué un respingo, mi cuñada se me quedó mirando curiosa.

—¿Qué te pasa? —me dijo.

189

—Ay, pues... esto... —contesté. Porque, hija, ¡a ver quién explicaba lo que me estaba pasando!

—¡Qué!, dime... —insistió—. Parece que has visto un ratón... La abuela decía que aquí había ratones. Si lo has visto dímelo que yo me largo volando. Ya sabes el asco que me dan a mí esas criaturas.

—No... —me atreví a decir por fin.

—¿Entonces?

—No, nada... es que aquí huele mucho a jazmín. ¿Puedes notarlo?

Mi cuñada alzó una ceja.

—Pues no, hija. Yo percibo un olor a humedad y una peste a alcanfor que no veas.

«Pues mira qué bien... —pensé yo—. Ya empezamos otra vez con las cosas raras...»

—¿Por qué me preguntas eso? ¿Acaso tú puedes oler a jazmín? —me interrogó.

—¡Nooo! Qué va. Esto... Nada, no huelo a nada... Mejor dicho, sí. Huelo como tú a humedad y a alcanfor. Eso.

Yo no sé si mi cuñada se tragó mi embuste, pero el caso es que después de mirarme un poquillo de reojo dejó de prestarme atención y se puso a ordenar todos aquellos tesoros.

Esa noche, antes de dormir, relaté a mi esposo lo sucedido.

—Vaya, ya ha vuelto la del moño rubio a enredar en tu vida, ¿no? —me dijo con una sorna que me sentó fatal.

—Bah —refunfuñé—. Pues si no me quieres creer a mí me da igual. Lo único que te pido es que no le digas nada a nadie y menos a tu hermana, que ya bastante mosqueadilla se ha quedado conmigo esta tarde como para descubrir que encima le he ocultado la verdad.

—Pero, mujer —me contestó riendo—, ¿cómo voy a contar la bobada que me has dicho? Se mofarían de ti.

—Pues muy bien. ¡Hala!, hasta mañana entonces —contesté enfadada.

Me di la vuelta y no le hice más caso, aunque él siguió con sus chistecitos y sus cosas de siempre. A los pocos minutos caí dormida en un profundo sueño, mientras él seguía leyendo su novela. Al fin, apagó la luz y se durmió también.

No sé qué hora de la noche sería cuando me despertó un extraño sonido a los pies de la cama. Recuerdo que me costó abrir los ojos, pues la oscuridad y mi sopor eran profundos. El ruido era curiosamente familiar, lo había percibido muchas veces a lo largo de mi vida, pero aturdida como estaba por el sueño, tardé unos segundos en darme cuenta a qué me recordaba.

Al fin mi entendimiento se iluminó. Era el sonido que produce un abanico al agitarse en el aire vigorosamente con una mano y el chasquido que se oye al cerrarlo cuando las varillas se juntan con un golpe seco de muñeca.

«¡Arrea! —pensé mientras daba un respingo—. ¡Que aquí hay alguien abanicándose!» Me senté sobre la cama y agudicé el oído.

—¡Felipe, Felipe! —susurré a mi esposo, que roncaba suavito a mi lado—. ¡Despierta, rápido!

—Mmmm, pero ¿qué te pasa? —dijo con una voz de ultratumba.

—¡Mira!

Y le señalé con el dedo. Justo frente a nosotros, iluminada por un haz de luz que se colaba por debajo de la puerta, se distinguía a la perfección la figura de mi dama secreta. Encendí la lámpara de la mesita que en seguida iluminó tenuemente todo el cuarto. Y entonces la vi con toda la claridad del día.

Estaba frente a nosotros mirándonos fijamente con ese maravilloso vestido amarillo, cuello alto lleno de filigranas muy del estilo del siglo XIX, miriñaque y abanico en mano. Nada más descubrirla con la vista, comenzó a abanicarse de nuevo. El moño de pelo rubio estaba exactamente igual que la primera vez que la vi, con aquellos mechoncitos escapándosele por encima de la oreja izquierda. Entonces comenzó a andar de un lado al otro de la habitación, siempre delante de nuestra cama.

—Pero ¡qué haces! ¿Estás boba? Aquí no hay nada, ni oigo nada... Vamos duérmete de una vez. ¡Me has despertado y estaba frito! ¡Apaga la luz y a dormir! —gruñó mi esposo.

—Pero ¿no la oyes, Felipe? ¿Acaso no la ves? ¡Por amor de Dios, si está aquí!

—¡Juana, por favor, que yo no oigo nada de nada! Basta ya de bobadas. A dormir te digo —dijo muy enfadado. Acto seguido, se dio la vuelta y me ignoró.

Pero ya la mujer misteriosa no estaba frente a nosotros, pues mientras yo discutía con mi esposo, ella se había dado suavemente la vuelta y, a pasitos cortos y femeninos, se encaminó hacia la pared.

—¡Que se va a chocar! —grité.

Pero aquella alma en pena lo que hizo fue atravesar la pared, suave y dulcemente. Tal y como te lo digo. ¡Ah! ¡Eso sí que es lo más raro que he visto en mi vida! Y esa vez sí que tuve un poco de miedo, pero no te creas que mucho. ¿Sabes por qué? Pues porque mientras ocurre, todo sucede tan deprisa y es tan extraño que uno como que no reacciona. Sólo después te das cuenta de la cosa tan rara que has experimentado, y entonces surgen las mil preguntas y hasta se puede uno llegar a cuestionar si ha perdido la cordura.

Pero como Dios es bueno y en el fondo mis cuñados también, tuve la suerte o el infortunio de despertar, por fin, la curiosidad del esposo de una de mis cuñadas con este último suceso. Y es que yo estaba muy impresionada porque esta vez la visión había sido de una claridad sorprendente, tan fina y perfecta que me faltó tiempo para contárselo todo a mi familia política. Ya no tuve miedo de que me tacharan de mamarracha o de chalada. Lo que había visto había sido tan real, tan real que me dejaron de importar las opiniones de los demás. Y quizá por ello, el esposo de mi cuñada decidió investigar un poco por su cuenta.

—Tú no te preocupes, Juana —me dijo con algo de compasión—. Te prometo que me pongo a hacer preguntas a todo el mundo en el pueblo sobre quién o quiénes vivieron en el pasado en esta casa y ya veremos qué responden.

—Sí, pero no me menciones —contesté algo alterada—, no vayan también en el pueblo a tildarme de visionaria.

—Vale, mujer.

Y ahí quedó la cosa.

Pasó el tiempo, la dama nunca más se me mostró y pensé que todo aquello caería en el saco del olvido. Pero, cuando nadie nos lo esperábamos, un par de años después de aquel suceso, quiso Dios llevarse sin aviso al cielo a la tía Encinita, una parienta de mi esposo con más años que Matusalén. Y mira qué cosas, que encargaron a este cuñado mío que ordenara las cosillas de la anciana, que vendiera sus viejos muebles y que organizara la venta de su casita.

Y fue entonces cuando, a los pocos días y sin ser invitado, se presentó mi cuñado Antonio en mi casa de Madrid, con un montón de fotos amarillentas protegidas con gran cuidado en una carpeta plastificada.

—¿Qué es esto, Antonio?, ¿qué traes? —le dije llena de curiosidad.

—Unas fotos que he encontrado en una caja en casa de la tía Encinita. Me dice el abuelo del alcalde que está seguro de que pertenecen a los bisabuelos de la tía. Quiero que veas si reconoces a alguien.

—¿Reconocer yo a alguien? Pero ¡si son muy antiguas! —contesté llena de hilaridad ojeándolas con fascinación—. ¿Acaso tengo más años que la tía Encinita para haber conocido a esta gente?

—Tú míralas. Hazme caso.

¡Qué buen consejo, nena! Porque ahí entre un montón de fotos, estaba retratada más de cuatro veces mi dama hermosa con moño rubio, traje claro y abanico en mano.

* * *

Jaén, 24 de junio de 2006

Mi querida Juana:

¡Ay, mujer de poca sabiduría con respecto a las almas del purgatorio! Si te hubiera conocido antes, yo te habría explicado con pelos y señales que lo mejor que podías haber hecho por aquella dama era rezar u ofrecer algunas misas por el descanso de su alma atormentada, ya que estaba claro que aún andaba purgando sus pecados entre el cielo y la tierra. Pero como pasa con tantas personas, tú nada sabías de estas cosas del más allá celestial.

No importa ni te preocupes por ello. Quizá nunca más la vuelvas a ver. No obstante, yo en tu lugar optaría por rezar algunas oraciones en su favor, haría lo imposible por descubrir su verdadero nombre y ofrecería alguna que otra eucaristía.

¡Ella se te apareció porque sabía que la verías! Y tú

no supiste qué hacer con tal experiencia. No te culpo, pues de haberme pasado a mí antes de haberme informado de todos estos asuntos a través de la religión católica, habría actuado incluso peor. Probablemente me hubiera puesto a chillar como una pobre desquiciada al verla y hubiera exigido a mi marido que jamás me obligara a pisar esa casa otra vez. Pero no te apures, Juana, pues si te vuelve a ocurrir alguna experiencia de este tipo, no tienes más que ponerte a rezar por esa pobre alma, para que no vuelva a molestarte. Tus oraciones harán que alcance el cielo.

Y para echarte una ayudita, aquí te hago llegar tres preciosas y conocidas oraciones que debes aprender. En caso de que la antepasada de tu esposo se te vuelva a aparecer, recuerda alguna de ellas.

ORACIÓN 1:

Dios todopoderoso y eterno, en tu bondad paternal, ten piedad del alma de tu servidor (X). Límpiala de toda culpa, a ella a quien ya has llamado hacia ti, llévala al reino de la luz, de la paz y a la comunión de los santos y entrégale su porción de gozo eterno en tu Reino. Rezamos por medio de Jesús, Nuestro Señor, amén.

¡Dios, Tú, creador y salvador de todos los fieles, perdona los pecados de todas las almas de tus servidores! Permíteles recibir el perdón por medio de nuestra oración piadosa, por lo que siempre anhelaron. Amén.

ORACIÓN 2 (por las almas más abandonadas):

Jesús, por el amor de la agonía que Tú soportaste durante el temor a la muerte en el huerto de Getsemaní, en la flagelación y coronación, en el camino al Monte Calvario, en tu crucifixión y en tu muerte, ten piedad de las almas del purgatorio y especialmente de aquellas que están totalmente olvidadas. Líbralas de sus amargos dolores, llévalas a ti y envuélvelas con tus brazos en el cielo.

Padrenuestro, avemaría.

Señor, concédeles la paz eterna. Amén

ORACIÓN 3:

Oh, Señor, Tú siempre gustas distribuir piedad y gracias. Por esta razón nunca dejo de pedirte que recuerdes a las almas de tus servidores que te has llevado de este mundo. No las dejes caer en el poder del enemigo y nunca las olvides. Ordénales a tus santos ángeles que las lleven y guíen a su hogar celestial. Ellas pusieron sus esperanzas en ti, creyeron en ti. Por eso no las dejes soportar los castigos del purgatorio, sino disfrutar de las dichas eternas. Por medio de Cristo, Nuestro Señor, amén.

JULIETA Y SU EXTRAÑO DON DE VER ALMAS DEL PURGATORIO

Cuánto he sufrido en mi vida... ¡Y lo que me queda! Porque dime, con treinta y cinco años que tengo, ¿acaso no soy joven aún? Pues eso, que sospecho que mientras viva, las veré. ¡Y es que son ellas las que me persiguen!

Yo no hago nada por encontrármelas. Más bien sigo pasando miedo, aunque no siempre; sólo algunas veces cuando su aspecto es de una tristeza terrible o simplemente muy feo. Yo creo que se me acercan porque saben que, al verlas, puedo rezar por ellas y proporcionarles alivio con mis oraciones, sufragios o ayunos.

¡Ah! Tú no sabes por lo que yo he pasado... Quizá por eso soy feliz en España, donde nadie me conoce en profundidad y se ignora mi extraño don, ya que en mi pueblito de Colombia el secreto no se podía ocultar por más tiempo y la gente me hacía la vida imposible.

No, si yo lo entiendo. ¡Es tan inusual que alguien vea fantasmas!

Sí, ya sé que prefieres llamarlas almas del purgatorio. Yo también, ya que como tú soy creyente y ha sido precisamente la religión católica la que más me ha enseñado a entenderlas. Ahora comprendo mejor que nadie lo que son. Conozco su dolor, sus padecimientos... ¡Sé mucho de ellas! ¿Cómo iba a ser de otra manera si tengo el don de verlas desde niña?

A pesar de todo, créeme si te digo que, aunque ya estoy convencida de que efectivamente es una gracia del cielo, desde el punto de vista humano es muy difícil considerarlo como tal, pues el sufrimiento que conlleva para la persona que las percibe es enorme.

¿Por dónde quieres que empiece? ¡Ah, qué tonta soy! ¡Pues claro, por el principio! Mmm, déjame que me concentre para no volverte loca ni confundir a tus lectores.

Quizá la primera anécdota que recuerdo al respecto y que me hizo pensar que yo era una niña especial, un bicho raro o lo que sea, se produjo cuando rondaba los cinco años. También mi familia comenzó a sospechar con aquello que yo poseía un don muy único, un no sé qué misterioso que no atinaba a explicar.

Ocurrió en la cocina de mi casa, en el pueblito en donde vivíamos entonces. Mi madre había salido a hacer unos recados y nos dejó al cuidado de una tata que, en cuanto la perdió de vista, salió a la puerta a charlar con otra empleada de la casa vecina. Yo por entonces era muy revoltosa y no se me ocurrió otra cosa que subirme a la mesa de la cocina, ponerme de puntillas y empeñarme en enchufar una radio que mi madre tenía sobre una balda.

Como era un bichillo logré hacerlo, pero, ¡ay!, el cable del aparato estaba despeluchado y me pegó tal chispazo y me corrió tal calambre por todo el cuerpo que salí medio volando por los aires y caí hacia atrás. ¡Dios mío, que susto más horrible pasé con aquello! Mis hermanas, que me observaba curiosas mientras comían galletas, se pusieron a chillar y llorar aterrorizadas. Al oír las voces, la tata entró despavorida en la casa, vio lo que estaba ocurriendo y se puso a hacer todo tipo de aspavientos. «¡Nena, nena!», gritaba desesperada.

Hasta ahí todo lo que había ocurrido respondía a una secuencia lógica:

— niña traviesa y desobediente se sube a mesa de cocina;

— toca enchufe con cable despeluchado y recibe calambrazo que la tira al suelo;

— niña se pega porrazo monumental contra las baldosas de la cocina.

Pero, ¡ah!, aquí viene lo curioso porque, a pesar de que mis hermanas y la tata pensaban que ya estaba muerta, me levanté como si nada, me estiré la faldita de tablas y me sorprendí al verlas gritando de esa manera. Y es que no había sentido dolor alguno porque el tremendo golpe contra la espalda no había sido tal. Como lo oyes. ¿Y sabes por qué? Pues porque justo antes de desparramarme, sentí una protección clarísima y muy real.

Supe que había alguien más en la cocina junto a nosotras porque noté cómo dos manos fuertes de adulto me sujetaban justo unos segundos antes de golpearme contra el suelo. Y supe que, despacio y con una ternura enorme, me colocaban sobre el suelo de baldosas. ¡Ese alguien me posó suavito como el vuelo de una mariposa!

Claro que fue todo tan rápido que ni mis hermanas ni la tata vieron nada. Una vez levantada por mis propios medios y viendo que no se calmaban, les pregunté:

—Pero ¿por qué lloráis? ¡Vaya escandalosas!

—Porque, porque, porque... —repetía mi hermana menor.

—¡Ay, pareces un papagayo! —respondí. Y es que me estaban poniendo nerviosa con tanto griterío.

—Pero oye... ¿no estás muerta? —dijo al fin mi hermana mayor, que por entonces tenía unos diez años.

—Pues ya ves que no. ¡Qué tonterías preguntas!

Y entonces callaron las hermanitas y la tata a la vez, me agarraron como si fuera un muñeco de trapo y me quitaron la ropa antes de un santiamén, por lo que me quedé desnuda y temblando como un pajarito.

—Pero ¿qué me hacéis? —gritaba furiosa sin entender nada.

—Esto es imposible, ¡es imposible! —repetía la tata como un disco rayado.

—¡Dejadme en paz que tengo frío, locas! —lloriqueé.

Y es que pretendían descubrir si me había roto alguna costilla o si las tripas se me habían espachurrado por algún lado.

—¡Ay, que la nena no se ha hecho nada! ¡Gracias a Dios! —gimió la tata echando hipidos al aire.

Cuando llegaron mis padres se encontraron a la empleada llorando, a las hermanitas dando explicaciones a los vecinos sobre lo que había pasado y a mí aburrida intentando quitarme a todo el mundo de encima.

—Llevémosla al médico por si acaso —insistió mi madre.

Unas horas más tarde, ya de regreso hacia casa en el coche familiar, mi padre me decía:

—Esto no hay quién lo entienda, Julieta, ni el doctor comprende cómo no te has roto la crisma. ¡Caerte desde tan alto saliendo por los aires y ni un rasguño! Esto es un milagro.

—No es un milagro, papi —respondí yo—. Ha sido gracias al señor que me agarró por detrás justo antes de darme el golpe.

—¿Cómo? ¿Qué dices, nena? ¿Qué señor? —preguntó mi madre abriendo mucho los ojos y poniendo cara de susto—. A mí nadie me ha dicho que hubiese en casa ningún hombre, ¿qué tontadas dices, Julieta?

—No son tontadas, mami. Es la verdad. Yo no le vi, pero había un señor que...

—¡Cómo que no le viste! Pero ¿qué cuentas?

—No le hagas caso —interrumpió mi padre inquieto y algo mosqueado—. La nena debe de estar imaginándose cosas por el susto recibido.

—¡Yo no miento! —insistí desesperada—. ¡Te digo que había un señor ahí que me sujetó por detrás para que no me matara contra el suelo!

—Pero bueno, a ver, ejem... ¿Y cómo era ese señor tan bueno y de dónde había salido?

—¡De su imaginación, José! —interrumpió mi madre cada vez más inquieta—. ¿Acaso no te das cuenta de que esta niña es una cajita de sueños y fantasías?

—¡Déjale hablar, mujer! —contestó mi padre igualmente nervioso—. A ver, nenita, ¿qué me dices? ¿De dónde salió?

—No sé...

—¡Ah!, que no lo viste. Claro bonita, porque no existía...

—¡Que sí, papi! ¡Si no lo vi fue porque... el señor era transparente.

Mis padres se miraron boquiabiertos y no dijeron nada más.

Años más tarde, cuando mi don de ver almas del purgatorio era ya notorio, me confesaron que al llegar a casa aquel primer día estaban tan intranquilos por lo que les había relatado que se quedaron comentándolo hasta las tantas de la noche. En un principio concluyeron que me lo había inventado para llamar su atención o que los castigaba con historias raras por haberme dejado en casa con aquella tata tan ineficiente; pero ambos me aseguraron que sus corazones presagiaron algo más. Y ese algo les produjo temor; y por eso decidieron no hablar más del tema con nadie ni darle mayor importancia.

Pensaron que con el tiempo me olvidaría y que hasta no volvería a experimentar nada raro en mi vida. ¡Ja! ¡Qué ilusos! Desde entonces, no he parado de ver almas del purgatorio. Y si eso no es raro, que me lo digan a mí. Ni ellos, ni yo, estábamos preparados para lo que la vida me exigiría a partir de ese momento.

Si esta primera experiencia impresionó a mi familia, quizá la segunda que viví les marcó para siempre, pues a raíz de ella empezaron a tomar cartas en el asunto. Ésa fue la que definitivamente les convenció de que yo era una niña de lo más peculiar, un alma elegida de Dios que veía y podía tener contacto con los espíritus del más allá.

Ocurrió aproximadamente dos años después del trompazo en la cocina, cuando tristemente mi abuelita murió y fuimos a enterrarla. Acudí al cementerio junto a toda mi familia para darle el último adiós. Recuerdo que mi madre lloraba mucho, pues había sido una abuela muy linda, buena y amada por toda la familia. Acudimos muchos miembros familiares a despedirla y oramos con todo el corazón.

Mi madre me sujetaba fuertemente de la mano y yo me apretujaba contra ella, sentía gran dolor en mi alma de niña al saber que ya no volvería a ver más a mi adorada abuelita. En un momento indeterminado durante la homilía que pronunciaba el sacerdote, me sequé un poquito las lágrimas con la palma de una mano, suspiré profundamente y levanté la mirada.

Y entonces fue cuando las vi. Ahí, rodeándonos por todas partes, mis ojos toparon con los de un sinfín de personas que yo jamás había visto antes. Me sorprendió muchísimo que aquellos extraños me miraran sólo a mí y, sobre todo, que vistieran de la misma manera. Llevaban un traje blanco o más bien una bata larga hasta el suelo con manga calada. El extremo inferior me permitía verles las puntas de los pies... ¡Y todos estaban descalzos!

«Pero ¿quién es esta gente y qué hacen sin zapatos? Cogerán frío...», pensé llena de asombro. Las caras reflejaban una enorme tristeza, como si estuvieran esperando algo que nunca llegaba o como si nadie les amara. Ninguno de ellos me pareció agradable a la vista, pues sus rostros eran poco agraciados. Parecían demacrados, incluso tintados con un color ceniciento.

«¡Pobrecitos! —pensé—. Quizá estén todos enfermos... o simplemente no se han bañado en muchos días. ¿Por qué no se lavarán?» Los había de todas las edades: ancianos, jóvenes, mujeres, varones y hasta niños de unos seis o siete años. ¡Y todos me miraban sonriendo con gran ternura y melancolía!

Una mujer de aspecto deplorable, con greñas y mirada perdida, clavó sus ojos en los míos, tras lo cual levantó suavemente un brazo y me señaló. Entonces me invadió un temor que jamás en mi vida había sentido antes. ¿Qué significaría todo aquello? Y, sobre todo, ¿por qué nadie parecía percatarse de la presencia de aquellos extraños? Cerré los ojos con firmeza, me aferré con más ahínco al regazo de mi madre.

—Mami, mami, mira a ésos —susurré.

—¿Qué dices, nena? No llores, corazón, la abuelita ya descansa e irá al cielo.

—Pero, mami —insistí abriendo un poquito un aterrorizado ojo para descubrir que todos continuaban ahí y que aquella anciana seguía señalándome con un afilado dedo.

—¡Shhh! Calla, nena, y escucha al sacerdote. Luego

me cuentas tus cositas que ahora estamos rezando por tu abuela.

¡Cositas los llamó! ¡Ah! ¡Cositas! Porque claro, pobrecita ella, ¿cómo iba a imaginar lo que realmente estaba viendo?

Volví a abrir los ojos y vi que aquellos extraños invitados al entierro de mi abuela murmuraban cosas, pero yo no podía entenderles. Parecía que deseaban decirme algo o comunicarse conmigo pero, en mi cabeza, sólo sonaba el siseo y el murmullo de un montón de gente hablando a la vez. Se asemejaba al jaleíllo que se escucha en una gran sala antes de comenzar una conferencia. La gente habla entre sí, se cuentan sus cosas, pero uno no es capaz de entender lo que dicen, pues las palabras se mezclan, se diluyen en el aire y se revuelven.

Sin embargo, yo sabía que estaban intentando transmitirme algo. Y también supe que ellos notaban que yo les tenía miedo. Quizá por ello mantenían cierta distancia y no se acercaban más allá de cuatro o cinco metros. Creo que entonces me convencí de que yo era la única que los veía, pues ninguno de mis familiares, ni el sacerdote ni las amistades que nos acompañaban durante el entierro, parecían darles importancia. Estuve segura de que si alguien los hubiera visto, ¡no habría podido evitar decir algo al respecto! Era imposible ignorar aquel panorama y por eso concluí que aquellas gentes no eran normales; tenían que ser a la fuerza, digamos... diferentes a nosotros. Pero lo peor fue descubrir que sólo yo las veía.

Y tuve mi confirmación al abrir de nuevo los ojos, pues para mi total asombro algunas habían desaparecido. ¡Puff! Como si nada. En un abrir y cerrar de ojos, y nunca mejor dicho. Pero ¡aparecieron otras diferentes! Entre ellas me pareció ver a una mujer india, con el aspecto de las chiquitas que viven en las montañas de mi país, con el pelo trenzado como les gusta llevarlo a ellas.

No pude revelar a nadie lo que me estaba ocurriendo. El terror me lo impedía y mis padres parecían ausentes a todo. Se limitaban a llorar y a recibir pésames y abrazos, y a mí no me hacían caso alguno. Cuando por fin nos marchamos, miré hacia atrás y me espanté al ver cómo muchos de aquellos fantasmas me seguían hacia la puerta principal del cementerio. ¡Se habían puesto a caminar detrás de mí!

Y entonces, presa de la tensión y el miedo, tuve una gran pataleta, me eché a llorar desconsoladamente y mi padre me tuvo que cargar en brazos. «Pobrecita —decía—, esto es muy duro para una niñita de siete años...» ¡Y tan duro! Si mi padre hubiera sabido entonces la verdad...

Yo escondía el rostro entre el hueco de su cuello y el hombro y, de vez en cuando, asomaba un ojito, así, sólo un poquito. Algunos de los espectros se habían quedado alejados, pegados a las tumbas. Parecía que no se atrevían a moverse de ahí o simplemente que algo les impedía hacerlo, no lo sé. Sin embargo, otros más activos me siguieron hasta por la calle. Pero éstos fueron pocos, quizá unos ocho o nueve.

Después se esfumaron tan misteriosamente como antes habían aparecido ante mi vista. ¡Ah! ¡Qué horror! Aquello fue muy duro. Tardé un par de semanas en relatar lo experimentado a mis padres, quienes muy preocupados pensaron que el fallecimiento de mi abuela me había afectado hasta el punto de hacerme perder la cordura.

Y ahí empezó mi largo caminar por las consultas de psicólogos, psiquiatras y especialistas de la mente, que me ha perseguido hasta la actualidad. Y aunque todos y cada uno de los resultados a los que les han conducido sus estudios dicen que soy una persona cuerda e intelectualmente ágil, hasta yo a veces he temido estar rematadamente loca. Pero, ¡no! Los psiquiatras me aseguraron que desconocían la causa de que experimentara este extraño fenómeno de ver almas y que, desde el punto de vista de su ciencia, estaban en punto muerto. La psiquiatría no entiende de estas cosas si el sujeto está cuerdo y, al parecer, yo lo estoy. ¡No sé si es un alivio, chica!

En cuanto a mi don especial, sólo los sacerdotes católicos me han entendido y ayudado. Pero ¡lo que tardamos en acudir a la Iglesia, Dios mío! Qué torpes estuvimos y cuánto tiempo perdimos. Si lo hubiéramos hecho antes nos habríamos ahorrado un montón de dinero en médicos, lágrimas y mucho miedo.

Qué tozudo es el ser humano. Primero busca en la ciencia explicación a lo extraño, aun sabiendo que la más avanzada del planeta no se acerca ni por asomo a la realidad de las cosas. Y cuando luego ésta falla, entonces se acerca a Dios. ¿Y por qué no se arrima antes a Dios? ¿Acaso no lleva la Iglesia estudiando este tipo de cosas desde hace dos mil años? ¡Por qué seremos tan burros los católicos!

Por eso tardamos dos largos años en ponernos en manos de la sabiduría de la Iglesia. Aburridos de que todos los psiquiatras y psicólogos que visitábamos nos dijeran que yo era normal y que no entendían qué rayos ocurría, mi tía propuso la feliz idea de ir a relatar todo a un sacerdote de su confianza. Se trataba de un viejito listo, santo y amable, que me escuchó con mucha paciencia y me hizo un sinfín de preguntas.

Al final de nuestra larga plática miró a mis padres y les dijo: «Su hija es un caso muy especial. Ella posee un gran don que el Señor le ha concedido y que regala a muy pocas personas. A su hija lo único que le pasa es que ha recibido la gracia de ver a las benditas almas del purgatorio.»

¡Caray! ¡Menudo susto nos llevamos todos! Yo la primera, pues aunque sospechaba que lo que veía eran fantasmas, jamás nadie me lo había asegurado con tal rotundidad. ¿Que qué hicieron mis padres? Pues se quedaron petrificados durante unos segundos, tras los cuales mi madre se echó a llorar como si le hubieran dicho que yo era una asesina. En cambio mi padre, aunque se puso muy pálido, preguntó algo coherente.

—Bueno y ¿ahora qué hacemos con ella?

El viejito sabio sonrió antes de contestar.

—Pues quererla mucho y enseñarle a orar desde el corazón por las almas del purgatorio, pues ellas saben que Julieta las ve y que conoce que su estado ha quedado estancado entre el cielo y la tierra. En otras palabras, lo que la niña ve son espíritus que no han llegado aún al cielo y la única manera de conseguir ayudarles es orando, haciendo pequeños sacrificios u ofreciendo una misa por ellos. La Iglesia católica ha investigado miles de casos como el de Julieta. Así que tranquilícense si les digo que no es un caso único en la historia.

»Desde hace muchos siglos en nuestra religión se ora por los difuntos y la celebración de una misa es el arma más poderosa para liberarles de ese estado; el alma no ha llegado al cielo, y la misa funeral, o réquiem, se ofrece precisamente para eso. La misa es siempre el infinito santo sacrificio de la sangre y el cuerpo de Cristo, pero el réquiem o la misa de los difuntos contiene en su liturgia ciertas oraciones especialmente elaboradas por la Iglesia para liberar a las almas. Durante mucho tiempo en la misa de réquiem el sacerdote celebrante vestía casulla negra; ahora puede utilizar el color morado. Ése es un muy buen modo de ayudarlas.

—¿La niña va a tener que ofrecer una misa por cada fantasma que ve? —preguntó mi madre con ojos desorbitados.

—Sería una buena solución, señora —contestó el viejito rascándose la calva.

—Pues sí que... —añadió mi padre.

—Pues sí que nada, señor. Usted tiene una hija con un don; un don especial que puede hacer feliz a millones de personas, a montones y montones de almas que se han quedado enganchadas en un purgatorio quizá por espacios de tiempo extraordinariamente largos. Casi nadie en la Tierra puede verlas. Conozco muchas historias documentadas sobre santos y no tan santos que en el pasado han sido bendecidos con la misma gracia que su hija y todos la han aprovechado por el bien de las almas. Como padres de Julieta, deben enseñarle los tesoros que la Iglesia católica guarda al respecto de este gran don.

—Pero ¿cómo puede una niñita como mi hija ofrecer misas y misas? —preguntó mi madre entre lágrimas y suspiros—. ¡Es tan sólo una criatura!

—Sí, señora, una criatura; pero los niños también pueden rezar, ¿no? Y ante los ojos de Dios, la oración o un ayuno de un niño vale más que un millón de oraciones de un adulto.

—Y... y... ¿cuánto va a durar esto? —intervino temblorosa mi tía, que había permanecido hasta entonces callada como una muerta.

—Pues el tiempo que Dios quiera. Quizá toda su vida. No se apuren tanto, ¿acaso no se dan cuenta de que se trata de un regalo del cielo?

¡Ay, cuando el curita sabio dijo esto, la que se armó! Porque mi madre se puso a chillar como si le hubieran pisado un pie. Mi padre, harto de tanta cosa rara, me cogió de la mano y me sacó de la iglesia a base de zarandeos.

—Ya veremos si esto es un regalo como dice este cura. Como sigas diciendo que ves fantasmas, te mato a palos. ¡No sé qué vamos a hacer contigo! Y escucha bien: ¡a partir de ahora te prohíbo terminantemente que vuelvas a ver almas! ¿Me oyes? Prohibido, nena. ¡Pro-hi-bi-do! —gruñía mientras me metía bruscamente en el coche.

Yo lloriqueaba sin entender nada. ¿Por qué se mostraban todos enfadados conmigo? ¡Yo no tenía la culpa de ver almas! Además, pasaba un miedo atroz cada vez que me topaba con una. Y así ha seguido mi vida, entre el amor y las trifulcas de los míos porque ninguno entendíamos nada. Y yo, venga a ver almas en cementerios, funerales, iglesias, tanatorios, por la calle, en el metro, en el cine. ¡En todas partes, chica!

¡Ah!, que quieres que te cuente más anécdotas. Bueno, las tengo a miles. Imagínate... Desde los siete años hasta ahora que tengo treinta y cinco, ¡la barbaridad de almas que me han visitado! Un horror, hija. Pero no podrás escribir sobre tantas anécdotas, ya que tendrías que hacer una enciclopedia sólo con mi caso. Tus lectores se acabarían aburriendo, como se han hartado muchos en mi pueblito de mí y de mis cosas raras.

¿Que al menos te cuente un par de ellas más?

Mmmm... Bueno, lo intentaré. Quizá alguna de las que más me han impresionado.

Bueno, te diré que desde aquella entrevista con el sacerdote viejito y sabio, he recibido el consuelo y la guía de muchísimos sacerdotes más. Tanto en Colombia como aquí, ningún cura me ha dejado de lado y ninguno se ha reído de mis experiencias. Los psiquiatras sí se ríen de mí, sobre todo al principio. Pero los sacerdotes no;

ellos me han dado siempre cariño y me han atiborrado de oraciones muy hermosas, antiguas y más recientes.

Con el tiempo y los tests, los psiquiatras dejan de burlarse también, sobre todo cuando empiezan a sospechar que estoy cuerda. Entonces se asustan y me sueltan que estoy sana y que me vaya de su consulta porque no necesito a un médico ni a su ciencia. Yo creo que les doy miedo.

Chica, yo sé que eres hija de psiquiatra y que le admirabas mucho, pero ¡hay algunos psiquiatras que...! ¡Uf! Deberían estar dedicándose a otra cosa. Pero bueno, volviendo a lo de las anécdotas. Veamos...

¿Que te relate alguna que me ha ocurrido recientemente? ¡Oh, sí! Esta que te voy a contar me ha pasado hace muy pocas semanas. Es muy curiosa. Verás.

Un día telefoneé a mi amiga Isabel, una muchacha entrañable que se ha portado muy bien conmigo aquí en Madrid, para que me acompañara a oír misa. Yo voy a misa a diario, ¿sabes? Sí, soy de esos bichos raros que aún rezan todos los días por aquí.

—No puedo aceptar —me contestó—, pues se me ha muerto un familiar hace unos días y hoy celebramos su funeral.

—Bueno, la eucaristía de un funeral es exactamente igual a la de una misa cualquiera. Así que puedo acompañarte de todas formas. ¿Tienes algún inconveniente? —pregunté.

—¡Pues claro que no! —contestó contenta—. Si no te lo he ofrecido antes es porque tendré que sentarme lejos de ti, ya que mi familia me reservará un lugar con ellos en la parte delantera de la iglesia.

—¡Oh, no me importa! No te molestaré. Me quedo detrás y cuando todo haya terminado y hayas atendido a amigos y parientes, nos podemos ir a tomar una caña por ahí. ¿Qué te parece?

—¡Me apetece mucho! Nos vemos entonces en la iglesia (X), en la calle (X) a las siete y media horas. ¿De acuerdo?

—¡Perfecto! —le dije—. Hasta luego entonces.

Pero en cuanto colgué me sentí un poco cohibida. Y es que Isabel es una dama de la alta sociedad, muy querida por mucha gente y conocida por todavía más. Me la presentó un sacerdote amigo y desde entonces se ha portado conmigo como una verdadera hermana, me ha brindado su cariño y su compañía, y no le ha importado que yo perteneciera a otro grupo social.

De pronto caí en que tal vez me sentiría como pez fuera del agua, ya que al ser la persona fallecida de muy alta cuna, la iglesia estaría repleta de damas y caballeros con los que yo nada tendría que ver. Ya sabes que a ese tipo de funerales acuden muchísimas personas que, tristemente, convierten el servicio religioso en un acto social.

Pero después de meditarlo un poco, concluí que Dios miraría mi corazón y no mi vestido, y que nada debían importarme las opiniones sobre mí de aquellas personas. Tan sólo debería mostrar interés por mi deseo de orar y por recibir la eucaristía cerca de una buena amiga. Por lo tanto, acudí.

Cuando al fin llegué me fue muy difícil entrar en la iglesia. ¡Estaba abarrotada hasta los pasillos! No había caído en el hecho de que un funeral celebrado por alguien popular o de la alta sociedad atraería fieles como miel a las moscas. La gente dentro del templo se veía muy elegante, hermosa y de buen parecer. Me topé hasta con algún que otro periodista fotografiando a algunos de los asistentes, cosa que me pareció de muy mal gusto, pues consideré que con tal actitud mostraba poco respeto hacia el difunto y sus familiares.

A todo esto a Isabel no se le veía por ningún lado.

Como soy bajita, no podía ver nada. Me rodeaban muchas personas más altas que yo y, aunque me puse de puntillas, no alcanzaba a ver más allá del cogote de los asistentes con los que me codeaba. Intenté avanzar un poco y a base de pequeños y corteses empujones logré alcanzar la última fila de bancos. Los asistentes me apretujaban y sentí lástima por alguno de ellos que, a edad muy avanzada, no lograba encontrar asiento.

«Bueno, parece que tardaré en ver a Isabel —pensé resignada—. Es imposible que me la tope ahora. Debe de estar cerca del altar junto al resto de los parientes del difunto, ¡y yo estoy aquí tan lejos! Apenas veo nada.» La ceremonia religiosa comenzó y un coro de voces hermosísimas se dispuso a acompañarla. ¡Qué bonito era aquel servicio religioso!

De pronto me fijé en una viejita que paseaba agitada de arriba abajo, entre las personas que habían acudido a la iglesia. Parecía contenta y sonreía a todo el mundo. Vestía un traje blanco, cosa que me sorprendió sobremanera, pues a un funeral se intenta ir vestido con colores tenues u oscuros. La anciana miraba a la gente que estaba sentada en los bancos, a los que estaban de pie, al sacerdote que oficiaba... ¡A todo el mundo! Y sonreía murmurando: «¡estás aquí!» o «¡has venido también tú!, gracias; ¡cuánto te lo agradezco!».

De vez en cuando se alejaba de mí y entonces la perdía de vista entre las grandes espaldas de algunos de los orantes, pero al minuto volvía a descubrirla luchando por pasar entre las personas y por regresar hacia la parte posterior de la iglesia. De pronto su mirada se cruzó con la mía y se me acercó. Fue entonces como ante mi estupor, me di cuenta de que estaba descalza.

«¡Oh, no, por favor! —pensé llena de congoja—. ¡Esta mujer es la difunta!»

212

Yo no sabía que la persona fallecida era una mujer, pues Isabel nada me había dicho al respecto. Simplemente me había anunciado que había fallecido un familiar. La viejita se puso a mi lado en un santiamén, me miró llena de ternura y se me acercó al oído. Con una voz suave y cálida, noté hasta el dulce candor de su aliento en mi oreja, me susurró: «Isabel está en el tercer banco de la derecha, entre un señor alto con bigote y una sobrina mía que lleva una camisa gris.»

Yo me quedé de una pieza. Sentía que el corazón me palpitaba a la velocidad de un tren en plena marcha y que en cualquier momento alguien notaría mi palidez. Cerré los ojos, respiré profundamente y con un suave hilo de voz, alcancé a decir: «Gra... gracias.»

El señor de mi izquierda, un cincuentón encorbatado con plante de duque, me miró algo sorprendido.

—¿Me ha dicho algo, señorita? —dijo con un perfecto acento madrileño.

—No, nada, nada... —contesté.

Cuando volví de nuevo la cabeza para ver si aquella viejecita aún estaba a mi lado, ya había desaparecido.

«¡Dios mío que no la vuelva a ver!», oré angustiada.

Y como el Señor es bueno, me escuchó. Así pude acabar el servicio religioso sin más sobresaltos. Cuando finalizó la celebración y la gente se comenzó a marchar, pude abrirme paso hasta ese tercer banco de la derecha donde encontré a Isabel tal y como me había dicho el alma de la difunta.

—¡Hola, Julieta! —dijo alegremente mi amiga al verme—. ¿Qué tal todo?

«Si yo te contara...», me dieron ganas de contestarle.

Después, ya en el refugio de una cafetería, relaté a mi amiga lo que me había ocurrido durante el funeral. Ella

213

ya sabía mi secreto, pues hacía tiempo que le había abierto mi corazón y se lo había confiado todo.

—Julieta —me dijo—. No quiero ofenderte, pero quizá sería interesante si me describieras a mi tía. Yo podría entonces descubrir si verdaderamente la has visto a ella o a otro espectro.

Y entonces describí con pelos y señales los rasgos físicos de aquella mujercilla que me había hablado vestida de blanco y sin zapatos.

—¡Caray, Julieta! —contestó Isabel atónita—. Me la has descrito a la perfección... ¡Uf, qué miedo!

—Bueno, esta vez yo no lo he sentido. ¡Si vieras lo que he tenido que pasar en otras ocasiones! Eso sí que es pavor.

—¿Ah, sí? ¡Cuéntame algo sobre la experiencia que más te ha hecho padecer! —me insistió curiosa.

—Pero ¡si he sentido temor en todas!

—Bueno, alguna habrá que te habrá impactado más que otras.

—Sí, claro...

—¡Cuéntamela, Julieta!

—A ver que piense... Bueno, me ocurrió una que, vaya, vaya. ¿Estás segura de que quieres saberlo? A mí me dejó temblando durante muchos días.

—Me mata la curiosidad, Julieta.

—Bueno, vale, te la cuento.

Y entonces le relaté el suceso que más miedo me ha producido en mi vida y por el que lloré durante días. Yo creo que aquello fue el detonante para que me marchara de Colombia. ¡Simplemente fue tremendo! Me vio tanta gente sufriendo y cotillearon sobre mí tantas personas después de aquello, que no pude más. Pocos meses después de que me ocurriera tan penoso suceso, embarqué rumbo a Madrid buscando una nueva vida, un nuevo futuro y una existencia donde nadie supiera de mi extraño don, una tierra en la que pudiera vivir en paz lejos de mirones curiosos y críticas constantes.

¡Ah!, que tú también quieres saber qué me pasó, vaya curiosa que eres. ¡Me recuerdas a Isabel! Bueno, aquí va, espero que tus lectores no se asusten demasiado.

Esto que te voy a relatar me ocurrió hace tan sólo unos cuatro años. Por entonces todos mis seres queridos y mis amistades de Colombia conocían que yo poseía esta gracia tan peculiar. Sin embargo, aún lograba mantener el secreto frente a ciertas personas y rogaba a aquellos que lo sabían que fueran discretos.

Ocurrió a raíz del fallecimiento del padre de una de mis íntimas amigas. Yo salía por entonces con una pandilla de amigas de mi pueblito. Nos conocíamos desde la infancia y nos apreciábamos muchísimo, lo que me obligaba moral y afectivamente a acudir al tanatorio y acompañar a mi muy afligida compañera en tan mala situación.

¿Que si quería ir? ¡Por supuesto que no! ¡Qué cosas preguntas! Ya te he dicho que dada esta capacidad de ver almas, procuro por todos los medios evitar el tener que acudir a entierros y tanatorios. Como ya te he explicado, en los cementerios es donde padezco más visiones; en los tanatorios me ocurre algo parecido.

¡La experiencia que me esperaba en éste, Dios mío! Y aún sospechándolo, no lo pude evitar. ¡Cómo decirle a mi amiga que no acudiría! Habría herido sus sentimientos. Así que ahí me presenté junto a mi grupo de amigas, con el ánimo de dar un poco de calidez a la familia del difunto y alegrar el corazón de mi amiga.

Cuando llegamos, los parientes del fallecido estaban en una gran sala rodeando su cuerpo inerte y rezando el santo rosario para aliviar su alma. Yo me senté junto a mis amigas en la última fila y uní mis plegarias a las suyas. Pero, ¡ay!, de pronto me invadió una gran necesidad de acudir al lavabo de señoras. Ya sabes, se trataba de esos pequeños problemas femeninos que nos obligan a mantener la higiene en los momentos más inoportunos. Cuando ya me iba a levantar para solventar el problema, se apoderó el miedo de mí.

«¿Y si me ocurriera algo extraño durante mi pequeña escapada? —pensé—. ¡Ya estoy escaldada de cosas raras!»

Y por esa sospecha fundada rogué a la amiga Luciana, que estaba sentada junto a mí, que me acompañara.

—Pero ¡estamos rezando por el padre de Vilma! —me respondió—. ¿No puedes esperar un poco?

—Me temo que no... —dije.

—Bueno, está bien.

Salimos a hurtadillas con el ánimo de no molestar a nadie y pronto encontramos los lavabos de señoras.

—Mira, Luciana —le dije—, tú me esperas aquí contra la puerta del lavabo, pues no hay picaporte.

—Pero ¡si no va a entrar nadie! —contestó riendo.

—Ya, pero por si las moscas.

Y es que algún gamberro había extraído el picaporte de un golpazo y había roto las tuercas que lo sujetaban a la madera de la puerta. Así había quedado un agujero en el espacio donde tendría que haber estado y cualquiera podría asomar un ojo y verme en ese momento tan íntimo. Como supondrás, no me hacía ninguna gracia.

Además, también latía en mi corazón el permanente miedo que siempre me acompaña en los tanatorios. ¿Y si se me aparecía un alma en pleno aseo? Ya sabes que tal temor lo llevo enganchado siempre como si lo prendiera una chincheta de mi mente. ¡No me libro nunca de él! Mi amiga Luciana puso los ojos en blanco:

—Venga, Julieta, anda, apúrate. Haz lo que tengas

que hacer, que yo me apoyo contra la puerta y tapo con mi cuerpo el agujero. Pero ¡no tardes!

—¡No, no! ¡Qué voy a tardar!

Y ahí me metí, en el cubículo del excusado donde me di toda la prisa posible. No estaba ni a medio camino de terminar, cuando Luciana recibió la llamada de su madre desde la puerta.

—¡Niña! ¿Qué haces ahí? Te estaba buscando por todas partes —la oí que decía malhumorada.

—Es que estoy esperando a que Julieta acabe...

—¡Nada, nada! Déjense de tonterías. Ni que fueran bebés. El sacerdote ha llegado y vamos a celebrar una misa. ¡Te vienes conmigo!

¡Ay, el miedo que me entró entonces! Yo no podía correr más. Ya sabes qué pesados son a veces los problemas femeninos, así que le dije:

—No te preocupes, Luciana, y ve con tu madre. Yo estoy contigo en un par de minutos.

—¿Estás segura? —preguntó algo apurada.

—Bueno...

—No te asustes, Julieta. Si veo que no regresas, volveré a por ti en ese par de minutos.

—Vale.

Y se fue. Salió apresurada del lavabo de señoras y yo me quedé ahí, en el excusado sospechando que algo ocurriría. ¡Y vaya que si ocurrió!

Terminé mis cosas privadas y salí del excusado. Me dirigí hacia el lavabo donde me dispuse a lavarme las manos antes de salir. Y entonces, al levantar la vista aún con las manos rociadas con pompas de jabón, vi en el espejo mi cuerpo totalmente rodeado de personas que no conocía de nada. Todas lucían semblantes desesperados, ojos llenos de angustia y aspecto demacrado. El color de la piel era tosco, de un gris ceniciento.

Las vestimentas eran las que tantas veces había visto que lucían las almas: blancas, con las mangas caladas y largas, pero que dejaban ver los pies descalzos. ¡Todos se me arremolinaban y hablaban a la vez! Yo no podía oír claramente lo que me decían pues se trataba de un murmullo generalizado, mezclado y desordenado.

Lo peor fue que vi cómo unos se empujaban contra otros, incluso alguno intentaba sacar del espacio del espejo a otra alma de un codazo para que yo pudiera verle más claramente a él. ¡Parecía como si todos desearan que les hiciera caso! Aquellas personas pertenecían a todo tipo de raza y color, y sus edades variaban de un extremo a otro, pues entre ellos vi a ancianos, jóvenes, adolescentes, mujeres muy bellas y también horrendas, hombres con aspecto grotesco y otros hermosos. Pero todos tristes, muy acongojados.

Intentaban tocarme, agarrarme por la espalda, por los brazos, por las manos... pero no lo lograban, pues cuando se suponía que habían alcanzado mis miembros, ¡fus!, sus dedos pasaban a través de mí. Entonces se desesperaban y algunos lloraban con gran tristeza. Yo estaba a punto de desmayarme. Me miré el rostro y lo tenía pálido, demacrado, ¡estaba bloqueada por el miedo!

Comencé a rezar despacito en voz alta y rogaba al Señor que me quitara ese don que Él decidió concederme desde niña. ¡Simplemente sentía que se me escapaba la vida en ese tormento!

«Dios mío —le decía entre lágrimas—, llévatelos... ¡Haz que se vayan!» Pero el Señor permitió que aquel tormento durara más de media hora. ¡Luciana no cumplió su promesa de regresar a por mí! Y yo ahí, paradita y esperando no sé qué. Y es que el pavor de presenciar aquella visión no me permitía moverme.

¡Dios mío, cuánta tristeza vi en aquellos rostros! Parecía que me consideraban su única salvación. Me recordaban a los náufragos que se ven en la tele cuando alzan sus manos hacia los soldados que desde un helicóptero del ejército acuden a rescatarles.

Y entonces, gracias a la misericordia divina, entró de golpe en los lavabos mi amiga Luciana. «¡Oh! —exclamó temblorosa al verme totalmente bloqueada y pálida como un cadáver—. ¿Qué te pasa? ¿Acaso te están acosando tus fantasmas? ¿Qué puedo hacer por ti?» En cuanto dijo esto, así, de golpe, desaparecieron todos aquellos espectros no sin antes mirar llenos de desesperación a Luciana, como comprendiendo que no tenían permiso del cielo para aparecerse a nadie más que a mí.

Ni que decir tiene que mi pobre amiga tardó otra media hora más en calmar mi llanto y nerviosismo y, claro, esto provocó que entraran más amigas para ver qué porras nos pasaba. A los pocos minutos todos los familiares del difunto que oraban fuera de los lavabos se habían enterado de mi extraña experiencia. Y así no tardaron en comenzar los comentarios burlones y las críticas mordaces hacia mi persona.

—¡Ah! —decían—, Julieta y su morboso don. ¡Qué rara es!

—Yo creo que está totalmente chalada —oí susurrar a la abuela de mi amiga Carmelita a su compañera de banco.

¡Yo me sentí tan desgraciada! Tenía los nervios a flor de piel, me quería marchar de aquel lugar lo más rápido posible y no quería ser más el centro de la atención entre mis conocidos.

Si quieres que te diga la verdad, aquella noche no recé. Estaba un poco enfadada con Dios Padre por haberme concedido un don tan difícil de llevar. «Señor —le dije entre lágrimas—, prefiero que me lleves contigo ahora mismo a seguir viendo almas del purgatorio.»

Pero no me ha hecho caso. Ya ves, aquí sigo cargando aún con mi extraño don, aunque ahora sea en España.

* * *

Madrid, 4 de julio de 2006

Mi querida Julieta:

¡Nunca hasta ahora he conocido a nadie como tú! Has de comprender que para los de a pie eres un caso muy curioso, porque una cosa es ver un alma esporádicamente y otra muy diferente que se perciban a todas horas.

Es difícil cargar con esa gracia tan grande que Dios te ha concedido, tan poco entendida por el mundo y tan desconocida para la mayoría de los católicos. Sin embargo, no quería publicar tu testimonio sin proporcionarte un pequeño consuelo, que tal vez pueda aliviar tu miedo.

Creo que las almas del purgatorio no te pueden hacer daño. Piensa que Dios consiente que las veas sólo por pura misericordia para que alivies su dolor y padecimiento. Por lo tanto, no debes temer nada. Ellas están mucho más interesadas que tú en llegar pronto al cielo, por lo que si oras con fervor desaparecerán para siempre de tu vida.

Claro que existe el riesgo de que te lleguen otras nuevas, pero ¡no te preocupes! Puedes volver a orar y una vez en el cielo, no cesarán de interceder por ti. Las benditas almas del purgatorio pueden ser de una ayuda inestimable. Para ilustrarte un poco lo que te quiero explicar, a continuación te relataré un hecho que me han revelado ciertas personas cuyo nombre no puedo darte, pues desean no ser nombradas en el presente escrito. Lo acontecido es real y se desarrolló de la siguiente forma:

Una joven salió de su trabajo una noche de invierno bastante tarde. Se encaminaba a su casa con grandes prisas, pues la peligrosidad de la ciudad en la que vive ha aumentado mucho en tiempos recientes. La muchacha no sabía si tomar un atajo entre callejuelas o atravesar una avenida más transitada que la obligaría a dar un gran rodeo.

Esta joven, creyente y muy devota de las almas del purgatorio, se encomendó a ellas con fervor. «Por favor —oró—, ayudadme. Que no me ocurra nada peligroso mientras atravieso este atajo, pues ya sabéis que sus callejuelas son peligrosas, se producen robos en ellas y están muy poco iluminadas.» Con el corazón en un puño y poniendo toda su confianza en todas esas almitas que ella creía haber liberado de ciertos sufrimientos con sus muchas oraciones pasadas, se lanzó hacia aquellas callejuelas.

No había atravesado ni dos de ellas, cuando atisbó tras una esquina a un muchacho de aspecto violento. Tenía la cara encendida, los ojos le brillaban y algo le susurró a su intelecto que tendría problemas con él. Dudó unos segundos tras los cuales recordó que si daba la vuelta hacia la avenida, perdería más del doble del tiempo ganado. Preocupada y con todos los músculos en tensión, decidió confiar en las benditas almas del purgatorio y seguir adelante.

Aquel hombre se acercó hacia ella, la miró de reojo y siguió su camino. Nuestra muchacha sintió un gran alivio, aligeró la marcha y por fin alcanzó su casa en pocos minutos. A la mañana siguiente mientras tomaba un café antes de salir para el trabajo, oyó en la radio que la noche anterior, media hora después de que ella atravesara tal callejón, una joven fue violada brutalmente por un desconocido. La víctima estaba malherida, pero lo suficientemente lúcida como para haber hecho una descripción muy clara y definida a la policía.

Nuestra protagonista no lo dudó un instante. Llamó al trabajo para avisar de que llegaría algo tarde y acudió rauda a la próxima comisaría, donde le fue confirmado el exacto lugar de la violación. «Yo pasé tan sólo media hora antes por el mismo sitio y vi a un muchacho de aspecto extraño», dijo.

La policía entonces la interrogó a fondo y la llevó a conocer a la pobre víctima, quien se recuperaba de sus graves heridas en el hospital. La descripción que ambas jóvenes hicieron del violador era casi idéntica. Con tales datos, la policía puso en marcha una gran búsqueda que dio sus frutos, pues tan sólo una semana y media después, el violador fue apresado.

Cuando ambas muchachas lo vieron tras el cristal de reconocimiento, no dudaron ni un instante. «Es él», dijo nuestra protagonista. El muchacho fue interrogado duramente por un equipo policial y después de una ardua lucha psicológica, reconoció su culpa.

—¿Y por qué no se decidió usted a atacar y violar a la primera muchacha que se metió en el callejón? —le preguntó el fiscal durante el juicio.

—Me hubiera sido muy difícil —contestó con expresión llena de sorpresa.

—¿Por qué?

—Pues porque ella no iba sola. La acompañaban dos hombres, uno a su izquierda y otro a su derecha, que me miraron con gran agresividad.

Un fuerte abrazo,

LA AUTORA

Testimonio núm. 7

HERMANO JOSÉ LUIS, ERMITAÑO DE LOS HERMANOS DEL SANTÍSIMO SACRAMENTO

Siempre he sentido una gran devoción por las benditas almas del purgatorio, pero no te sabría decir cómo comenzó ni cuándo. Quizá los orígenes de mi gran respeto hacia ellas venga de atrás en mi vida, ya que mis padres siempre han profesado una fe profunda y una gran alegría a la hora de expresar sus convicciones religiosas.

En nuestro hogar colombiano se oraba desde que mis hermanos y yo éramos muy chicos. Dios ocupaba un puesto muy importante en nuestras vidas y, aunque en mi adolescencia me mantuve algo alejado de los sacramentos, siempre quedó una dulce semilla latente cargada de amor hacia la Iglesia en lo más profundo de mi corazón.

Yo no siempre me planteé ser hermano religioso y mucho menos se me pasó por la cabeza convertirme en sacerdote. ¿Te he dicho que dentro de poco me ordenaré? ¡Estoy con una ilusión tan grande! Mi fe es enorme, mi vocación seria y los tiempos de las grandes dudas ya pasaron. Aún queda un poco de tiempo para mi gran día y por ello dedico largas horas al estudio sobre tratados

223

teológicos. Los exámenes serán duros y se me exigirán notas altas, así que no me queda más remedio que trabajar con ahínco.

Sin embargo, no siempre mi fe fue tan grandiosa como lo es ahora, ni el Señor ocupó un puesto tan importante en mi corazón y en mi mente como lo hace hoy. Y precisamente en esa época de alejamiento personal de la Iglesia y de enfriamiento espiritual me ocurrió la única pero verídica experiencia con un alma del purgatorio. Jamás se ha repetido en mi vida un hecho parecido y no son pocas las veces que me he preguntado por qué el Señor, en su infinita sabiduría, permitió que me ocurriera aquello precisamente en un momento de sequedad espiritual.

El hecho sucedió hace relativamente pocos años. Yo era entonces un muchachillo demasiado joven al que le gustaba parrandear con mis amigos de Colombia, salir con muchachas lindas y enredar con algunos trabajos de poca monta. La diversión era el centro de mis inquietudes y, como cualquier adolescente cercano a la mayoría de edad, la vida se asemejaba a un constante ir y venir entre fiestas y bullicio. El futuro era incierto, pero la felicidad parecía brotar por cada esquina y mis preocupaciones eran nimias y casi inexistentes.

Sin embargo, las primeras tristezas no tardaron en llegar. Y lo hicieron como les suele ocurrir a muchos muchachos que en el hogar han estado felizmente mimados: con la obligación de hacer el servicio militar. Los primeros días fueron llevaderos, pues pensaba que se me abría una puerta a un mundo nuevo lleno de oportunidades interesantes como descubrir lo que podía suponer la convivencia con muchachos de mi edad, hacer nuevas amistades y, sobre todo, salir un poco de los mimos y cuidados excesivos de mi madre. ¡Me sentía libre! ¡Ah!, qué poco duró esa sensación de libertad.

Durante las primeras semanas todo parecía ir sobre ruedas. Mis expectativas de conocer nuevas gentes y escucharles hablar sobre sus vidas y experiencias no me defraudaron. Pronto hice amigos y comencé a aprovechar los duros días de entrenamiento para fortalecerme físicamente, soñar con regresar hecho un toro al pueblo y poder así sorprender a las muchachas de mi pandilla. Sin embargo, las horas amargas tocaron a mi puerta cuando yo ya creía tener el camino encauzado.

El causante de mi agonía fue un sargento que colocaron al mando de nuestro pelotón a eso de un mes de comenzar mi servicio miliar. No es que hasta entonces hubiera estado en el cielo pero, como te decía, todo era llevadero y si me apuras hasta entretenido por el simple hecho de ser una novedad importante en mi vida. El sargento que hasta entonces se había ocupado de dirigir a nuestro cabo primero fue trasladado sin previo aviso hacia las montañas. Eran tiempos difíciles para Colombia, donde el tráfico de cocaína hacía estragos en los bosques selváticos y traía de cabeza al país.

Aunque aquel primer sargento no era blando ni achicado de ningún modo, fue por lo menos humano. Nos hizo la vida más o menos llevadera y consiguió meternos en vereda en pocos días con inteligencia, dotes de mando y afán de trabajo duro. Cuando una mañana me levanté para descubrir que le habían trasladado y que en su lugar habían nombrado a otro sargento, me asusté. Y digo esto porque ya me había topado alguna vez con aquel hombre en los campos de entrenamiento y su presencia me impuso temor tanto a mí como a mis compañeros.

—Es un hombre insufrible —me dijo un compañero que conocía bien a nuestro cabo primero—. El año pasado fue enjuiciado a causa de la violencia que empleó con un soldado raso rebelde que osó desobedecer sus estrictas órdenes. Dicen que es terriblemente huraño, cruel y que su corazón es el de un hombre amargado.

—Pero ¿qué hace aquí? ¿Por qué sigue en el ejército? —pregunté preocupado—. ¿Tendremos que estar bajo su mando?

—No sé por qué permanece en este lugar... ¡Quién sabe! Quizá sea un gran militar o los superiores consideren que su mando es necesario. También desconozco si tendremos que lidiar con él. ¡No me gustaría nada!

«A mí tampoco», pensé.

Por supuesto, ni mi compañero ni yo podíamos vaticinar lo que muy pocas semanas después nos depararía nuestra aventura militar pues, como te digo, una mañana de calor tropical nos lo encontramos al mando de nuestro pelotón, con cara de hiena y sonrisa cruel en los labios.

Ya nuestro primer contacto fue delicado y utilizo esta sutil palabra porque no quiero emplear otra malsonante que te turbe. Porque aquel hombre comenzó su relación con nosotros preguntándonos uno a uno nuestro nombre, edad y provincia de procedencia. Esto te puede parecer una forma correcta de establecer un contacto, pero lo que no te he dicho es que cada vez que un muchacho contestaba, él clavaba sus fríos ojos en el rostro del soldado y tras unos intensos segundos enumeraba los pocos o muchos defectos físicos que encontraba en él.

Así comenzó a llamar uno a uno Manuel Orejas de Burro, Pablo Maricón de Bar, Camilo Monstruo de Feria, y así hasta una larga sarta de denominaciones que no hacían más que dejar el ambiente cargado de incomodidad y desagrado. Por supuesto yo no me libré de sus originales apodos, aunque me vas a permitir que lo omita, pues mucho dolor causó a mi persona durante aquella difícil época, además de ser grosero en extremo. Sólo te diré que hace referencia a mi pequeño tamaño pues, como bien sabes, soy bajito de estatura y algo tostado de piel. Dejémoslo ahí.

Los muchachos, todos jóvenes incultos y temerosos, no tardaron en utilizar tales apodos para meterse unos con otros. Y así comenzaron las peleas y la violencia porque, mientras a algunos poco importaba el mote que se le hubiera asignado, a otros sacaba de quicio, pues habían sufrido desde niños muchas burlas traumáticas a raíz de su fealdad física o su defecto en el rostro.

Debo aclarar que no fue sólo este hecho de las denominaciones lo que enturbió mi estancia en la mili, ya que a ello debo añadir los terribles entrenamientos a los que nos sometió este sargento cruel, que fueron extraordinariamente duros y exagerados. No es mi deseo relatarte ni uno solo de ellos. ¿Para qué? Conocerlos no acarrearía bien a nadie; además hace ya mucho tiempo que le he perdonado con la ayuda de Dios. Te reconozco que le odié profunda y desesperadamente y por su causa finalicé el servicio militar con un sabor amargo en la boca y pésimos recuerdos.

La única alegría que arranqué a mi estancia en el cuartel fue la amistad de dos o tres compañeros que compartieron conmigo las penas y sufrimientos de nuestra experiencia militar. Estos muchachos siguen hasta el día de hoy formando parte de mi grupo de amigos más entrañables y, aunque mi reciente vida como ermitaño no me permite tener contacto frecuente con ellos, sí procuro mantener cierta correspondencia para no perder de vista sus caminos.

Gracias al Señor el tiempo transcurrió; acabé mi terrible experiencia bajo el mando de aquel energúmeno y regresé junto a mi familia con grandes ansias de disfrutar el verano al lado de mi pandilla del pueblito en el que vivíamos. Los días pasaron serenos, con mucho sol, guayaba exprimida y baños en el río. Lo pasé bien, se disipó el dolor acumulado durante el largo invierno militar y comencé a olvidarme de aquel siniestro sargento que tanto pesar trajo a mi vida.

Hoy creo recordar con claridad cuál fue la causa de que me arrastraran los pies hasta la iglesia de la plaza de mi pueblito una mañana de brisa suave. Había alboroto y lágrimas en las casas por el repentino fallecimiento de alguien querido.

Don Cosme era un hombre de buena entraña, viejito y arrugado como la cáscara morena de coco, que hacía las veces de maestro y enfermero de todo el pueblo. Poseía un corazón cristiano y sonrisa apacible y durante muchos años fue mi profesor en la escuela. Yo le apreciaba mucho, así que cuando mi madre me comentó una mañana que durante la noche Dios se lo había llevado al cielo en un sueño dulce y profundo, me alegré por él.

—Mamá, al menos no ha sufrido —dije para consolar sus lágrimas.

—Sí, mi negro. Pero eso no impide que vayamos a la iglesia junto a todo el pueblo a rezar por su alma.

—¡Pero, mamá, si estará ya en el cielo! —respondí con enojo—. Porque más bueno y noble que don Cosme...

Y es que ya te he dicho que en esa época de mi vida yo estaba alejado de la Iglesia y los sacramentos, como les ocurre hoy a muchos jóvenes que tienen la edad que yo tenía entonces. Pero tú no conoces a mi madre, el caso es que por no hacerla rabiar y por desear evitarle un disgusto, me peiné, alisé la camisa y la acompañé a la iglesia para rezar por nuestro querido maestro. El pueblo entero había acudido a los sepelios.

«¡Pues sí que era amado don Cosme!», pensé. Ver a

tanta gente con semblante triste y pesar en la mirada me conmovió. Así que por primera vez en mucho tiempo, me concentré en la misa y recé con toda la fuerza y el cariño que pude por mi respetado maestrito de escuela, colocándome en posición de recogimiento sobre las rodillas, juntando las manos y cerrando fuertemente los ojos. Y así permanecí qué sé yo cuánto tiempo.

La ceremonia religiosa fue tierna y llena de encanto. Se notaba en el ambiente un pesar medio dichoso y es que hasta el día de hoy tengo el convencimiento de que aquel difunto subió muy prontito al cielo, quizá hasta en medio de la celebración de la misa.

A pesar de tener los ojos cerrados, me hacía a la idea por el oído de los movimientos y hasta de los sentimientos de las personas que me rodeaban. Me llegaba como un susurro dulce y caliente el rezo del rosario de mi madre quien, sentada a mi derecha, se apretujaba contra los culotes de mis tres hermanas. El calor era insoportablemente pegajoso y alguna que otra mosca se empeñaba en fastidiarme aún más, posándose sobre las gotas de sudor que brotaban de mi frente.

En mi profunda oración, fui también capaz de captar los lamentos que brotaban entre los asistentes, así como de muchos de los hipidos de las mujeres y los niños que rezaban en los bancos colindantes, por lo que no me extrañé al escuchar de pronto cerca de mi brazo izquierdo los sollozos desesperados de una persona. «¡Qué calor hace aquí y qué espachurrados estamos! —pensé incómodo—. Parecemos sardinas en lata y el señor de mi izquierda me está empezando a empujar.»

Sus lamentos se habían vuelto insistentes y profundos y, ante la inquietud que me estaba provocando su excesiva proximidad y el fuerte sonido de su llanto, elevé por fin la mirada. A mi lado estaba ciertamente un hombre de mediana edad, arrodillado, compungido de dolor, con el rostro escondido entre las manos. Me sorprendió sobremanera que estuviera vestido con ropa militar.

«Debe de ser algún familiar del difunto que ha venido de lejos —pensé inocentemente—. Porque yo nunca le he visto por aquí.»

—Señor —le susurré—, está usted empujándome y por ello empujo yo a mi madre. ¡No cabemos! ¿Se podría usted mover un poco hacia el final del banco?

Pero aquel desconocido no pareció oírme. Siguió escondiendo su rostro entre las palmas de las manos y sus sollozos se hicieron aún más agudos.

—Señor —insistí con suavidad llenándome de lástima—, ¿está usted bien?

Entonces levantó la cabeza. Ante mi espantoso estupor, me encontré cara a cara con el sargento a quien tanto había temido poco tiempo atrás. Contuve un suspiro y grité:

—¡Usted!

Aquel pobre sujeto volvió la cabeza, me clavó la mirada y con una voz profunda y compungida me suplicó:

—Perdóname, hijo. ¡Te lo ruego, perdóname!

Me quedé totalmente helado. ¿Qué era aquello? ¿Qué hacía el sargento de mis pesadillas en el funeral de don Cosme y por qué me pedía perdón? Me estaría volviendo loco sin duda. De pronto noté un pellizco en el antebrazo derecho. «Pero ¡te quieres callar, chico! ¿Qué haces hablando solo, mi negro? ¿No ves que molestas a la gente?» Aquella reprimenda venía de mi madre, quien al ver que había gritado me estaba llamando la atención. La miré y rápidamente le intenté explicar.

—Pero, mamá, mira este señor de aquí, que es el sargento de mi pelotón y...

—¡Calla, te digo! —insistió colocándome sobre los labios su manota llena de grietas—. ¡Y deja de decir disparates! No hay nadie a tu lado. Además estás ocupando tú solo un gran espacio en el banco y nos vas a terminar por derribar. ¡Deja de hacer el tonto!

Me volví bruscamente hacia el lado izquierdo, señalando al sargento que yo suponía que seguía ahí. Sin embargo, mi espanto se tornó en mudez total al descubrir que ahí, tal y como decía mi madre, no había nadie. El sargento, que tanto me había acompañado en los últimos meses de servicio militar, se había esfumado.

«Caray —pensé—. ¡Dios mío! ¿Dónde ha ido? Pero ¡si estaba aquí! ¡Oh! Creo que efectivamente estoy perdiendo la cordura.» Miré con preocupación a mi alrededor buscando desesperadamente con la mirada al gran enemigo de mis entrenamientos, pero sólo me topé con un montón de caras conocidas pertenecientes a vecinos, familiares y amigos, con expresión de malas pulgas. Mi abuela, situada unos bancos más atrás, colocó su dedo índice sobre la boca y frunciendo el entrecejo me espetó con un cortante «¡shhhh!».

Aquel hecho fue extraño y me llenó de gran temor. ¡Ahora parecía que estaba viendo visiones! Después de aquella hermosa celebración, intenté olvidar lo sucedido y no volver a hablar con nadie sobre ello. Durante unos días mi madre me miraba suspicaz y me percaté de que una de mis hermanas me sonreía con lástima.

—¡Pobre niño mío! —me decía—. El servicio militar te ha dejado cicatrices en el corazón, ¡qué mal lo debiste de pasar!

—No sé por qué dices eso —me defendía.

—No, por nada, por nada...

Y con eso quedó zanjado el asunto y, aunque por una leve temporada conseguí que se olvidaran de mi pequeña anécdota en el funeral de don Cosme, no me pude desprender de ella, pues me venía a la memoria cuando yo menos lo esperaba.

Pero quiso el Señor, nuevamente colmado de misericordia, que encontrara un pequeño rayo de luz con el que alumbrar tanta oscuridad. Y así, aproximadamente un mes más tarde, recibí con enorme alegría la visita inesperada de uno de mis compañeros del servicio militar. Al principio tuve gran reparo en comentarle algo sobre mi curiosa experiencia, pues pensé que concluiría lo mismo que mis familiares, es decir, caería en la trampa de pensar que había quedado amargado por haber estado sometido durante tantos meses a la crueldad de aquel sargento. Sin embargo, no pude aguantar demasiados días sin preguntarle sobre él. Tal vez hubiera tenido la posibilidad de volverle a ver, ya que ambos eran de la misma comarca.

—¡Ah! Veo que no te has enterado —me dijo con expresión llena de asombro.

—¿De qué, Fabián? —contesté sin saber muy bien qué esperar.

—Murió trágicamente en un accidente de helicóptero hace apenas un mes. Sobrevolaba la selva en misión de reconocimiento, pero el motor falló. Murieron los cuatro militares que volaban en el aparato. ¡Al final habrá ido derechito al infierno!

«No, mi querido amigo», me dieron ganas de contestarle. «Ahora sé positivamente que está en el purgatorio».

Y así concluyo mi historia que, como te digo, es la única que me ha sucedido con respecto a las almas benditas. Ni que decir tiene que desde ese día oré con gran devoción a la Virgen Santísima por el alma de aquel pobre individuo, pues sufría tristemente un largo infortunio. Dios quiso hacerle el gran regalo de aparecer clara y nítidamente ante mí.

Ya te he dicho que le he perdonado de corazón y estoy seguro de que mis plegarias han sido atendidas y de que por ellas estará al fin en el cielo. ¡Su arrepentimiento me partió el alma! ¡Si sólo lo pudieras haber visto! De todo esto he aprendido muchas cosas, pero quizá la más importante sea que no deseo ir al purgatorio y por ello rezo con todo fervor, todos los días, por las benditas ánimas, pues son muchos los santos de la historia de la Iglesia que han afirmado que las personas que rezan incesantemente por la salvación de esas pobres almas, recibirán en su propio purgatorio el gran don de que muchas personas recen a su vez por su propia salvación.

*   *   *

Alicante, 4 de mayo de 2006

Queridísimo hermano:

Dios le bendiga por haber compartido conmigo esta bella historia que tanto le ha marcado. Sin duda aquel militar que tanto le hizo sufrir, le habrá agradecido sobremanera sus oraciones por la liberación de su alma.

Las cadenas del purgatorio pueden ser eternas, como dijo la Santísima Virgen a los niños de Fátima en su primera aparición. ¡Que nos sirva de lección saber que cada uno de nuestros pecados serán tenidos en cuenta a la hora de encontrar nuestro sitio en el purgatorio! Transcribo para mis lectores su experiencia con la esperanza de que ellos puedan también beneficiarse de ella y obtengan grandes gracias el día que fallezcan.

Como veo que desea evitar el purgatorio a toda costa, le incluyo aquí las importantísimas y muy completas

233

oraciones de santa Brígida, precedidas por la carta informativa sobre la vida de tan peculiar santa escrita por el papa Juan Pablo II, quien la nombró copatrona de Europa. Estas oraciones, bellísimas teológicamente y profundamente espirituales, fueron dictadas directamente por Nuestro Señor Jesucristo en una de sus apariciones a la mística sueca. Concedía grandes promesas para las personas que las rezaran y, entre ellas, la de la liberación del purgatorio para la persona orante de las mismas. Ahora bien, ¡se deben rezar durante doce años seguidos! Es un compromiso largo y serio, pero yo tengo la enorme confianza de que si el Señor lo prometió, se cumplirá.

Estuve hace muy poco tiempo visitando la irrepetible y maravillosa ciudad de Roma, donde en el convento de su congregación se me permitió orar frente a su sepulcro y visitar los cuartos privados en donde vivió. ¡Qué bella experiencia! Por supuesto, también incluyo estas oraciones para el alivio y beneficio de mis lectores, a quienes les aconsejo con ahínco orarlas. ¡Yo las he comenzado y me ocupan tan sólo cinco o seis minutos al día!

Sólo me queda esperar que Dios sea lo suficientemente misericordioso para ayudarme a finalizarlas.

Con todo mi cariño,

LA AUTORA

* * *

Carta del papa Juan Pablo II sobre santa Brígida:

Santa Brígida nació el año 1303 en el seno de una familia aristocrática en Finsta, una región de Suecia. Es conocida esencialmente como una mística y fundadora de la Orden del Más Sagrado Salvador. Sin em-

234

bargo, no debemos olvidar que la primera parte de su vida fue la de una persona laica, felizmente casada con un devoto cristiano, con el que tuvo ocho hijos. Mi intención a la hora de presentarla como copatrona de Europa es para que su ejemplo inspire, no solamente a aquellos que han sido llamados a vivir una vocación de consagración especial, sino para todos aquellos llamados a llevar una vida ordinaria y laica dentro del mundo y, sobre todo, para que sea un ejemplo de vocación de familia cristiana.

No nos dejemos desviar al conocer que provenía de una familia pudiente. Vivió junto a su esposo Ulf una vida matrimonial estrechamente unida a la oración, el estudio de las Sagradas Escrituras y a una vida de mortificación y sacrificio. Juntos crearon un pequeño hospital donde frecuentemente asistían a los enfermos. Santa Brígida solía atenderles personalmente.

Al mismo tiempo fue apreciada por sus dotes educacionales, dotes que aprovechó durante el período de su vida en el que sus servicios fueron requeridos en la corte de Estocolmo. Los consejos que dio en varias ocasiones a príncipes y soberanos para el correcto funcionamiento de sus deberes, fueron fruto de tales experiencias. Pero los primeros beneficiarios de tales dones fueron en primer lugar sus hijos y, no por casualidad, su hija Catalina es también hoy venerada como santa.

[...]

Tras la muerte de su esposo, oyó la voz de Cristo, quien le encargaba una nueva misión y la guiaba paso a paso a través de una serie de gracias místicas extraordinarias. Santa Brígida abandonó Suecia en 1349 y se asentó en Roma.

[...]

Su íntima unión con Cristo fue acompañada por carismas especiales cargados de revelación, lo que la hace un punto de referencia para muchos miembros de la Iglesia de su tiempo.

Percibimos en ella un fortísimo don de profecía. Sus palabras son un eco de aquellos grandes profetas del mundo antiguo. Está segura de sí misma cuando habla con príncipes y papas y les revela los planes de Dios o de acontecimientos históricos. Nunca se avergonzó de amonestar seriamente en el tema de la reforma moral para los cristianos y se dirigió en términos serios incluso al clero.

[...]

No hay duda de que la Iglesia, reconociendo su santidad, acepta la autenticidad de sus revelaciones privadas, aunque no proclama nada sobre cada una de ellas.

Las oraciones de santa Brígida:

A) Promesas que le hizo Nuestro Señor Jesucristo sobre ellas:

Debes hacer saber que Yo garantizaré las siguientes gracias a aquellas personas que honren mi más preciosa sangre durante doce años, con las siguientes oraciones seguidas por siete padrenuestros, siete avemarías y siete glorias.

1) El alma que las rece no será enviada al purgatorio.
2) Será considerado un mártir como si hubiera derramado su sangre por la fe.
3) Mantendré a tres almas entre sus familiares, de su elección, en un estado de gracia santificadora.
4) Las almas de sus familiares, hasta la cuarta generación, evitarán ser enviadas al infierno.
5) Conocerá la llegada de su muerte con un mes de antelación.

6) Aquel que fallezca antes de cumplimentar las oraciones durante esos doce años será considerado por mí como orante válido, tal y como si las hubiese podido completar.

B) Cómo orarlas:

Las siguientes oraciones deben recitarse todos los días durante doce años consecutivos. Si por una razón grave, un día particular, tuvieran que saltarse, al día siguiente deberían rezarse doblemente. Es esencial que no se subestime la importancia de ser fiel al hecho de recitar tales oraciones diariamente, ya que, si la oración debería ser el centro de nuestra actividad del día, ¿qué razón habría para no recitarlas?

Por último, es totalmente necesario rezarlas con atención profunda y deben ser recitadas con devoción y meditación, pensando en las palabras que se pronuncian en ellas.

C) Las oraciones:

Oh, Señor, ven en mi ayuda
Oh, Señor, date prisa en socorrerme
Gloria
Credo

Oración inicial: «Oh, Jesús, deseo rezar ahora estas siete oraciones uniéndolas al amor con el que Tú santificaste en Tu corazón. Tómalas de mis labios y llévalas hasta Tu Sagrado corazón. Mejóralas y complétalas para que brinden honor y felicidad a la Trinidad como Tú deseas. Que se derramen sobre Tu santa humanidad para la glorificación de Tus dolorosas heridas y Tu preciosísima Sangre».

1) *La circuncisión*: «Padre Eterno, a través de las manos inmaculadas de la Virgen María y del Sagrado Corazón de Jesús, te ofrezco las primeras heridas, los primeros dolores y las primeras gotas de sangre derramadas por Jesús siendo niño durante la circuncisión, como expiación de los pecados de mi infancia y de toda la humanidad, y como protección contra los pecados mortales, especialmente contra aquellos que puedan cometer mis familiares.»
PADRENUESTRO, AVEMARÍA Y GLORIA.

2) *Agonía de Jesús en el Huerto de los Olivos*: «Padre Eterno, a través de las manos inmaculadas de la Virgen María y del Sagrado Corazón de Jesús, te ofrezco el intenso sufrimiento que el Corazón de Jesús experimentó en el Huerto de los Olivos, y cada gota de su sudor de sangre como expiación de mis pecados de corazón y los de toda la humanidad, como protección contra tales pecados y para que se extienda el amor divino y fraterno.»
PADRENUESTRO, AVEMARÍA Y GLORIA.

3) *La flagelación*: «Padre Eterno, a través de las manos inmaculadas de la Virgen María y del Sagrado Corazón de Jesús, te ofrezco las muchas miles de heridas, los terribles dolores y la preciosísima sangre derramada durante la flagelación de Jesús, como expiación de mis pecados de la carne y los de toda la humanidad y como protección contra tales pecados. Que sirvan para ayudarme a conservar mi pureza e inocencia, al igual que la de mis familiares.
PADRENUESTRO, AVEMARÍA Y GLORIA.

4) *La coronación de espinas*: «Padre Eterno, a través de las manos inmaculadas de la Virgen María y del Sagrado Corazón de Jesús, te ofrezco las heridas, los dolores y la preciosísima sangre de la sagrada cabeza de Jesús que se derramó durante y, después de la coronación de espinas, como expiación de mis pecados del espíritu y los de toda la humanidad, como protección contra tales pecados y para que se extienda el reino de Cristo aquí en la tierra.»
Padrenuestro, avemaría y gloria.

5) *Cargando con la cruz*: Padre Eterno, a través de las manos inmaculadas de María y del Sagrado Corazón de Jesús, te ofrezco los sufrimientos en el camino de la Cruz, especialmente la santa herida en su hombro y su preciosísima sangre, como expiación de mi negación de la cruz y la de toda la humanidad, todas mis protestas contra tus planes divinos y todos los demás pecados de la lengua. Como protección contra este tipo de pecados, y para amar verdaderamente a la cruz.»
Padrenuestro, avemaría y gloria.

6) *La crucifixión de Jesús*: «Padre Eterno, a través de las manos inmaculadas de la Virgen María y del Sagrado Corazón de Jesús, te ofrezco a tu Hijo subido y clavado en la cruz; el extremo dolor de su cuerpo y de su alma; su extrema pobreza y su perfecta obediencia; las heridas de sus manos y sus pies y los tres hilos de su preciosísima sangre, esa que derramó allí por nosotros. Las extremas torturas del cuerpo y del alma, su muerte preciosa y su renovación no sangrienta en todas las mi-

sas que se celebran hoy aquí en tierra, como expiación de todas las heridas contra los votos y normas en las órdenes religiosas; como reparación de mis pecados y los del mundo entero; por los enfermos y los moribundos (aquí se puede nombrar a todas aquellas personas amadas y que están enfermas o cerca de la muerte), por todos nuestros sacerdotes y laicos, por las intenciones del papa, por la restauración de las familias cristianas, por el fortalecimiento de la fe, por nuestro país y sus dirigentes, por la unión de todas las naciones en Cristo, su Iglesia y por la diáspora de los judíos.»

PADRENUESTRO, AVEMARÍA Y GLORIA.

7) *La llaga del sagrado costado*: «Padre Eterno, acepta como dignas, por las necesidades de la Santa Iglesia y como expiación de los pecados de toda la humanidad, la preciosísima sangre y el agua que brotaron de la herida del Sagrado Corazón de Jesús. Sé misericordioso para con nosotros. ¡Sangre del costado de Cristo, lávame de todas mis culpas de pecado y lava las de todos los hombres! ¡Agua del costado de Cristo, lávame de las penitencias y castigos del pecado y extingue las llamas del purgatorio para mí y para todas las almas de los pobres difuntos que moran en el Purgatorio!»

PADRENUESTRO, AVEMARÍA Y GLORIA.

UN CAMIONERO DE MAL VIVIR
Y SU ÁNGEL DE LA GUARDA

Fuiste la primera en saber lo que me ocurrió aquella noche de luz de luna. Y si te lo conté antes que a nadie, fue porque fuiste precisamente quien me habló e informó sobre ese gran misterio que es el purgatorio y, gracias a eso, comencé a rezar por las benditas almas que moran en él.

¡Qué cosas me cuentas siempre! Jamás antes me habían hablado de ellas y por eso yo ignoraba todo. Ya sabes que te aprecio mucho y que, como eres una cajita de información sobre este tipo de cosas, lo paso en grande escuchándote. Por eso quedé fascinada cuando me comenzaste a relatar tantas historias sobre los santos que habían tenido contacto con las almas o cuando me sumergías en las mil y una anécdotas de las que tus lectores te habían hecho partícipe.

Me sorprendían todas y cada una de ellas y me preguntaba por qué la Iglesia no es más clara con este asunto del purgatorio. Pero ¡si el que se adentra a estudiar lo que la Iglesia católica ha investigado sobre ello, queda atrapado entre sus documentos! ¿Y qué me dices de los cientos de miles de testimonios al respecto? ¡Qué tesoro más desconocido!

Recuerdo que quedé tan profundamente meditativa tras oírte, que desde esa misma noche comencé a rezar por mis difuntos. Y es que tengo que confesarte que hasta entonces no lo había hecho, ¡qué vergüenza! Habían fallecido mis padres y no había orado por sus almas purgantes como merecían.

Mira qué pena. Jamás había visitado sus tumbas tras el entierro y no había ofrecido sufragios por el estado de sus almas. Ni siquiera sabía recordar en qué parte del cementerio de La Almudena de Madrid estaban enterrados. Por ignorancia, no me había preocupado de esas cosas, aunque mientras vivieron les demostré verdadero amor filial. Pero después de aprender tantas cosas sobre el destino que nos espera a todos tras la muerte y, sobre todo, después de concluir que sólo los mártires y los santos alcanzan el cielo de golpe, me atemoricé. Pensé que mis padres deberían estar en un estado del purgatorio determinado, donde ansiaban mis oraciones para ser liberados. ¡Qué mal me sentí entonces! Tenía una fuerte obligación hacia ellos que no había cumplido.

¿Que si celebré funeral por ellos tras su muerte? Hombre, eso sí que lo organicé. Faltaría más. Pero de ahí a ofrecer pequeños sacrificios por ellos, pues no. Simplemente no me lo planteaba, hija. ¿Quién se acuerda de esas cosas? ¡Ay! Cada vez es menor el número de creyentes que oran por sus difuntos. Y yo había pertenecido a ese grupo hasta que me empezaste a hablar tú sobre el purgatorio, pues a partir de entonces comenzaron a surgir en mi cabeza mil preguntas sobre su existencia.

¿Que a quién acudí tras nuestra conversación para aprender más sobre tan curioso tema? Pues a sacerdotes preparados. ¡Dios mío la cantidad de cosas que me han contado! Algunos me confesaron que no creían en el purgatorio.

—Pero ¿no es un dogma de fe? —les pregunté sorprendida.

—Sí, bueno, ya —contestaban cabizbajos.

Este tipo de reacciones me apenaron mucho porque, vamos a ver, si un sacerdote no cree en el purgatorio, ¡pues vaya birria de cura! ¿No? ¿Acaso no resalta el catecismo de la Iglesia católica que un dogma es algo que se debe aceptar como verdad sagrada y punto? ¡Ay! Yo creo que hoy en día la Iglesia anda algo confundida. Hay sacerdotes buenos, malos y regulares. Y también los hay poco instruidos. Y te digo una cosa más, también son muchos los sacerdotes que ignoran las maravillas sobre el purgatorio. ¡Lo que se pierden!

Yo desde luego creo firmemente en él. ¿Cómo no hacerlo si viví aquella experiencia? Esa noche ha marcado un antes y un después en mis creencias sobre las almas. Y ya me pueden acribillar a base de burlas, que me dará igual. Yo sé que lo que vi fue tan real como que te estoy viendo a ti ahora sentada en mi comedor, metiéndote ese polvorón de almendra entre pecho y espalda.

Ya sé, ya sé... Que vaya al grano, que lo del polvorón no les interesa a tus lectores. Bien. Pues ahí que te va.

Aquella espléndida noche estrellada me fui pronto a la cama. Mi esposo, mis hijos, mis cuñadas y yo llevábamos una semana disfrutando del veraneo en el cortijo jerezano de mis suegros. Sin embargo, no gozaba esa noche de la compañía de mi marido, quien había marchado en viaje de negocios hasta el sábado siguiente.

El día había sido agotador y pegajoso, especialmente porque mis tres hijos habían estado muy revoltosos durante esa tarde de moscas y poniente, y me había parecido tarea imposible calmarles. Después de una partida de mus en la que nos reímos de lo lindo, mis cuñadas se retiraron hacia su zona para dormir. Sus habitaciones se situaban en la parte opuesta del cortijo, por ello se encaminaron hacia el salón, desde donde me llegó el eco de sus tacones. Después, echando un suspiro al aire, me sumergí en la tarea de convencer a mis hijos de que debía acostarles.

—¡Perico, Juan, Miguelín! —voceé para que abandonaran el parchís que les tenía totalmente ensimismados.

—¡Huy, qué susto! —dijo Juanito, el mediano.

—De susto nada. ¡A la cama, tigres!

—¡No, no!

—Que sí, que sí —insistí mientras intentaba agarrar al pequeño Miguelín que ya se escabullía tras un sofá.

—No, mami, aún no —repitieron al unísono—. Nos vamos a dormir sólo si te unes a esta partida.

«¡Jesús, qué críos estos...!», pensé desesperada. Pero tanto insistieron que al final cedí.

—Venga, pero arreando, ¿eh? Me ganáis prontito que hay que irse a dormir como han hecho las tías —dije echando un bostezo al aire.

—¡Bien, bien! ¡Vale, vale! —gritaron alborozados—. Te ganamos y luego nos dormimos.

«¡Vaya por Dios! —pensé presa del cansancio—. Todo sea por apaciguar a las fieras...»

Y así nos pusimos a jugar.

Cuando ya casi se me cerraban los ojos, noté cómo el más pequeño se recostaba sobre el sofá y comenzaba a adormilarse. «¡Menos mal! Ya parece que ha llegado el momento.» No sé cómo me las apañé para conducirlos hasta sus camitas, donde les acosté por fin. Los dos más pequeños se rindieron al sueño en segundos, pero el mayor... ¡ay, mi Perico! A ése le dio por hacerme preguntas.

—¿Qué te pasa, pequeñajo? —le increpé—. ¿Acaso no tienes sueño esta noche?

—No...

—¿Y por qué, si se puede saber?

—Pues porque tengo miedo.

—¿De qué? Aquí no hay brujas, ni ogros, ni duendes... Nada, nada, déjate de historias y a dormir —dije apagando la luz de su mesilla, dispuesta ya a salir de su dormitorio.

—¡No, mami! —gritó sentándose de golpe sobre la cama—. ¡No te vayas que tengo mucho miedo!

—Y dale. Vamos a ver Perico, ¿se puede saber qué te atemoriza? —dije impacientada, colocando los brazos en jarras.

—No sé.

—¿Cómo que no sé? Eso son pamplinas.

—Bueno, me parece que tengo miedo a la oscuridad.

—¡Uf, qué criatura! —refunfuñé poniendo los ojos en blanco. Y por no aguantar la monserga por más tiempo, lo llevé a mi cama—. Por esta noche, vale... Pero mira, chiquito, esto lo tienes que guardar para ti. Será el gran secreto entre nosotros. ¿De acuerdo?

—¿Por qué, mami? —preguntó una vez acurrucado entre mis sábanas, luciendo una cara más radiante que un sol.

—Pues porque si se enteran esos dos bichillos que tienes por hermanos, mañana se empeñarán en meterse también en mi cama y me darán una guerra de muerte. Y yo necesito descansar. ¡Mami está agotada!

Mi pequeño estaba tan contento con el feliz desenlace de sus quejas que me prometió la luna. ¡Vaya aventura bonita suponía para él dormir una noche con su mamá! Ya sabes que para un niño, la cama de sus papás es siempre la mejor del mundo. Mis hijos me han llegado a decir que la mía huele a lavanda y romero. ¡Qué cosas tienen mis pequeños!

Tan contento estaba que se dio la vuelta y se quedó frito. ¡Ah, cómo admiro la capacidad de los niños de dormirse en un santiamén! Yo por mi parte me puse el pijama, me metí en la cama y me dispuse a rezar mis oraciones, cuando recordé de pronto todo lo que me habías relatado esa tarde sobre el purgatorio. ¡Cuántas cosas bellas y extraordinarias habías compartido conmigo!

En mi mesita de noche había dejado posado el maravilloso libro sobre las ánimas escrito por tu amigo Nicky Eltz.[14]

—Este hombre ha entrevistado largo y tendido a una mujer que ve almas del purgatorio desde niña —me dijiste mientras me entregabas tu tesoro—. Por favor, no vayas a perdérmelo, no se consigue en España. Yo lo compré en Bosnia en un lugar de peregrinaciones marianas llamado Medjugorge y no creo que pueda encontrar otro ejemplar aquí.

—No te preocupes —te contesté sabiendo que consideras cada libro como una pieza de inestimable valor—. Lo leeré lo antes posible y te lo devolveré en perfecto estado.

Empujada por la curiosidad estiré la mano y lo comencé a ojear. ¡Qué poco imaginaba que me iba a quedar atrapada entre sus líneas! Porque la vida de esta tal Maria Simma, que ha llegado a la ancianidad, había sido fascinante, su don de ver almas del purgatorio terrorífico y los frutos que explicaba que brotaban por orar por ellas inimaginable. Y así me sumergí en una lectura voraz y me di de bruces contra las horas más oscuras de la madrugada.

«¡Uf, las tres! Si no cierro el libro, no pararé la lectura hasta el alba. ¿Y cómo podré correr luego durante el

14. Nicky Eltz, *¡Sáquennos de aquí!*, Ed. Eltz, 2003. *(N. de la a.)*

día tras los tres tigres?», pensé mirando con ternura a mi hijo, profundamente dormido a mi lado. Ya iba a cerrar los ojos cuando me invadió un deseo irrefrenable de orar por las almas. Nunca había sentido una llamada semejante y me extrañé. No obstante, decidí guiarme por ese bello y desconocido impulso, me puse de rodillas con las palmas de las manos en postura orante, cosa que no hacía desde niña, y ofrecí una oración al Señor.

«Dios mío —le dije—, soy ignorante y necia y pocas plegarias te he ofrecido durante mi vida. Sin embargo, tocada como estoy por todo lo que hoy he aprendido, te ruego que esta intercesión pueda ayudar esta noche a una pobre alma del purgatorio. Búscame a una por la que nadie desee orar, que esté olvidada por su familia y por las amistades. En definitiva, una que esté sumida en el mayor de los tormentos, el de tu total ausencia divina. Yo te pido que, a través de esta humilde y tonta oración, ese desgraciado pueda recibir alivio, consuelo o incluso alcanzar la salvación. Y si consideras por tu justicia santa que esto es del todo imposible debido a los muchos y graves pecados del pobre fallecido, permite al menos que pueda conocer que alguien reza por él.»

Mi amén resonó en forma de pequeño eco entre las paredes del dormitorio. ¡Qué vergüenza habría sentido si alguien me hubiera visto hacer algo así! Y es que hoy en día, el que reza es considerado como un bicho raro, un mequetrefe o un locuelo. Y yo ninguna gana tenía de ser tomada como tal, ni siquiera por el muchachillo que dormía a mi lado con respiración suave y un pie salido por debajo de la sábana. Y al fin, me sumergí en la oscuridad de mi dormitorio para caer a los pocos minutos en un profundo sueño.

Serían cerca de las cinco de la madrugada cuando me despertó un sonido que provenía del patio que colinda con el dormitorio. Se trata de un patio andaluz florido, fresco y empedrado, en el que no pocas veces disfruta la familia de las charlas en el atardecer jerezano. Sentía un gran pesar en los ojos, por lo que deseé darme la vuelta y olvidarme de aquel ruido e hice un esfuerzo por convencerme de que provendría de un gato hambriento, un pajarillo o un ratón del campo.

Sin embargo, el sopor se me fue de golpe al entrar en mi entendimiento el temor de que pudieran ser ladrones los que enredaban entre los tiestos. Desgraciadamente, los cortijos cercanos habían sido víctimas de ciertos robos en los últimos meses y habían despertado la voz de alarma en toda la comarca y forzado a muchas familias a sufrir temor en las noches.

Pegué un respingo en la cama y abrí los ojos. «¡Dios mío! —pensé llena de angustia—. En el patio ha entrado alguien...» El corazón me comenzó a latir y sentí cómo el miedo se apoderaba de mi persona. «¿Y ahora qué hago?», me pregunté. Y es que para alcanzar la habitación de mis cuñadas debía atravesar todo el cortijo, que es grande y torpón. Eso me obligaría a dejar a los niños solos durante unos cortos minutos, lo que me privaba totalmente de protegerles en caso de que alguien entrara en su dormitorio.

Me levanté con las tripas hechas un ocho, cogí un palo de golf que siempre dejo bajo la cama y, con mano temblorosa, me asomé a la ventana corriendo suficientemente la cortina como para poder colar un ojillo curioso y aterrorizado. Pero nada me había preparado para lo que me encontré porque ahí, entre las macetas a rebosar de geranios rosados y blancos, vislumbré dos figuras clara y nítidamente.

La primera era alta y estaba rodeada de luz y belleza. Vestía un tipo de hábito blanco sin abotonadura. No le podía ver los pies, pero sí el rostro. Tenía una cara preciosa, masculina. La luna iluminaba todo el patio, pero la luz que provenía de ese ser era, no sé cómo explicarte, digamos que muy especial. Iluminaba casi todo lo que rozaba de una forma suave y dulce. Y así pude ver el pocito, las enredaderas, los geranios, el limonero, las sillas de enea y la mesa en donde aún yacía una baraja de cartas que habíamos abandonado mis cuñadas y yo pocas horas antes.

En cuanto descubrí la hermosura de ese ser, me invadió una paz extraordinariamente poderosa y mi corazón tranquilizó su ritmo llenándose de golpe de asombro desbordado. Casi inmediatamente algo resonó en él, una especie de entendimiento cristalino que me anunció que tal figura se trataba de un ángel. Para ser más exactos, del ángel de la guarda del ser que esperaba pacientemente a su lado.

El ser angelical notó mi presencia espiando desde la ventana. Me miró lleno de ternura y dijo a su acompañante: «En este momento se está dando cuenta de que estás aquí. No temas, pues orará por ti.»

De aspecto muy distinto al ángel, el hombre a su vera mostraba un semblante deplorable. Bajito, poco agraciado, anchote y cabizbajo, lucía un bigote oscuro y una creciente calvicie. Se le veía apagado, con los ojos oscuros cargados de una tristeza infinita. Vestía unos vaqueros holgados y una camisa blanca algo descuidada. No distinguí sus zapatos o quizá no le miré los pies.

Nuevamente volví a sentir que algo o alguien me hablaba al corazón de forma clara y veloz. Esa voz me dijo: «Esta persona, tan hijo de Dios como cualquier ser humano, se llama Rafael. Era camionero hasta esta tarde y ha fallecido hoy a causa de un accidente de tráfico producido por su terrible afición al alcohol. Su vida ha sido dura, pero él también ha hecho sufrir mucho a su esposa y a sus dos hijos. Éstos se llaman Manuel y Sergio y están aliviados de que su papá no vaya a golpearles más. La esposa no desea ofrecer un funeral por el descanso de su alma. Ofrece tú sufragios por él. Eres su único consuelo ahora.»

«Pero ¿qué está pasándome? —susurré notando cómo de pronto aquella templanza me abandonaba y comenzaba a invadirme de nuevo el miedo—. ¿Acaso estaré dormida?» El corazón volvió a retumbarme dentro del pecho. Bajé despacito el palo de golf hacia el suelo y bajé la vista a mis pies. Al hacerlo, me di cuenta de que llevaba colgado aún el rosario que durante el día había lucido en el cuello. Últimamente me lo había estado poniendo a modo de adorno más que como objeto de oración o de culto hacia mi religión, ya que se ha convertido en una moda que, aunque no es muy pía, a mí me agrada.

Lo agarré con fuerza y oré despacito un avemaría sobre una de sus cuentas. «Señor —dije—, si no me he vuelto loca del todo, acepta que este ser que me presentas reciba el alivio de esta oración tan popular.» Como puedes suponer, aquello no duró más de medio minuto, pues el avemaría es una plegaria muy corta y escueta. Tras finalizarla, levanté de nuevo la vista para sorprenderme al descubrir que ambas figuras habían desaparecido por completo.

La quietud más sublime reinaba de nuevo en el patio y sólo la luz de la luna iluminaba ahora algunos de los maceteros. Ni que decir tiene que tal luminosidad era pobre y desgastada en comparación con la que muy pocos instantes antes había invadido todo. Y por eso hoy te puedo decir que hasta la belleza de la luna debe envidiar la de los ojos de un ángel.

Regresé despacito a la cama con la cabeza llena de incógnitas y bullendo en temores. ¿Había soñado con un espectro? ¿Me había concedido Dios un don extraño, justo después de haberle pedido que un alma recibiera el consuelo de mis oraciones? Tiritando más por temor que por frío, escondí el palo de golf nuevamente bajo la cama, me metí en ella y me tapé hasta el labio superior con la manta.

No sé cuánto tiempo me llevó ralentizar los latidos del pecho, pero sé que ayudó a ello el que me sacara el rosario del cuello y lo guardara fuertemente en un puño. Ese pequeño gesto de fe me tranquilizó y así, con la fuerza de los dedos de mi mano agarrando ese objeto bendecido, logré al fin dormirme.

Ni que decir tiene que casi resbalé de la cama cuando al despertar a la mañana siguiente, aún tenía asido aquel rosario entre las garras de los dedos. Porque fue entonces cuando comprendí que aquella experiencia había sido real. Me vestí a todo correr, dejé los niños al cuidado de mis cuñadas y les anuncié que me ausentaría durante un par de horas.

—¿Adónde vas con tantas prisas? —preguntó una de ellas.

— A misa.

—¿A misa? ¿Tú? ¿A estas horas y un martes? —cuestionó enarcando las cejas.

— Pues sí. ¡No tardaré! —le dije escabulléndome bajo el brazo que apoyaba contra la jamba de la puerta.

Una vez en el pueblo, busqué a don Emiliano, el párroco ancianito y sabio que celebra las misas, y le conté lo ocurrido.

—¡Chiquilla, respira que te ahogas! —dijo echando una risilla al aire. Y es que yo le había relatado lo sucedido de corrido, no fuera a arrebatármelo mi mala memoria o los latidos apresurados de mi pecho.

—Padre —le dije cuando terminé al fin—. ¿Cree usted que me he chalado?

—No, criatura —contestó con ojos astutos y picardía—. Lo que te ha pasado es que el Señor ha respondido a tus ruegos. Que esto te sirva para saber que Dios existe y que escucha cada una de nuestras oraciones. Todas son aprovechadas. Y además, también te ha enseñado a ayudar a cientos de almas del purgatorio.

—¿Y cómo hago yo ahora para ayudar a ese pobre hombre que he visto?

—¿Conocías al camionero? —preguntó rascándose la cabeza.

—¡Jamás le había visto en mi vida!

—Entonces no sabes ni su nombre...

—Bueno, el ángel me dijo que se llamaba Rafael... El viejito quedó en silencio unos segundos.

—¿Qué pasa? —pregunté impaciente.

—Pues que ofreceremos hoy la misa por «nuestro querido Rafael». Las viejucas de la iglesia no tienen por qué saber que no le conocemos.

—¡Ah!, pero ¿puedo ofrecer una misa por él aunque no le conozca de nada?

—¡Pues claro, niña! De eso se trata, de que recemos por miles de personas conocidas y desconocidas. Todos necesitaremos de las oraciones de los demás cuando fallezcamos y vayamos al purgatorio porque santos hay muy pocos en mi vida, hija.

—Bueno, al menos ellos se librarán, pues mi amiga me ha dicho que los santos no van al purgatorio.

—Sí, querida, es cierto. Ésos irán directamente al cielo. Pero ¿acaso los de a pie lo somos?

—Qué va, padre. Ya me gustaría.

—Bueno, pues entonces, a trabajar. Ofreceremos una misa por... por... Rafael el camionero. ¿Te gusta?

—¡Me encanta!

Y así lo hicimos. El padre se retiró para vestirse y cuando la iglesia estuvo llena y las beatorrillas del pueblo oraban con sus cuatro dientes, mi párroco ofreció el gran sacrificio de Cristo, la Eucaristía, para la liberación de esa pobre alma. Su esposa, fuera quien fuese, no celebraría funeral por mi camionero favorito. Sin embargo el Señor se las había arreglado para aliviar su terrible tormento a través de mi pequeña y no tan inútil oración.

* * *

Jerez, 14 de diciembre de 2006

Mi querida amiga:

Suerte tuviste de tener aquel rosario aún entre las manos cuando por fin tu organismo despertó, pues fue la prueba que necesitabas para darte cuenta de que habías vivido una experiencia muy inusual.

Y, como para todos los que habéis colaborado en este libro entregándome vuestra confianza y transmitiéndome vuestro secreto, te he buscado una oración entre las más bonitas elaboradas por miembros de nuestra Iglesia católica, que creo que te puede gustar mucho. Su particularidad es que habla de los ángeles y las almas, algo propio para tu peculiar y curiosa anécdota.

Espero que te guste tanto como me agradó a mí.

Con cariño,

LA AUTORA

Oración de llamada a los ángeles para que ayuden a las almas del purgatorio:

Jesús, Señor Nuestro, Tú pasaste la noche anterior a tu pasión en el Huerto de los Olivos, en Getsemaní. Has conocido todos los pecados del mundo, una carga que te aplastó e hizo sudar sangre. Los apóstoles se quedaron dormidos y no tuvieron fuerza para velar contigo durante las horas más duras. Solamente tu padre celestial se conmovió y te envió un ángel para consolarte y darte fuerzas durante tu angustia de muerte.

Señor, mira a nuestros hermanos en el purgatorio. Ellos sufren más de lo que puede sufrir un humano en la tierra y Tú deseas que seamos compasivos con su angustia y sufrimiento. Tú nos das la oportunidad de hacer algo por ellos, de vigilar con ellos, de rezar por ellos, de ofrecer algo en su nombre; pero principalmente, les podemos ofrecer la Santa Misa. Sí, también podemos enviar a nuestro ángel custodio para que éste, con el poder de tu sangre, los consuele y fortalezca. ¡Cuán misericordioso fue Dios con su hijo en el huerto de los Olivos! De la misma manera Él desea que nosotros también seamos misericordiosos con la Iglesia que sufre en el purgatorio.

Jesús, recuerda tu soledad en el Huerto de los Olivos. Recuerda cuánto bien te hizo cuando el ángel de tu padre celestial te fortaleció y te consoló. Enséñanos a ser tan misericordiosos y amorosos como tu padre y llena a las almas del purgatorio del mismo consuelo que Tú recibiste en el Huerto de los Olivos.

María, reina de los ángeles, ten piedad de tus hijos que sufren en el purgatorio. Envía a tus ángeles para que los ayuden.

Arcángel san Miguel, arcángel san Gabriel, arcángel san Rafael, vosotros, los nueve coros de los santos ángeles, los serafines y querubines, los tronos y las dominaciones, los príncipes y los poderes, ángeles y arcángeles, os pedimos en el nombre de Dios y en el nombre de su reina, nuestra preciosísima Virgen María, que vayáis rápido y ayudéis a nuestros hermanos y hermanas en el purgatorio. Ellos sufren mucha angustia, tienen sed del Dios eterno más que un siervo tiene sed del agua de una vertiente. Dadles fuerza y guiarlos hacia el camino del reino del padre celestial. Amén.

EL CAÑAS Y UN APASIONADO DE LAS OLAS

¡Qué miedo pasé, chiquilla! Vamos, que ahora me acuesto con el rosario colgado del cuello como una beatorra cualquiera. Y mira, si se ríe la gente, pues no me importa. ¡Ah!, ¿qué hubieran hecho ellos de habérseles aparecido un fantasma en plena noche?

Que tú prefieres llamarle alma del purgatorio, vale, bueno, pues eso. Qué más da. El caso es que yo estaba tan tranquilito, dormido como un ceporro y va y me pasa algo así. Tú no sabes lo que se siente, guapa. Es algo que no se puede explicar con palabras porque forma parte de una experiencia sobrenatural que no se asemeja a nada a lo que estamos acostumbrados a vivir. ¡Y si lo cuentas encima te toman por *pirao*!

¿Que cómo sucedió aquello? Pues de la forma más inesperada. Verás, siéntate un ratito en esa mesa de la esquina y te lo cuento. Pero antes tendrás que esperar una mijina porque primero tengo que atender a esos clientes guiris que me llevan mirando un buen rato con ojos de querer otro pincho de calamares. Tú llévate esta cervecita *pá* allá y vas preparando tu grabadora, ¿eh? Que yo me uno a ti en seguida.

¡Ah, que no te gusta esta marca! Encima que invita la

257

casa. ¡Jo, qué desagradecida! ¿Y por qué no te la quieres tomar sin alcohol? Si sabe igual, chica. Pues yo te la doy así y punto. ¿Qué por qué? Pues *pá* que luego no vayan a decir tus lectores que estabas piripi y que todo lo que les cuentas sobre mí son *chalauras*. Bastante guerra me han dado los de la pandilla de la playa diciendo que me había vuelto majara o que de tanto trajinar en el chiringuito me había dado por la bebida.

¡Bah! ¿Qué sabrán ellos? Ojalá no les pase nunca lo que me ocurrió a mí. Pasarían tanto miedo que a lo mejor se volvían hasta buenos... Que mira qué panda de KamiKazes se han vuelto desde que les ha dado por el surf. Y es que aquí en Tarifa, el que no hace surf es que es un bicho raro, ¿sabes? Mira, como yo, que parece que sólo valgo *pá* servir chopitos y fritangas. Y es que con tanto trajín en el chiringuito de mi tío, no me da tiempo ni *pá* ir a mirar tablas a la tienda. ¡Ea, venga! Vete pá allá que ahora me uno a ti...

* * *

Ya está, chiquilla. Ahora los guiris están servidos y tienen picoteo pá rato. ¿Dónde estábamos? ¡Ah, sí! En los gandules de mi pandilla. Buenas carcajadas echaron a mi costa cuando les conté que me pasó aquello. ¡Valientes cucarachas! ¡Ay, si le hubiera pasado al Guijarro! Ése se hubiera *cagao* en los pantalones del pijama, porque es un *milindris*.

Vale, vale. No me enredaré con mis cosas y te relataré con pelos y señales lo de aquel pobre muchacho. Vaya *jodío* que estaba, ¡qué lástima me dio el chaval! Esa noche de verano yo me había quedado trabajando en el chiringuito hasta las tres de la madrugada. Ya sabes, moza, agosto es agosto, y esto está lleno de guiris hasta las trancas. Y mi tío es un gran *pofresional*, de esos que llevan el negocio a las mil maravillas y aprovecha todo momento y oportunidad para ahorrar unas pelillas. Mira que luego viene el invierno y Tarifa muere. Bueno, no del todo, porque la playa de Tarifa no descansa nunca. Es demasiado hermosa como pá eso. Tan bonita como tú...

¡Anda, mira qué *colorá* te has puesto!

¡Ah!, que no te gustan los piropos, vaya... Pues mira que eres rara. A todas las churris les gustan. A mi Pili desde luego le encanta.

¿Que te consideras una vieja pá mí? ¡Qué cosas! Pero ¡si eres una chiquilla! A ver, ¿cuántos años tienes? Lo menos treinta...

¿Que tienes cuarenta? ¡La leche! Pues sí que me sacas tela, sí.

Vale, vale. Que ya no me enrollo más. Que sí, que vale...

Bueno, pues como te decía, aquella noche yo había trajinado de lo lindo. Estaba agotado, churri. No sabes cómo se pone esto. La gente en verano no piensa más que en divertirse, en tomar copas y tragar pinchos de los ricos, como los que prepara en la cocina mi tía Pepa, que es medio gitana y no veas cómo guisa. Así que no te puedes imaginar lo muy cansado que queda uno después de corretear tanto tras las mesas, sirviendo, cobrando, traduciendo... Porque los jodíos guiris no quieren hacer el esfuerzo de aprender español. Y digo yo: ¿pues no vienen todos los veranos? ¡Ya podían aprender! Y además con ellos, ¡anda que no hay que tener ojo! Porque si te descuidas un segundo, ¡zas!, se te pueden ir sin pagar. Y luego la bronca es para el menda. Pá que veas.

Y por eso uno debe andarse con cuatro ojos, mirando y yendo de aquí pá allá, con un montón de prisas y mucha atención. Recuerdo que esa noche fue movidita. El chiringuito bullía con un follón de los de aquí te espero y a eso de las tres de la madrugada acabamos con el curro. Mi curro consiste en recoger, fregar las mesas y guardar todo en su sitio. Una monserga.

Y encima a mí siempre me toca fregar las mesas con una bayeta que huele fatal, a lejía podrida. Pero el tío Juan insiste. Es que si no lo hago, al día siguiente no veas cómo se posan las moscas.

Yo cumplí con los ojos medio cerrados porque, como te decía, estaba ya muy cansado.

Le di un beso a tía Pepa en la cocina y un abrazo al tío Juan y me largué *pá* casa en la moto lo más rápido que daba el motor, que *pá* serte sincero no es mucho. Está tan vieja...

Cuando llegué, mi madre ya estaba dormida y los hermanos también roncaban a pierna suelta. A ver, ¡era tan tarde! Entré de puntillas para no molestar a nadie, con la mala suerte que me pasó entre las piernas *Jamón*, el gato callejero de mi hermano Jonás, y por esquivarle me pegué un mamporro contra la pata de la mesa camilla.

«¡Mierda!», protesté. Porque, hija, no sabes el moratón que sospeché que me luciría en la espinilla al día siguiente. Aunque nuestra casita es muy humilde y sencilla, tengo la enorme suerte de dormir solo. Mis dos hermanos medianos duermen en el cuarto de al lado y Jonás, el pequeñín, lo hace en la misma cama de mi madre. No sé dónde lo vamos a meter cuando crezca un poquito más.

Ya te he dicho que no tengo padre. ¡Ah!, ¿que no te lo había dicho? Pues, hija, no lo tengo. Murió cuando yo era pequeñito en un accidente con su camión y mi madre se quedó sola para mantenernos a mi hermano Guille y a mí. Ella cose como los soles y, gracias a su máquina y haciendo más horas que en un velatorio, hizo cientos de arreglos que nos sacaron del apuro durante un par de años.

Después conoció a Fabián, un obrero de Huelva, con el que se casó y tuvo a Pedrito y a Jonás. Pero el muy cabrón nos abandonó hace tres años, poco después de haber nacido Jonás. No le echo en falta. Era bebedor y pendenciero y a mi madre le ha hecho llorar de lo lindo. Así que creo que estamos mejor sin él.

No obstante, desde su marcha tuve que ponerme a trabajar con la tía Pepa y el tío Juan en el chiringuito de la playa. No es que me queje porque a mí los estudios se me estaban dando fatal. Me aburría en las clases, ¿sabes? Yo de historia y de cultura no entiendo. En cambio las matemáticas se me dan bastante mejor. Pero, como te digo, trabajar en el chiringuito me obliga a llegar muy tarde y por eso mi vieja me organizó una esquinita en el antiguo cuarto de costura, donde ella guarda la máquina de coser y donde durante horas cosía y remendaba cuando se largó el Fabián.

Ahora la máquina está llena de polvo bajo mi cama porque no hay sitio para las dos cosas. Pero estoy muy contento porque al menos tengo un poco de intimidad. Mi cuartito da al patio en donde se tiende la ropa, que es bastante feo, aunque mi madre lo ha llenado de maceteros con geranios *pá* alegrar un poquillo la vista. Ella es muy, pero que muy apañada. Aparte de la mesita de noche, hay sólo una silla de enea a los pies de mi cama, donde dejo siempre la ropa que me quito con la premura del sueño. Ya ves que es un dormitorio de ná, pero yo estoy muy feliz teniéndolo sólo *pá* mí.

Volviendo a esa noche, después de hacerme polvo una espinilla, logré atravesar el patio a la pata coja. Me lavé la cara y las manos con la manguera que cuelga entre los geranios y, con los ojos más cerrados que abiertos, me desnudé y me tiré en cama. Y así, sin mear antes siquiera, me quedé totalmente *sobateras*.

Y lo que pasó fue que, claro, la orina no me aguantó y me despertó a eso de las cuatro. ¡Y menos mal!, porque con todo lo que tenía acumulado en la vejiga, si hubiera estado aún más grogui, me lo habría hecho encima como me pasaba de crío. Así que me levanté y a trompicones a causa del sopor conseguí a duras penas entrar en el patio, donde me encaminé hacia la rejilla del empedrado del suelo. ¡Uf, qué alivio! Ahí dejé toda la meada. Y con temor, no te creas, porque si me pescaba mi madre, ¡buena se hubiera puesto! Y es que me lo tiene prohibido, ¿sabes? No le gusta nada. Pero, churri, tú imagínate lo adormilado que estaba yo y lo que me costó acercarme a la rejilla. Pues bastante hice y punto.

Regresé a la cama algo más despierto, pero con unas ganas que no te imaginas de coger las sábanas otra vez. ¡Estaba con un sueño! Me acosté de un brinco y me acurruqué entre las sábanas porque en el patio corría la fresca y había tiritado un poquito. Y así, me volví hacia la pared y cerré los ojos.

Entonces me recorrió un no sé qué por el espinazo. No sé cómo explicártelo, *churri*, sentí una cosa muy rara... Algo que me hizo pensar que en mi cuartito había alguien más además de este menda que te habla. Abrí los ojos de golpe y aquel sueño se me fue por la ventana. A ver, ¡si me imaginé que había entrado un ladrón! Me di la vuelta temblando y me senté de golpe en la cama.

«¿Quién hay aquí?», dije con un tono algo elevado. Agudicé los ojos, pero en un primer momento no vi a nadie. La luz de la luna entraba por mi ventanuco y su color plateado inundaba toda la pequeña estancia. Pero, chica, ahí no había nadie. ¡Y mira que es pequeño! Vamos, que yo te digo que entre la silla, la cama, la mesita y las paredes, no hay sitio más que *pá* roncar...

Me rasqué la coronilla lleno de inquietud, me arropé otra vez y me volví de nuevo hacia la pared. Pero, churri, de dormir, nada de nada. Vamos, que no podía.

¿Que por qué? Pues porque yo sabía que ahí respiraba otra persona, que ahí me observaba alguien. «Pero ¿qué cojones...?», susurré mientras me volvía a dar la vuelta *pá* mirar a mi alrededor. Entonces lo vi. Ahí plantado, agarrado al tablón de los pies de mi cama, había un muchacho.

Se erguía frente a mí, clavándome unos ojos claros como las estrellas y me provocó un susto de muerte. Puedes pensar lo que quieras, que yo te juro que no me pude mover. Estaba como pegado a las sábanas, churri, más muerto que vivo. En mi entendimiento brilló la idea de que no era un hombre vivo, sino un espectro. ¿Que cómo lo supe? Pues porque lo supe. No sé cómo, pero lo supe y punto.

Él se percató de que yo estaba despierto al fin y de que le miraba atónito. Entonces, mostrando con su expresión una tristeza infinita, me sonrió. Pero no era una sonrisa normal. ¡Qué va! Era la de un hombre perdido, abandonado a una suerte de melancolía y desesperanza.

Tendría unos veinte años. Mira, churri, la verdad es que eso no lo sé. Pero al menos parecía joven, aunque tampoco un crío. El torso estaba desnudo, pero le vi la comisura del pantalón. Parecía floreado, como esos que llevan los guiris en Punta Paloma[15] y que se los ponen para hacer *windsurf*. De esos largos que les llegan por

15. Punta Paloma es una bellísima playa de Cádiz famosa por el deporte del *windsurf. (N. de la a.)*

debajo de la rodilla y que a las chavalas de aquí les gustan tanto. A mí, en cambio, me gusta la braga náutica, que es más cómoda y para nadar es lo mejor. A mi Pili le parece muy sexy. Pero, churri, que a cada cual le guste lo que le dé la gana, ¿no?

Su pelo era tirando a rubio, con muchos ricillos enmarañados. Recuerdo que uno de los caracolillos se le había pegado a la frente, como si estuviera mojado. ¡Ay, la leche! Si parece que aún lo puedo ver ahora, mirándome desesperado, con esa expresión de tristeza inmensa y ese torso más fuerte que el de Supermán. Joder. Vaya miedo, churri.

Yo a todo esto seguía totalmente paralizado, sin entender nada, ni saber qué hacer. Por un lado, a punto estuve de saltarle al cuello, pues en el fondo de mi corazón algo me decía que aquello no podía ser otra cosa que un ladrón. Sin embargo, algo me lo impedía. ¿Qué? No lo sé, simplemente sabía que lo único que buscaba ese muchacho era llamar mi atención, que le mirara por un instante y descubriera que sufría un dolor eterno.

No se movía una mijina y me miraba clavándome esos ojos tan de guiri guapo. Parecía que me quería decir: «Fíjate en mí y date cuenta de cuánto sufro.» Yo no sé ni cómo pude, pero al cabo de un eterno minuto sumergido en tan extraña situación, reuní el valor necesario como para hablarle.

«¿Quién eres tú y qué cojones haces en mi cuarto?» Y entonces hizo una cosa muy rara, tía. Cogió y, sin decir esta boca es mía, levantó suavecito una mano y estirando el dedo pulgar se señaló algo que le colgaba del cuello. Mantuvo el dedo un ratico ahí, como obligándome a fijarme en eso. Se veía regular, churri, porque recuerda que no había encendido la luz. ¡Cualquiera se hubiera atrevido a estirar la mano! Joder, ya te he dicho que mi cuarto es una pulga. De haberlo hecho, él podría haber alcanzado mi brazo con sólo respirar. Pero, aunque no encendí el interruptor del techo, la luz de la luna llena dejaba percibir perfectamente todo lo que me rodeaba. Así que enfoqué la vista y me fijé en aquello que tanto señalaba.

Fue en ese momento cuando me di cuenta de que lo que lucía en su cuello era uno de esos collares de conchitas blancas, de los que parecen dientecillos de niño o trocitos de caracola. Yo he visto muchos de ellos, pues por aquí casi todos los windsurfistas los llevan. Es más, los de la pandilla se los han colocado a veces porque son bastante chulos y cuando un tío está moreno, pues queda bien. Hasta yo tuve uno el verano pasado que perdí porque tenía mal el enganche.

Yo seguía más muerto que vivo, churri, porque, vamos a ver, ¿qué podía hacer si estaba cagado de miedo? Aquello me tenía frito, chica. Y así dejé que me invadiera el miedo, ya ves qué pedazo de gallina soy. Y claro, reaccioné de mala manera, que no fue otra que pidiéndole que se largara, que estaba desmayado de pavor.

«Mira, chaval —le dije medio tartamudeando—. Yo no sé qué quieres conmigo. No te puedo ayudar, pues no tengo dinero, ni joyas, ni leches. Soy más pobre que las ratas y aquí no escondo nada. Así que lárgate y déjame dormir en paz...» ¡Tú fíjate las sandeces que puede llegar a decir uno cuando se caga de miedo! El muchacho no parecía entender mis palabras o por lo menos no contestó.

Simplemente se giró sobre sus talones y, a paso lento y seguro, se dirigió hacia la pared posterior de mi cuarto, que atravesó como si se tratara de aire fino. Como lo oyes, churri. Ni que decir tiene que me quedé ahí, petrificado y a punto de desfallecer de terror. No pude mover un solo músculo del cuerpo hasta el alba, momento que aproveché para salir echando leches hacia el cuarto de mi madre, quien al verme en ese estado y dando voces, me tiró encima de una patilla pensando que lo que me pasaba realmente era que andaba borracho desde Dios sabe qué hora.

«¡Ay, Cañas! —me dijo la vieja—, ¡ya no sabes qué inventarte para darme disgustos!» Hay que joderse...

* * *

Tarifa, 26 de agosto de 2006

Mi querido Cañas:

En primer lugar quiero agradecerte el tiempo empleado en atenderme, pues bien que he comprobado lo muy atareado que estás en el chiringuito. ¡Vaya suerte tiene tu tío de tenerte a su lado! Porque lo que se dice ser un buen camarero es definirte mal. ¡Eres el mejor cañero de la costa tarifeña!

Mira, no te apures si la gente no te cree. Yo lo hago. Y de haber ido más a misa, rufián, hubieras sospechado lo que realmente te había ocurrido porque los curas saben de espíritus. ¿A que ni lo sospechabas? Pues fíjate que sí. Ahora ya lo sabes, que bien que te lo he explicado hasta aburrirte. Lo que me parece el colmo es que me digas que tú no piensas rezar por ese tío porque te da mucho miedo.

Pero ¿miedo de qué, Cañas? Más vale que le ayudes con oraciones, no se te vuelva a aparecer y la liemos. Como tienes tanto canguelis, mira, yo te voy a enseñar una oración muy fácil, corta y de gran poder espiritual.

Le fue dictada, aunque a ti esto te suene a chino, a una gran santa llamada Brígida de Suecia, de la que ya he hablado en diversas ocasiones a lo largo de este trabajo mío. Y si tanto la nombro es porque es una de las santas que más regalos recibieron del cielo, ya que veía a Jesús y a la Virgen María con mucha frecuencia y, como ella era una gran devota de las benditas almas del purgatorio y conocía su sufrimiento, la Virgen le dictó varias oraciones con la promesa de que quien las rezara, se libraba de ir allí.

Las hay largas y laboriosas[16] y otras más cortitas pero que se deben rezar a diario. Como eres un vaguete y no rezas ni a la de tres, te incluyo aquí la cortita. No pierdes nada orándola por tu alma y, de hacerlo, conseguirás saltarte el purgatorio de un plumazo. Del infierno no te preocupes porque ya te digo yo que eres un bonachón y un pedazo de angelote. ¡Estoy segura de que no darás con los dientes ahí!

* * *

Oración de las siete gracias que la Santísima Virgen dictó a santa Brígida de Suecia:

Todo el que medita la pasión de Cristo también debe tener en cuenta a su madre. La madre de Dios reveló a santa Brígida que todo el que rezara siete avemarías diariamente mientras se mediten sus dolores, recibiría las siguientes gracias:

1) Paz en su familia.
2) Esclarecimiento de los misterios de Dios.
3) Cumplimiento de todos sus deseos, siempre y

16. Incluidas en el testimonio núm. 7 de esta obra.

cuando éstos estén dentro de la voluntad de Dios y sean buenos para la salud de esa alma.

4) Para los que propaguen esta devoción, serán trasladados de esta vida terrenal a la felicidad eterna directamente, sin purgatorio.

5) Consuelo en sus penas y acompañamiento en sus trabajos.

6) La defensa directa de la Virgen Santísima en los combates espirituales contra el enemigo infernal y protección constante en todos los momentos de la vida.

7) Asistencia directa de Nuestra Señora en el momento de la muerte: verán el rostro de la Virgen.

La oración dice así:

1.ª oración:

La profecía del anciano Simeón: María, al presentar a su hijo al templo, conoce la muerte despiadada que sufriría en edad adulta. Avemaría.

2.ª oración:

La huida de María a Egipto con José y Jesús. Avemaría.

3.ª oración:

María y Juan pierden a Jesús, con la cruz a cuestas, camino del calvario. Avemaría.

4.ª oración:

María encuentra a Jesús, con la cruz a cuestas, camino del calvario. Avemaría.

5.ª oración:

María al pie de la cruz, contempla y participa de la agonía y muerte de Jesús. Avemaría.

6.ª oración:

María ve que el centurión hunde la lanza en el corazón de su hijo y, bajado de la cruz, lo tiene en sus brazos. Avemaría.

7.ª oración:

Piensa en la soledad de María, después de ser enterrado su hijo. Avemaría.

UN CIRUJANO Y UN PISO EN LA CALLE SERRANO DE MADRID

Creo que no soportaría volver a experimentar todo aquello. Es más, ¡se me hace difícil hasta recordarlo! Fíjate, hasta el día de hoy me turbo al traer todas esas experiencias a la memoria. ¿Que si creo que podré superarlas algún día? ¡Ah!, sospecho que no. Fue demasiado fuerte, amiga mía.

Tienes razón. Debo empezar por el principio o tus lectores se armarán un lío de los gordos. Vamos a ver. ¿Te parece que comience explicándoles por qué alquilé aquel piso? ¿Sí? Vale. Comencemos entonces por ahí.

Ya llevaba dos años trabajando como cirujano en uno de los hospitales más conocidos de Madrid, cuando me trasladé a ese piso de la calle Serrano. Soy de Burgos y ser contratado en semejante centro de Madrid me proporcionaba un buen salto profesional. Me dio mucha pena dejar a mi novia y a mis padres en Aranda del Duero, pero la oportunidad estaba ahí y no podía arriesgarme a perder ese tren que pasa tan pocas veces por la vida.

¡Ah!, no me pidas que te nombre el lugar de trabajo. No, ni hablar, ¡que no te lo digo!

¿Acaso no ves que podrían dudar allí sobre mi cordura?

271

¡Con lo que me ha costado hacerme un nombre como cirujano! Además mantengo cierta relación con mis compañeros de entonces, les veo con asiduidad y si leen tu libro, pues, ¡imagínate lo que pueden pensar sobre mí! En otras palabras: temo que piensen que estoy como las maracas de Machín. Esto podría acarrearme problemas serios en mi trabajo y, después de todo lo que me ha costado, pues...

Por entonces aún estaba soltero, empezaba una nueva vida en la capital y me devoraban las ganas de progresar rápido. También ansiaba demostrar a Nuria, la prometida que tenía entonces y que es hoy mi mujer, que pronto conseguiría ser un gran cirujano, un profesional como la copa de un pino y, como consecuencia, un esposo pudiente en menos de lo que canta un gallo. Pero también tenía claro que para lograr esto último, ¡primero tendría que currar duro!

Me pateé varias agencias inmobiliarias y en todas me decían que encontrar un piso en un lugar céntrico que no fuera una caja de cerillas costaría una fortuna que yo obviamente no tenía. Por ello me llevé una sorpresa inmensa cuando me telefonearon una mañana para decirme que había entrado en el mercado una oportunidad inigualable. Se trataba de un pisazo de dimensiones espléndidas en el mejor barrio de Madrid.

—Pero, señorita —me quejé a la señorita de la agencia—, ya le dije que tengo un presupuesto medianito.

—En eso consiste su suerte, doctor Sánchez —contestó—. Ofrecen alquilarlo por un precio ridículo. ¡Entra en su presupuesto!

Yo me quedé perplejo. ¡Vaya suerte que había tenido!

—De acuerdo... Si usted lo dice, iré a visitarlo —respondí lleno de curiosidad.

—Perfecto.

Y así a los pocos días, con cierta sospecha y algo

mosqueadillo, fui a visitar el lugar. ¡Caray! Nadie me había preparado para aquella sorpresa. El piso era precioso, poseía amplios salones, terraza con vistas impresionantes y dos dormitorios versallescos. Las paredes eran muy altas y los techos estaban decorados de filigranas de enorme elegancia y clase.

—Esta vivienda es una preciosidad —comenté embobado.

—Sabía que le encantaría. Si yo fuera usted no lo dudaba —contestó la chica de la agencia llena de convencimiento.

—Pero, señorita —insistí—, temo que en pocos meses me hagan pagar por mi estancia en él una barbaridad. No entiendo cómo piden tan poco por el alquiler. Verdaderamente no quedan pisos así por Madrid a semejante precio. ¿No habrá gato encerrado?

—Ya he sospechado que pueden a usted colársela, doctor. Por eso he preguntado a los dueños una y mil veces si están seguros de que desean exigir tan bajo precio. Ellos me han insistido en que no debemos preocuparnos, que la decisión está tomada y que no cambiarán de idea al menos durante los primeros años. Por lo visto, lo acaban de heredar de una vieja tía que les anunció que en tiempo indefinido, el edificio será derribado en su totalidad para rehacerlo por dentro. Al parecer hay una gran constructora que está negociando con los vecinos para adquirir cada piso y reformarlos.

—¡Ah! Entonces me echarán a la calle en poco tiempo; ya lo verá. No sé si fiarme —anuncié lleno de preocupación.

—No se preocupe, doctor —me aseguró—. En el bajo viven unas viejecitas que se niegan en rotundo a vender. Todos los vecinos están esperando que la constructora haga una oferta algo más alta por cada vivienda, así que puede usted estar tranquilo. ¡Llevan negociando años y nadie vende! Mi opinión es que la negociación de la venta de todo el edificio será ardua.

—Bueno, el piso es tan bonito, la zona tan perfecta y el precio tan bajo, que quizá valga la pena que me arriesgue... ¡Al menos podré vivir como un sultán hasta que me echen! —dije al fin rendido ante la oportunidad.

La agente inmobiliaria soltó una gran carcajada.

—¡Claro que sí, doctor! Ya se lo he dicho: si yo fuera usted, no dudaría en quedarme aquí.

Y así fue como un buen día me encontré trasladando los pequeños bártulos que había traído de Aranda del Duero y metiéndolos en el espacioso pisazo de la calle Serrano número (X).

Una vez instalado, Nuria vino a verme y se mostró contentísima con el alquiler.

—¡Rubén, esto es preciosísimo! —dijo plena de entusiasmo.

—Sabía que te gustaría —contesté lleno de satisfacción.

—Pero... —añadió dubitativa.

—¡Ah!, ¿es que acaso le encuentras alguna pega a este pedazo de palacio?

—Bueno, sólo me preocupa que te sientas muy solo en este lugar tan hermoso. Las habitaciones son demasiado amplias para ti, los baños enormes y los dos salones... ¡Ay, ésos! Parecen estancias de salas de baile. ¿Para qué los vas a utilizar?

—Uno puedo acomodarlo como mi despacho y el otro, bueno, con cuatro muebles que encontremos por ahí quedará muy acogedor.

—Pero...

—No te preocupes por mí. Estaré bien —le aseguré.

—Si tú lo dices...

¡Ay si hubiera sospechado lo que acontecería entre esas paredes tan elegantes!

Los primeros meses transcurrieron con toda normalidad. Yo era feliz entre tanta belleza. El barrio era elegante, los vecinos bastante amables y el hospital donde trabajaba estaba situado a pocas manzanas. Cuando me sentía solo prendía la música en la radio o ponía un casete. Nada me hacía presentir que algo siniestro se ocultaba entre esas bellas paredes de altos techos señoriales.

El primer atisbo de que algo extraño acontecía en el lugar se asomó a mediados del primer invierno, cuando celebré mi cumpleaños con una pequeña fiesta para mis amigos. El salón bullía entre charla animada y canapés, cuando llegaron dos de mis invitados. Se trataba de un par de muchachos que trabajaban conmigo en el hospital; uno era anestesista, mientras que el otro hacía prácticas de cirugía.

—No sabes lo que nos acaba de ocurrir en la escalera —me dijeron con expresión indescriptible.

—Ya sé —interrumpí—. Se ha roto el ascensor otra vez y habéis tenido que subir los cinco pisos andando. ¡Lo siento! Siempre estamos igual con el maldito ascensor.

—¡No, qué va! —contestaron al unísono—. Es cierto que se ha roto el ascensor y que hemos tenido que subir a pie, pero se trata de otra cosa bastante peor.

—¿De qué? —pregunté lleno de curiosidad—. ¿Os habéis topado con las viejucas extrañas del bajo? Estoy de acuerdo en que son tan feas que dan un poco de miedo, pero os aseguro que son inofensivas. Yo también me asusté la primera vez que vi a una de ellas sin su peluca puesta, ¡ja, ja!

—No, tampoco se trata de eso. A las viejas esas ni las hemos visto. Nos ha pasado algo mucho más raro, tío...

—Vaya, pues no se me ocurre nada peor. ¿De qué se trata? —dije prestando ya toda mi atención.

—Pues, no te lo vas a creer, pero en fin... Es que en el rellano del tercer piso nos hemos chocado literalmente con dos damas muy guapas. Eran jóvenes o al menos lo parecían. Llevaban ropajes muy elaborados, compuestos de faldas largas, miriñaque y sombrero. Una de ellas se abotonaba una capita como de visón y la otra sostenía un paraguas lleno de encajes en la mano... Al verlas sonreímos, pues parecía que acudían a una fiesta de disfraces donde podrían ganar el premio a la mejor vestimenta del siglo XIX. ¡No sabes qué elegantes estaban! Al pasar junto a ellas nos miraron sin pestañear y nosotros saludamos educadamente. ¡Pero, tío, no contestaron! Eso nos extrañó un poco y, como la verdad es que eran bonitas, me di la vuelta desde unos escalones más arriba para echarles un último vistazo. ¡Fue entonces cuando me pegué un susto de muerte!

—¿Por qué? —pregunté con tono guasón—. ¿Acaso se han puesto a atizaros paraguazos escaleras arriba? Je, je.

—¡No! ¡Es que habían desaparecido! —contestó haciendo un chasquido con los dedos de una mano—. Se habían desvanecido en el aire en menos de un segundo.

—¡Vosotros lo que habéis hecho es fumaros un porro antes de subir! —dije llenando de carcajadas la habitación.

—Que no, tío... —se defendieron.

Pero no me convencieron. Pobrecitos, ¡y yo que me burlé encima de ellos! Vaya lo que me esperaba.

Bueno, la cosa es que la fiesta acabó y mis amigos marcharon pensando que era un incrédulo. Pero fue precisamente a partir de esa experiencia cuando se disparató todo en mi preciosa y luminosa casa de Serrano.

Nuria venía a verme los fines de semana y, durante

sus estancias, se quejaba de que sentía algo de incomodidad en ciertas habitaciones del piso.

—¿Sabes una cosa? —me dijo un día de forma inesperada—. No me termina de gustar esta casa... ¡con lo que me agradaba venir al principio!

—¿Por qué? —pregunté lleno de sorpresa.

—No sé, hay algo en ella que... me da como escalofríos.

—Bueno y, ¿desde cuándo te sientes incómoda aquí? Nunca antes me habías dicho nada al respecto.

—Ya lo sé. Es que desde hace unos meses siento a mi lado algo extraño. No sabría explicarte, es una sensación rara. Algo me hace suponer que no estamos solos cuando charlamos en el salón.

—¿En el salón? —interrogué curioso.

—Bueno, si te soy sincera, también me ocurre en la cocina y en la biblioteca, sobre todo en este último lugar.

—No sé, mi vida, yo no noto nada.

—¡Bueno! —contestó algo confusa—. Entonces serán cosas mías. La verdad es que hasta yo me sorprendo. A veces pienso que estoy un poco obsesionada.

—¿Por qué dices eso?

—Bueno, no me hagas caso... es que vi un programa en la tele sobre fantasmas y se me pasó por la cabeza que tal vez aquí haya un espectro escondido que no está del todo contento con nuestra presencia.

—Pero ¡nena! —grité sorprendido—. ¡Cómo se te ocurre una sandez tan grande!

—Ya te he dicho que no me hicieras demasiado caso —contestó llena de pudor—. No sé por qué te lo he confesado. ¡Son sólo cosas extrañas que ni yo entiendo! No tiene mayor importancia. Hablemos de otra cosa.

—Pero mi vida... —intenté decir.

—¡Déjalo te digo! —interrumpió—. No quiero volver a hablar de ello. Son tontadas, ya se me pasará.

¡Pobre Nuria! Y es que he de informarte de que yo la había ocultado lo sucedido con mis amigos del hospital en el rellano de la escalera, pues pensé que, efectivamente, se habían fumado un porrillo o que estaban gastándome una broma de mal gusto. Fue entonces cuando decidí sincerarme con ella al respecto.

—Es curioso que digas eso —dije tras unos minutos de silencio—. A un par de amigos del hospital tampoco les hace gracia venir a verme aquí.

—¿Ah, no? ¿Y por qué? ¿Acaso te han dicho que sienten algo parecido a lo que yo te he confesado?

—Pues... No sé... Bueno, sí, me contaron algo raro. Que se toparon con dos señoritas del siglo XIX en el rellano de la escalera. Ahí abajo, en el segundo piso.

—¡Ay, la leche! —exclamó mi prometida con ojos desorbitados—. ¿Y tú por qué porras me ocultas algo tan gordo?

—¡Porque son cosas de gente chalada, mi niña! —le dije abrazándola para convencerme a mí mismo de que todo aquello se trataba de un disparate.

Y es que yo creo que con aquel comentario me asusté, la verdad. Y supongo que entonces empecé a sospechar que al fin y al cabo cabía la posibilidad de que mis invitados no se hubieran fumado un porro.

—No pensemos cosas raras, cielo —insistí utilizando una voz segura y convincente—. No es bueno.

—No, si yo no tengo ganas de pensar ideas raras —contestó la pobre Nuria—. Como tú dices, será mejor que no hablemos más de estas cosas. ¡Nos podemos sugestionar!

Nuria tuvo que regresar a Aranda del Duero al día siguiente y yo seguí con mi vida en el hospital intentando no pensar demasiado en ello. La pura verdad es que mi felicidad en la casa no había variado. Me sentía alegre siempre que entraba; no observaba nada extraño y no me asustaba con facilidad. Tampoco oía ruidos desconocidos ni se movían los muebles solos. Durante unas pocas semanas tras aquella observación de Nuria, la vida transcurrió con normalidad. Sin embargo, algo cambió cuando mis padres vinieron a visitarme para celebrar la Navidad junto a mí.

Mi hermana Tadea les había acompañado con su hijo Dieguito, un muchachillo al que adoro y que entonces rondaba los cuatro años. Los primeros días mis familiares se mostraron encantados con mi vivienda.

—¡Qué lugar tan señorial! —comentó mi hermana en cuanto se instaló.

—No sabes cuánto me alegro de que hayas encontrado un piso tan bonito —me animó mi madre.

No había transcurrido ni el primer fin de semana cuando, estando yo estudiando en el salón que hacía las veces de despacho, oí cómo mi padre salía corriendo a grandes zancadas del comedor colindante.

— ¡Ay, Señor! —susurraba lleno de congoja, tocándose el pecho con una mano.

—¡Papá, papá! ¿Qué pasa? —oí que decía Tadea asustada—. ¿Estás bien? ¿Qué te sucede?

—¡Jesús, qué miedo! —repetía papá pálido como una hoja de papel.

—Pero ¿qué te ha ocurrido? —gritó mi madre, que había acudido desde la cocina al oír sus palabras.

—Pues... no lo sé muy bien. No me vais a creer, pero estaba tomándome un café cuando la cafetera ha salido volando por los aires y se ha ido a posar en la repisa más alta de la estantería. ¡Lo he visto con mis propios ojos! A mí me parece que algo ha debido sentarme mal y estoy alucinando.

—¡Las malditas setas del tío Agustín! Te lo dije, no deberíamos habérnoslas tomado —gruñó mi madre ayudando a mi padre a sentarse en una banqueta de la cocina—. Se empeña a cogerlas en el pinar jurando que entiende y mira... ¡Casi te envenenan!

—Pero, mujer —contestó mi padre con ojos lastimeros—. ¡Si la cafetera está en la última balda! Ve y compruébalo tú misma.

Y ahí que nos fuimos mi madre, Tadea y yo a empellones hasta el comedor, donde con horror nos encontramos la cafetera casi colgando de la última balda de la estantería.

—Hijo —me dijo mi madre en cuanto se percató de aquello—, creo que el pobre papá está fatal. ¡Mira que trepar de esa manera por la estantería por gastarnos una broma! Se podría haber matado. Además, ha colocado la cafetera tan mal que se va a estrellar contra el suelo y se hará añicos. ¡Bájala, hijo, no vaya a ser que nos abra la cabeza!

Y es que mi madre no había creído ni una sola palabra de mi pobre progenitor.

—Después de ésta —siguió diciendo—, al tío Agustín le pongo las setas de boina. ¡Qué nos habrá hecho comer el muy despistado!

Yo no me atreví a decir nada a mis padres sobre lo que comenzaba a sospechar, quizá porque hasta yo mismo empezaba a temer que algo de lo más extraño sucedía en mi hermoso piso. Parecía como si algo o alguien no deseara que nadie más que yo viviera en la casa. Lo pensaba y meditaba, y concluía que no era normal que no notase nada, mientras que amigos y familiares experimentaran cosas de lo más sobrenaturales. Y por ello, como te digo, callé y guardé mis temores para mí solito.

No habíamos superado el susto, cuando de pronto escuchamos al pobre Dieguito llorando como loco desde el fondo del pasillo. «¡Mamá!», gritaba desesperado. Salimos disparados hacia el pequeñín y para nuestro espanto, descubrimos que algo le sujetaba por la espalda. Realmente lo que tenía estirado como un chicle eran unos tirantes elásticos que le sujetaban su pantalón de niño.

En un principio, como estábamos en la otra punta del pasillo, supuse que el chico se había enganchado los tirantes en el clavo de una puerta o quizá en un viejo picaporte. Pero se nos pusieron los pelos de punta cuando llegamos al lugar preciso en donde nos esperaba ansioso, pues ante nuestro estupor, nada parecía enganchar aquella prenda de vestir. Justo cuando mi hermana Tadea se disponía a liberarle de aquel extraño clavo invisible, los tirantes fueron soltados por Dios sabe qué, le golpearon la espalda y el pequeño se echó a llorar desconsolado.

—¡No llores, nene! —le consolaba mi hermana sin saber muy bien qué hacer—. ¡Sólo ha sido el picaporte de la puerta, que te ha debido enganchar los tirantes!

—¡Que no, mami! Pero ¿no le habéis visto? —preguntó mientras le acariciábamos la espalda para aliviar el dolor que le había producido el golpe elástico de los tirantes.

—¿A quién, pequeñín? —interpreté aterrorizado, utilizando un tono de voz suave y tranquilo para transmitir seguridad a todos—. ¿Qué es lo que tu mamá y yo teníamos que haber visto?

—¡Pues al viejo de la risa fea! Aquí había un señor con muchas arrugas que me ha agarrado los tirantes por detrás y no me dejaba andar. ¡Ay, mami, qué feo es y cuánto miedo me da!

Pues hija, si al nene le dio miedo, no te cuento a mí...

—¿Qué le ha ocurrido a mi nieto? —interrogó mi padre desde la cocina todavía reponiéndose de su propia experiencia. Vamos, que si yo hubiera querido matarle, la oportunidad elegida hubiera sido la de contarle lo recién acontecido. Y por ello, Tadea y yo nos quedamos más muditos que el enano de Blancanieves y nos guardamos para nosotros el espantoso acontecimiento que acabábamos de presenciar.

Mi pobre hermana luchó con uñas y dientes para convencer a su pequeño de que todo se había debido a un estúpido clavo de la puerta y, poco a poco, logró medio distraer a Dieguito.

—En esa casa pasa algo muy raro —me amonestó Nuria cuando horas más tarde se lo relaté telefónicamente—. Te digo que cada vez me gusta menos que vivas allí, ¿por qué no buscamos otra vivienda? ¡Esto no puede seguir así!

—Bueno, Nuria —contesté intentando calmarla—. Te prometo que antes de la boda buscaremos algo que te guste más.

—¡Eso por supuesto! Vamos, que ahí no paso contigo ni un fin de semana más.

—Vale, bonita, vale... Tú no te preocupes más.

Gracias a Dios aquel tipo de experiencias no se volvieron a repetir durante aquellas Navidades y, como si de un milagro se tratara, las medio olvidamos.

Mis familiares tuvieron que regresar a Aranda después de la celebración de la fiesta de los Reyes Magos y yo me volví a quedar solito entre aquella belleza plagada de fenómenos inexplicables.

No había pasado ni un mes cuando recibí la feliz llamada de un amigo que estaba estudiando un curso de posgrado en Estados Unidos. Deseaba disfrutar de unos días de descanso en Madrid para ver a una chica de la que andaba enamoriscado y me pidió permiso para instalarse conmigo durante una semana. Le contesté afirmativamente, pues nos teníamos gran cariño y había transcurrido mucho tiempo desde la última vez que habíamos charlado juntos.

—¿Cabré en tu choza? —me preguntó lleno de entusiasmo.

—¡Vaya si cabrás! —respondí—. Esto es un palacio, chaval, podrás vivir en un ala de la casa y hasta no tendrás que verme si no te apetece.

—¡Siempre has conseguido chollos, sinvergüenza! —bromeó.

«Si tú supieras...», pensé.

Si quieres llamarme desgraciado, hazlo, pues la pura verdad es que no me atreví a contarle que mi casa era ciertamente hermosa, pero de lo más extraña debido a los sucesos espirituales que ya comenzaban a ser un fastidio. ¡Me pudo la vergüenza! Mi amigo supondría sin duda que se trataría de una pésima excusa para no admitirle como invitado; y además, me atormentaba sospechar que concluyera que me había vuelto majareta. Así que le invité encantado. Me haría mucha compañía cuando regresara del hospital, charlaríamos de todo lo que nos había robado la distancia y compartiríamos mil confidencias. Quizá con un poco de suerte, no se le aparecería el fantasma que había aterrorizado a mis familiares. Y ahora dime que me comporté como un cobardón y no te contradeciré.

El día que aterrizó en casa, cenamos alegremente en la cocina y charlamos hasta bien entrada la noche. ¡Hacía tanto tiempo que no nos veíamos! Creo que mi reloj de pulsera marcaba las tres y cuarto de la madrugada cuando al fin nos fuimos a dormir medio abrumados por la somnolencia.

—Hasta mañana, Antonio —le dije desde el fondo del pasillo—. Que duermas bien.

—Gracias, amigo, lo necesito. ¡Qué lejos está América, tío! No se te ocurra despertarme antes de las doce de la mañana porque entre el cambio de horario y el cansancio pretendo tomarme el día con la pausa de un sultán.

—Claro —contesté—. Tranquilo que aquí estás a salvo de jaleos. No haré ruido.

Y después de eso, me metí en el dormitorio, cerré la puerta tras de mí, me acosté y caí en un sueño profundo.

Precisamente un ruido atormentado en el pasillo fue lo que me despertó a las ocho de la mañana. Parecía como si hubiese alguien recibiendo cachetazos y protestando por ello. Con los ojos llenos de legañas y rascándome los cuatro pelos que aún me quedan, salí descalzo para ver qué porras pasaba. Me quedé de una pieza cuando vi a Antonio al otro extremo del pasillo protegiéndose la cabeza y la nuca con manos atropelladas.

—¡Para ya, cabrón! —decía angustiado.

Parecía como si estuviese recibiendo bofetadas en el cogote, o tobas en las orejas.

—¡Quieto, por favor! —comenzó a gritar.

—¡Eh, Antonio! —dije desde la puerta de mi cuarto con una voz llena de gallos a causa del brusco despertar—. ¿Qué demonios te pasa? ¿Por qué te golpeas?

—¡Yo no me sacudo, idiota! ¿Acaso no ves al viejo este que está detrás de mí atizándome leches?

¡Ay, Dios mío! Ahí empezaba la fiesta del fantasma otra vez. Salí corriendo hacia mi amigo con el corazón concrito. No sabía lo que me podía encontrar al alcanzarle, pero gracias al cielo, me comporté como un buen amigo y acudí en su ayuda.

Como ocurrió con el pequeño Dieguito, a pocos pasos de Antonio, aquel fantasma dejó de golpearle y desapareció de su vista. El pobre muchacho clavó su mirada en mis ojos con expresión de espanto y acto seguido pegó un salto tal que casi me mata del susto. Y es que Antonio se quería colocar a mis espaldas para alejarse de aquel espectro que le había despertado a base de cachetazos.

Cuando unos minutos después nos intentamos tomar un café sentados en las banquetas de la cocina, nos temblaban tanto las manos que no atinábamos a acercarnos las tazas a la boca sin derramar gotas por la mesa.

—¡Caray, tío! —balbuceaba el pobre—. Jamás me ha pasado nada semejante.

—A mí tampoco —mentí para no perder su amistad. ¡Ay de mí si se hubiera enterado entonces de que le había ocultado todo lo que había estado sucediendo en aquella casa durante los últimos meses! Me hubiera estrangulado con razón—. Pero ¿qué ha pasado? —pregunté por no saber que otra cosa decir.

—Pues no lo sé muy bien —contestó aún pálido como la luna—. Sólo te puedo decir que estaba profundamente dormido y noté cómo algo me caía sobre la cara. Eran como piedritas o habas o yo qué sé. La sensación que sentí era que me lanzaban guijarros.

—¿Guijarros? ¡Ay, la leche qué raro, Antonio! —respondí. Y es que yo estaba con más miedo en el cuerpo que él mismo y la verdad es que me estaba empezando a enfadar por entender que la mansión en la que me había metido era barata porque tenía un pedazo de espectro dentro. ¡Estaba aterrorizado!—. ¿Y luego qué pasó? —insistí.

—No sé, abrí los ojos incómodo y... y...

—¡Y qué!

—Joder, pues que vi a un tío muy feo pegado al techo que me miraba, se reía y me lanzaba como trocitos de escayola o piedritas. ¡Yo qué quieres que te diga!

—Ay, madre —susurré tapándome la cara con ambas

manos—. A mí me parece que yo me largo de aquí hoy mismo.

—Pues no sé tú, pero lo que es yo, hago las maletas después del desayuno y me voy a pasar el resto de la semana a casa de mi tía Eloísa que, aunque es un pedazo de plomo, al menos no tiene fantasmas por la casa.

—Ya —asentí resignado—. Pero dime, ¿por qué te golpeabas en el pasillo?

—¡Pero si lo hacía ese hombre! Ya te lo he dicho.

—Sólo me has contado que estaba pegado al te... techo —tartamudeé.

—Es verdad... ¡Uf, qué espanto! Es que yo me quedé horrorizado mirándole, sin poder ni pestañear del pavor. Entonces bajó despacito, no sé cómo lo hizo el desgraciado, pero el caso es que en unos segundos estaba a la vera de mi cama y comenzó a darme cachetes con una mano como para arrancarme de las sábanas.

—¿Y entonces?

—Pues que me levanté de un respingo dando voces y salí corriendo del cuarto con él pegado a mis talones atizándome el cogote. Lo demás ya lo has presenciado tú mismo.

—¡Yo no le he visto! —grité desesperado.

—Pues yo sí, amigo. Y, como te digo, me largo ahora mismo de tu chabola... Y te aconsejo que me sigas. En casa de tía Eloísa estaremos mejor aunque tengas que dormir en un colchón a mis pies.

No sabes lo a gustito que estuve en casa de doña Eloísa. Vamos, que ni en el Hotel Ritz.

* * *

Mi querido Rubén:

Tienes razón. Voy a ocultar tu nombre y el lugar exacto de la calle Serrano donde tantas penurias has tenido que sufrir por causa de las benditas almas del purgatorio. Porque se trataba de eso, ¡Rubén! Vete tú a saber quién murió en aquel lugar o qué familia no oró por ese pobre pariente fallecido.

Al igual que a ti, me preocupa lo que de ti puedan decir tus compañeros en el hospital o incluso tus pacientes. ¡Con lo que has luchado por hacerte un nombre en el hospital en donde operas! Como para echarlo todo a perder ahora contando tan terribles anécdotas. De todas formas, poco remedio tiene ahora aquel pobre espectro porque, de haberme contado esto cuando te ocurrió, te habría aconsejado que oraras por él.

Ya sé que, aunque estás bautizado y te has casado por la Iglesia, no eres demasiado creyente; pero te aseguro que la Iglesia católica sí que conoce bien a tu espectro de la calle Serrano. Es más, conoce a todos los espectros, fantasmas o benditas almas del purgatorio, que es como a ella le gusta llamarlas. Y sabe que están en un lugar de expiación, de dolor y de angustia. Y por ello intentan llamar desesperadamente la atención, para que se les ayude a llegar al cielo, a ese lugar que tanto anhelan.

Sólo con nuestra oración podremos ayudarles a conseguirlo. ¡Si hubieras rezado algunas de las oraciones que expongo en este trabajo, no te habría molestado tanto! ¿Pero ¿qué podías hacer si desconocías todo sobre las ánimas?

Mira, Rubén, el misterio del purgatorio no es una diversión, sino un gran misterio del amor divino. Las almas que moran ahí sienten la presencia de Dios, la anhelan con todas sus fuerzas, pero son profundamente desgraciadas porque no pueden alcanzarle. No les está permitido este privilegio final porque no están totalmente despegados del pecado. Sus almas están sucias, son imperfectas, pues los fallos cometidos durante la vida se las han estropeado. ¡Y en el cielo sólo se puede entrar con la más perfecta de las santidades! Por ello debemos orar con todas nuestras fuerzas cuando un suceso semejante al que te ha ocurrido nos turba la vida.

Hay muchos testimonios de gentes de la Iglesia, y no precisamente todos son reconocidos como santos por ella, que han tenido experiencias sobrenaturales con almas como las que tú o tus amistades habéis visto. A mí me gusta releer las que vienen relatadas en un magnífico libro titulado *El purgatorio, una revelación particular*, editado por nuestra española editorial Rialp, y firmado como anónimo. Se trata de las experiencias que un sacerdote desconocido ha vivido durante muchos años y cuya identidad no ha deseado revelar.

En ellas, él tenía el privilegio de experimentar visiones místicas donde le era mostrado el purgatorio y el infierno. De este último, el pobre hombre casi ni habla, pues sólo al intentar hacerlo perdía el sentido arrebatado por un miedo atroz. No quería transmitir ni recordar aquello que vio durante sus éxtasis. Sin embargo, habla extensa y profundamente del purgatorio. Entre otras cosas interesantísimas nos dice:

> Vi en el cielo, en un estrato muy cercano al purgatorio, miríadas de ángeles que oraban por las almas purgantes. También vi a miles de santos que se acercaban intercediendo por ellas a la Santísima Virgen. [...] El Se-

ñor bendice esta oración y permite que los ángeles derramen sobre el purgatorio un rocío de amor, que alivia y reconforta a las almas. [...] Ése es el gran misterio de la comunión de los santos y su eficacia en el purgatorio es también un efecto de la misericordia divina. Dios da a los ángeles y a los santos del cielo, así como a los que estamos todavía aquí abajo, el encargo de orar por estas benditas almas y de darles consuelo y alivio. Es un deber para nosotros, una gran obra de misericordia a favor de estas almas.

Se me dio a conocer que las almas del purgatorio reciben algunas veces, según los designios de la providencia divina, la posibilidad de manifestarse aquí en la Tierra. Estas manifestaciones pueden adoptar diversas formas. Tales manifestaciones también son permitidas por la misericordia divina. Para la Iglesia militante tiene un triple fin:

— recordar al pueblo de Dios que debe orar por estas almas,

— llamar al pueblo de Dios a la penitencia para su santificación y

— advertir al pueblo de Dios que sólo está de paso sobre la Tierra.

No faltan extraordinarias descripciones del purgatorio, entre las que he destacado la siguiente:

Durante la oración de la mañana, se descubre a mi vista un inmenso fuego silencioso e inmóvil, pero de un calor intenso. Este calor es inconcebible, estoy en un baño de fuego, mi alma arde por dentro y por fuera. Entiendo que se me está mostrando el misterio del purgatorio.

Ése es un fuego como de amor encendido por Dios. Es una manifestación del misterio del purgatorio. No sé cómo explicarlo, el misterio del purgatorio es la purificación de las almas en estas llamas, es la reparación que deben a Dios por el pecado y por sus secuelas en el alma, por sus consecuencias, desde la más mínima hasta la mayor.

La reparación consiste en un castigo terrible: estar privadas de Dios, de su presencia beatífica. Lo sienten, pero no lo pueden tocar ni acercarse a Él. Se trata de un estado de sufrimiento sin par, una terrible expiación para un alma abrazada por la caridad divina [...], que la atrae y quiere darse en plenitud. Pero ella no puede acercarse; está inmóvil y no puede alcanzarlo. [...]

Todas las almas que están en el purgatorio arden de deseo de llegar al Amado, a Dios, y les devora el deseo de acompañarle por la eternidad. [...] Sin embargo, no pueden alcanzarle porque ya no puede merecer. Dios llegó a su vida, pero ellas no estaban listas. [...] Entonces sólo les domina una esperanza: la de que los vivos que dejaron atrás recen por ellas. Sólo sus oraciones podrán ayudarles a llegar a la presencia eterna de Dios. [...]

El castigo del purgatorio consiste entonces en estar privado de Dios y lo padece el alma de tres maneras dolorosas:

— deslumbrada por la luz divina, está sin embargo todavía en la oscuridad,

— cautivada por la belleza y la santidad del Señor, se siente oprimida,

— atraída por el amor divino, está todavía alejada de Él.

Y éstas son las tres penas de esta privación de Dios; penas comunes a todos los que están en el purgatorio.

Bueno, Rubén, poco más puedo añadirte.

Ya me conoces bien y sabes que aún soy de lo más ignorante en estos temas. Por lo demás, no odies demasiado a aquellas pobres almas que tanto te fastidiaron. Espero de corazón que no te las vuelvas a topar por la vida. Pero, si lo hicieran, ¡no pasa nada, amigo! Ya sabes, reza por ellas y te dejarán tranquilo para siempre.

Con todo mi cariño,

LA AUTORA

UNA JOVEN ESTUDIANTE
Y UNA FASTIDIOSA ABUELITA

Ahora ya me atrevo a contarlo pero, por aquel entonces, ¡cualquiera se lanzaba! Y es que hoy tengo más canas en la cabeza que mi tía Gertrudis, que ya es decir. La edad da seguridad, nena. Ya lo comprobarás por ti misma cuando alcances mis sesenta años. ¡Ja! No te queda todavía nada, qué suerte. Aprovéchate de la vida que eres aún muy joven. ¡Ah, si yo tuviera tus años!

Aunque me ves ahora con alguna que otra goterilla y un par de nietos rondándome a todas horas, yo fui una joven muy hermosa, con fina figura y porte elegante. Y no me faltaron pretendientes, je, je. Pero de eso hace ya muchos años; tantos como los que han pasado desde que me ocurrió aquello.

¿Qué nos centremos de una vez? Sí, tienes razón. Ya sabes que hablo mucho y me enredo con facilidad, así que quizá debiera ordenar mis ideas para contártelo todo en línea recta y sin borrones.

Pues, como te decía, era aún muy joven cuando me ocurrió eso tan terrible. Había vivido toda mi infancia y adolescencia en El Salvador, mi país de origen, y mis padres habían decidido enviarme a España para estudiar aquí la carrera universitaria. Este país tenía fama por entonces de ser una nación de principios católicos sólidos y como en casa éramos muy creyentes pues...

No tenía familia directa en Madrid, pero mis padres gozaban de ciertas amistades que nos echaron una mano a la hora de encontrar un alojamiento para mí en esta maravillosa capital. Fui yo la que les insistí que deseaba instalarme en un hogar, pues siempre he sido tímida y me asustaba lo desconocido. Pensé que en un hotel para señoritas estudiantes, que era como se llamaban a los colegios mayores para chicas en los sesenta, me sentiría sola y echaría terriblemente en falta el calor de mi hogar.

Así que las amistades de mis padres se pusieron las pilas preguntando a gentes de confianza si conocían una vivienda en la que pudiera adaptarme a la vida madrileña. Hasta que no localizaron una familia extraordinaria que pudiera quererme como a una hija, no pararon de dar la lata a todo el mundo. Y así, antes de lo esperado, me vi acogida en una preciosísima casa de uno de los barrios más elegantes y señoriales de la ciudad de Madrid.

No puedo mencionar el verdadero nombre de aquellas buenas y muy educadas gentes, pues eran y son aún hoy enormemente conocidas en Madrid. Verdaderamente estoy convencida de que los familiares que han sobrevivido a aquella curiosa experiencia, no desean ni por asomo que se sepa lo que ocurrió entre las paredes de su hermoso hogar, allá por el año 1966. Para que tus lectores puedan seguir un poco el hilo de este jaleo, sólo diré que se trataba de la familia de los marqueses de Concha Espina, título nobiliario que, por supuesto, me acabo de inventar ahora mismo. Con él sólo quiero dar una pincelada imaginaria al lector, para que se haga una vaga idea de la zona en la que posiblemente se ubicaba la verdadera espaciosa y palaciega vivienda.

294

Aquellas gentes se mostraron extraordinariamente acogedoras conmigo. Sus maneras eran de una elegancia exquisita y siempre me hicieron sentir como una hija más entre las paredes de su hogar. Tuve la enorme suerte de que tuvieran una hija encantadora llamada Magdalena. Tenía mi edad, diecinueve años, y congenió mucho conmigo. Gracias a ella y a su simpatía natural, pronto me encontré incluida entre su grupo de amistades.

En la vivienda habitaba también la exquisita y delicada abuela de mi nueva amiga. Mujer de gran dignidad, respetada en el Madrid de entonces, poseía un título nobiliario de importancia además de gran estilo y cultura. La gente la admiraba, pero yo la temía, pues pronto percibí en ella un defecto que me resultaba muy incómodo: aquella dama criticaba a todo el mundo.

—¿Habéis visto a Fifí Cuevas? —decía a su familia delante de mí sin ningún pudor—. ¡Qué vergüenza! Una viuda como ella y vistiendo con colores tan sólo un mes después de perder a su esposo. ¿Dónde llegará la juventud con estos pésimos ejemplos?

—Mamá, eres un poco anticuada —respondía su hija, la madre de mi amiga, con cierta incomodidad.

—¡De antigua nada, insolente!

En otra ocasión la oí hablar mal de una amistad que, la verdad, siempre que venía de visita era cariñosa y amable.

—Qué poca dignidad tiene Elenita Pando —criticó en cuanto se marchó—. ¡Se maquilla como si fuera una mujerzuela!

—Mamá, no es para tanto —la intentaba defender su hija—. Toda la juventud lo hace ahora.

—¡Eso no es digno de la gente decente! —contestaba furiosa—. Me encargaré de que no la inviten a la puesta de largo de la hija de Maruca Castro-Viejo.

—Bueno... —asentía su pobre hija poniendo los ojos en blanco—. Haz lo que quieras, pero no me parece bien. Eso es una maldad y un día lo pagarás.

—¡Bah! ¿Qué sabrás tú? —contestaba ufana.

—Pues a mí no me parece bien que...

—¡Roberta! —gritaba interrumpiendo a su hija para no tener que darle más explicaciones—. ¡Tráigame ahora mismo el café y las pastas! Las tomaré en mi salita porque aquí todo el mundo me lleva la contraria.

—Sí, señora marquesa —respondía la doncella saliendo rauda hacia la cocina.

Durante mis primeros meses de estancia, todo fue sobre ruedas. Por las mañanas yo estudiaba en la universidad mi carrera de enfermería, mientras que por las tardes me encerraba para repasar los temas a la vez que disfrutaba con la compañía de tan elegante familia.

Quizá llevaba cerca de nueve meses cuando la abuelita criticona de mi nueva familia falleció de una forma inesperada y triste, a causa de un derrame cerebral, durante una montería en una preciosa finca de Gredos. El dolor que produjo esta pérdida en la familia fue enorme. Ya sabes lo que es que la vida te arranque de un soplo a un ser querido, así, de una manera tan precipitada. No se tiene entonces tiempo de despedirse en condiciones.

La enterraron al día siguiente en el cementerio de La Almudena de Madrid donde, por cierto, me agarré un gran resfriado debido a que ese día el clima era desapacible y helado. ¡Fíjate si hacía frío que hasta nevó! El entierro llevó su tiempo, pues varias personalidades famosas del Gobierno franquista acudieron y el sacerdote ofreció una larga homilía que terminó por helarme los huesos del todo.

En el regreso a la casa descubrí que tenía unas decimillas y por la noche no veas qué tos me entró. Y como dormía en el mismo dormitorio de mi nueva amiga, la nieta de la fallecida, pues la pobre no pudo pegar ojo. Y precisamente por esto se trasladó durante unas cuantas noches al cuarto de al lado, con la intención de regresar al dormitorio que compartíamos cuando yo dejara de toser de aquella manera.

El funeral celebrado una semana más tarde fue tan sonado y concurrido, que hasta salió anunciado en las páginas de una revista de sociedad que se llamaba *Sol y Luna*. ¡Ja, ja, qué risa! Me río al recordar que ese semanario era muy popular, pues lo compraba mucha gente curiosa por salir en él retratadas las más hermosas jóvenes de Madrid. Yo una vez salí entre sus reportajes, creo que fue a raíz de la boda de la vizcondesa de (...).

Y después ocurrió lo de siempre, que la gente se va para su casa, vuelve a su vida y a sus cosas y la familia del difunto se queda embriagada de una tristeza difícil de soportar. ¡Ah, cuánto lloró mi amiga! Y es que ella era un alma suave y buena, y a su abuelita la había querido mucho.

No se había cumplido ni la primera semana desde el funeral de la marquesa, cuando una noche fría como el hielo me despertó un ruido extraño en el pasillo. La nieta de la fallecida seguía durmiendo en el cuarto de al lado, pues aunque mi tos había remitido mucho, aún podía molestarla durante el sueño.

Me espabilé un poco, pues tal sonido me pareció molesto. En un principio no logré reconocer de qué se podría tratar aquello. Encendí la luz y agudicé el oído. Entonces me sobresalté, pues percibí pisadas por el pasillo, acompañadas por el tintineo que produce un metal al arrastrarse. Cogí el despertador de la mesilla y me percaté llena de preocupación de que eran las cuatro de la madrugada. Una leve luz se colaba por la rajita de la parte inferior de la puerta.

«Pero ¿qué es lo que ocurre? —pensé temblorosa—. ¡Oigo pasos y sonidos metálicos! ¿Acaso hay alguien reparando algo a estas horas disparatadas de la noche? Y esa luz... Juraría que fui yo misma la última que me acosté y sé que la apagué...» No acababa de pensar aquello cuando para mi horror descubrí que las sombras de unos pies se paraban delante de mi puerta. La luz tibia que se colaba por la rendija me dejó ver cómo alguien esperaba ahí, en silencio, a que yo abriera el pestillo, gritara o sólo Dios sabe qué. Pero el caso es que ya no se oía nada, nena, el sonido metálico había parado, igual que el de las pisadas.

Por un instante se me erizó todo el vello del cuerpo. «¿Quién... hay ahí?», susurré bajito con voz temblorosa. Pero no recibí respuesta alguna. Y entonces fue cuando mi entendimiento me gritó que algo andaba extrañamente mal, pues vi cómo alguien intentaba abrir la puerta de mi dormitorio subiendo y bajando el picaporte de una manera desenfrenada.

Yo sabía con toda seguridad que había cerrado el pestillo antes de dormirme, pues es una manía que acostumbro a no saltarme ni muerta. Es que soy muy miedosa, ¿sabes? Y esa pequeña acción me produce algo más de seguridad en la noche. Pero, antes de que pudiera razonar más, aquella puerta se abrió de golpe, así, ¡pum!, como si no existieran pestillo, bisagras ni madera. Y ante mi total espanto, me topé con el cuerpo de aquella dama que había sido la abuela de la familia que me había acogido en Madrid.

Vestía algo como una bata blanca, pulcra y sin adornos. Pero su rostro, ¡oh, qué horror! Hasta el día de hoy se me hiela la sangre al recordarlo, ¡pobrecita! El pelo lo tenía engreñado, los ojos se veían cargados de una tristeza infinita y la boca... ¡Oh, esa...! ¡Se veía sucia de barro, tinta o mugre! Hasta el día de hoy no he podido descifrar qué era aquello que tanto ensuciaba la que fue una hermosa y elegante boca.

Me clavó los ojos y comenzó, despacito y tenazmente, a andar hacia mi cama. Pude percibir que arrastraba algo pegado a los pies; en cuanto comenzó a caminar se produjo ese ruido desagradable de metal que pocos segundos antes me había despertado. ¡Eran cadenas! Yo me quedé totalmente petrificada por el miedo. No sabía qué hacer, el corazón me comenzó a latir tan fuertemente que creí que se me iba a enfermar o a salírseme del cuerpo.

Aquel espectro, fantasma o como quieras llamarle, se paró junto a la cabecera de mi cama. Entonces, clavándome esos terribles ojos colmados de pena, acercó su horrible cara hacia la mía. Ya no pude aguantar más. Cogí la sábana y me tapé con ella. Comencé a llorar bajito, aterrorizada, espantada... «¡Váyase, señora! ¡Márchese, se lo ruego! —suplicaba con un pequeñísimo hilo de voz—. Yo no soy su nieta... ¡Ella está en el otro cuarto! ¡Fuera de aquí! ¡Váyase por amor de Dios!»

Y entonces, tras unos segundos que se me hicieron eternos, escuché que comenzaba a marcharse. ¡Tling, tling!, hacían las cadenas amarradas a sus pies mientras se alejaba despacito. Y después, ¡pum! Portazo gigantote en la puerta. Yo no me atrevía a asomar la cabeza y, sin embargo, tenía la absoluta seguridad de que aquel espectro había salido de mi dormitorio. No sé por qué tenía tan claro el convencimiento de ello, pues como te digo, aún tenía la cabeza bien escondida bajo las sábanas.

De pronto atravesó la pared un grito espantoso, atroz y terrorífico. ¡Era el de mi pobre amiga! Magdalena se había puesto a chillar desesperada. No recuerdo bien qué decía, pero creo que llamaba aterrorizada a su madre. Después, pasos y más pasos otra vez por el pasillo, aunque esta vez sonaban de lo más normales, ya que eran los de los marqueses, los padres de la muchacha presa de tanto miedo.

Ni que decir tiene que no pude dormir durante el resto de la noche. Me agarré al rosario como el que se sujeta a la misma vida y no separé la mirada de la puerta, no fuera a entrar el alma de la pobre fallecida marquesa otra vez. Al día siguiente, mientras desayunábamos, nadie pronunciaba palabra alguna. Yo miraba de reojo a mis anfitriones y, cabizbaja, procuraba que no me hicieran preguntas; pero como veía que era casi más incómodo no comunicarme, me atreví a comentar como si conmigo no fuera la cosa:

—Vaya, anoche no pude dormir bien, oí algunos ruidos que...

—¡Sí! —contestó liberada mi amiga—. ¡Vi a la abuela! Mejor dicho, a su alma... ¡Qué miedo pasé! Parecía ella. Tenía una bata blanca y llevaba cadenas en los talones y...

—¡Anoche no pasó nada de nada! —interrumpió seca y bruscamente la nueva marquesa—. Fue una pesadilla...

—Pero yo también la... —intervine.

—¡A callar! —gritó enfadada—. Hoy celebraremos una misa en la casa y se acabaron este tipo de comentarios.

¡Imagínate el apuro que pasé! Me puse colorada como un pimiento, clavé la mirada en el café y no volví a mencionar lo sucedido. ¡Cualquiera se atrevía! Pero Magdalena se volteó hacia mí y con un hilillo de voz tembloroso y casi imperceptible, me dijo al oído:

—Si no te importa, esta noche vuelvo a dormir contigo...

—¿No te molestará mi tos? —pregunté con timidez.

—¡Huy, qué va! Si a mí tu tos me encanta...

Pobre nena, mentía como una bellaca.

* * *

Querida Ana:

¡Vaya guasa va a montar entre mis lectores tu testimonio! La gente pensará que al fin y al cabo, el típico disfraz que se alquila de fantasma con cadenas y la bola colgando se basa en tu historia. No te ofendas, mujer. Yo no me río, ya te lo he dicho muchas veces. Es más, he leído el estudio sobre varios místicos de la Iglesia y no son pocos los que afirman que ven a las almas en los más peculiares y estrafalarios aspectos.

Se trata pues de lo siguiente: la figura de las apariciones no tiene por objeto hacerlas tan sólo visibles al ojo humano vivo, sino demostrar de manera característica el estado actual del alma en el lugar de la purificación. Así es como la bienaventurada Maria Anna Lindmayr, carmelita en Munich en el siglo XVIII, nos dice en sus escritos que las pobres almas que en vida terrena vigilaron poco sus ojos, se le aparecieron con ojos enfermos, saltones o deformes. Aquellas almas que durante la vida fueron consideradas como personas de gran sabiduría y ciencia y que presumieron mucho de ello con poca humildad y gran soberbia, se le aparecían con cabezas deformes. Mujeres que en vida habían sido muy hermosas y se habían vanagloriado de sus rostros y figuras ante los demás, habiendo hecho de su belleza un dios, se le aparecían con el rostro quemado, el pelo chamuscado o la piel llena de pústulas. ¿Y qué aspecto tenían aquellas personas que mal habían hablado de los demás o criticado? Pues con la boca atravesada con un clavo o con los labios sucios, pegajosos o llenos de pupas infectadas.

Puede suceder también que las almas se aparezcan con figura de animal. Esta forma de aparición no debe interpretarse como un adorno poético, sino como todo lo contrario: sus instintos animales en cuanto a la violencia, canibalismo, sexo desenfrenado, infidelidad conyugal, etc., pueden ser los pecados que dejan semejante rastro en el alma y hagan recordar al místico que debe reparar con oración y penitencia por todos ellos.

Cuando el mismo Espíritu Santo se apareció sobre la tierra en forma de animal, en el bautismo de Jesús en el río Jordán, adoptó la figura de paloma para simbolizar que su fruto principal era hacer reinar la paz en el alma de los hombres. Un alma que se le apareció a la bienaventurada Maria Anna Lindmayr en forma de mono gigante, le informó de que era Dios mismo el que permitía semejantes apariciones para que la persona que recibía tal visita pudiera identificar siempre en qué tipo de pecados había caído esa pobre alma durante su vida terrena.

En la vida de otras personas santas, encontramos también diversas apariciones con figura de animal. Por ejemplo, la venerable Francisca del Santísimo Sacramento tuvo muchas apariciones de almas del purgatorio que se presentaban a veces con un aspecto absolutamente de animal salvaje.[17] Y de nuevo, a la ya mencionada Maria Anna Lindmayr, se le apareció otra vez el alma de un músico conocido en forma de enorme y gigante sapo, pues según él, había vivido una vida impregnada en el alcohol, bebiendo sin parar, adorando pues

17.   Görres, J. V., *La mística cristiana*, tomo III, página 476, Manz, Regensburgo.

los ambientes húmedos y venenosos como hacen todos los bebedores empedernidos.

A la bienaventurada Anna Catalina Emmerich se le apareció el alma de una dama de la alta nobleza que había conducido su vida con total desenfreno y vicios, como un gran cerdo que se revolcaba en el fango.[18] Pero este tipo de apariciones son muy poco frecuentes, amiga mía. No temas, pues creo que aquella pobre anciana no te volverá a molestar más. Y también estoy segura de que en el caso de que vuelvas a experimentar algo parecido, será con un alma cuya figura sea enteramente humana, pues todos los tratados sobre el purgatorio afirman que es lo más común.

Por regla general, las apariciones se presentan en forma humana; la oración les resulta grata y se tranquilizan con ella. Su único deseo es ver a Dios, estar con Él. Lo han percibido en su juicio y luego les ha sido arrebatado por todos los pecados que les han sido descubiertos. ¡Ayúdales si vuelven a presentarse ante ti! Tus oraciones, misas y pequeños ayunos pueden liberarlas para siempre.

Y para ello, aquí te incluyo una última y preciosa oración. Espero que te sirva para no verlas más y, a ellos, para entrar de una vez en el cielo.

Con cariño,

La autora

* * *

Oración conocida como acto heroico de caridad a favor de las benditas almas del purgatorio:

18. Spirago, *Los sufrimientos y las alegrías del purgatorio*, p. 68, Anverer, Waldsassen, 1938.

303

Para mayor gloria vuestra, ¡oh, Señor!, uno en esencia y trino en personas; para mejor imitar a mi dulcísimo redentor Jesucristo y para mostrar mi sincera esclavitud a María Santísima, madre de la misericordia y madre de las pobres almas del purgatorio, yo (se incluye aquí el nombre de cada uno) me propongo cooperar a la redención y libertad de aquellas almas encarceladas por deudas de penas a la divina justicia, merecidas por sus pecados, y en aquel modo que puedo lícitamente, hago libre y espontáneamente voto de librar del purgatorio a todas las almas que María Santísima quisiere que sean libres.

Y para esto pongo en manos de esta piadosísima señora todas mis obras satisfactorias, propias y participadas, tanto en vida como en muerte y después de mi muerte. Aceptad, os ruego, Dios mío, y confirmad este mi ofrecimiento, que os reitero y confirmo a honra vuestra y bien de mi alma.

Y dado que mis obras satisfactorias no bastasen para pagar todas las deudas de aquellas almas predilectas de la Santísima Virgen y para satisfacer las que yo mismo hubiese contraído por mis culpas, que de todo corazón odio y detesto, me ofrezco, Señor, a pagaros, si ése es vuestro deseo, con las penas del purgatorio todo lo que me faltare, abandonándome en los brazos de vuestra misericordia y en los de mi dulcísima madre María.

Sean testigos de este mi voto todos los que viven en las tres iglesias: triunfante, purgante y militante.

Advertencias para hacer este voto:
1.ª Para hacer este voto, no es necesario pronunciar palabras; basta que se haga con el corazón. Tampoco es preciso repetirlo muchas veces.
2.ª En nada se opone este voto al orden de la caridad, que nos obliga a pedir primero por nuestros parientes y amigos difuntos.

¡NO TEMAMOS IR AL PURGATORIO!

Bueno, querido lector, ¡valiente cantidad de información y anécdotas le he contado!

Ahora ha llegado la hora de la verdad, que no es otra más que ésta: a partir de este momento no puede seguir ignorando a las benditas almas del purgatorio. El desconocimiento sobre ellas es enorme y, aunque yo procuro ser seguidora fiel del papa y de la Iglesia católica, reconozco que a veces no nos han sabido transmitir la información correcta en lo que concierne a ellas.

El purgatorio es un lugar infinitamente desconocido; es prácticamente imposible encontrarse por la vida un santo como los muchos que le he presentado en este curioso trabajo mío, que han tenido la fortuna o la desgracia, según se vea, de tener contacto con almas purgantes.

Ha sido de gran ayuda para mí estudiar a fondo los testimonios de los tres pastorcitos de Fátima y escuchar los de los videntes de Medjugorge, el pueblito perdido entre montañas de Bosnia-Herzegovina, donde se siguen estudiando en el día de hoy las supuestas aparicio-

305

nes de la Virgen. También allí, al igual que en Fátima, Nuestra Señora les habló de las almas y les rogó que oraran incesantemente por ellas.

Y quizá sean estos muchachos de Bosnia los que más datos sobre el purgatorio han proporcionado últimamente a la Iglesia, pues en una ocasión, siempre según su testimonio, la Santísima Virgen les agarró de la mano y los trasladó hasta allí. Los muchachos explicaron que lo que vieron les dejó desolados, pues se trataba de un lugar de tristeza y expiación infinita, donde todo parecía viscoso, oscuro o nublado. También testificaron que pudieron oír, provenientes de aquellos abismos nebulosos, grandes lamentos y gritos lastimeros que les estremecieron tanto como para no parar de orar por las almas durante el resto de sus vidas.

Vea y lea las contestaciones que textualmente dieron a los franciscanos que les interrogaron durante los largos períodos en los que la Iglesia exigió una profunda y delicada investigación sobre el fenómeno sobrenatural que vivían.

Hay muchas almas en el purgatorio. También vimos personas que se habían consagrado a Dios, algunos sacerdotes y monjas. Por favor, deben orar por sus intenciones, al menos siete padrenuestros, avemarías y glorias. Añadan un credo. Nuestra Señora nos lo recomienda, pues hay millones de almas en el purgatorio que permanecen ahí porque nadie reza por ellas.[19]

En una ocasión, una mujer de nuestro grupo de oración vio un conjunto de unas trece personas aproximadamente que se nos acercaban mientras rezábamos.

19. Aparición del 21 de julio de 1982.

Cuando ya parecía que nos rodeaban, desaparecieron. Uno de los presentes los reconoció. Se trataba de parientes fallecidos de su familia. Entendimos que todas esas pobres almas necesitaban oración de inmediato para salir del purgatorio.[20]

Hablaron también de los niveles dentro del purgatorio:

En el purgatorio hay diferentes niveles; el nivel más bajo está muy cerca del infierno y el más elevado es el que roza el cielo. No es en el día de todos los difuntos cuando entra mayor número de almas en el cielo, sino en el día de Navidad.

En el purgatorio, hay almas que rezan incesantemente a Dios, pero por ellos nadie ora aquí en la Tierra. Entonces Dios permite que oraciones de otras personas les afecten positivamente a ellos.

A veces, Dios permite que estas almas se manifiesten a los vivos de formas diferentes como, por ejemplo, cuando el Señor les envía ante los ojos de sus familiares, con la intención de recordar a los humanos que el purgatorio es real, que existe y que se debe de rezar por esas almas, pues de otra manera no podrán alcanzar el cielo. Todo se rige por la infinita justicia de Dios, pero nunca olviden que es también infinitamente misericordioso.

En cuanto a la cantidad de almas que moran ahí:

La mayoría de las personas van al purgatorio. Muchas van al infierno y sólo un pequeño grupo va al cielo directamente.

20. Aparición del 4 de noviembre de 1982.

A la pregunta, ¿qué esperan esas almas de nosotros?, los videntes de Medjugorge contestaron:

Esa gente espera ansiosamente sus oraciones y sacrificios. Ellas ya no pueden ganar méritos para ir al cielo por sí mismas, pues ya perdieron su oportunidad. Están muertas a esta vida, pero viven en el más allá, en el purgatorio. Todos debemos ayudarles. Es un pecado grave no orar por nuestros difuntos.

En uno de los documentos de la parroquia, encontré esta anotación:

Nuestra Señora se le apareció hoy a Mirjana a las 3.15 horas de la tarde; la aparición duró diez minutos. El rostro de la vidente se mostró serio, pero a la vez radiante, emanando un aire de gran amor. Lloró mucho. Insistió que la Virgen le pedía que orara incesantemente por las almas del purgatorio.

Se acerca el final de mi escrito, querido lector. Bastante le he atosigado ya y creo que ha llegado el momento en el que es necesario que usted digiera tanta información extraña, curiosa y sorprendente. Antes de despedirme de usted, deseo darle un consejo de gran importancia. No tema ir al purgatorio. ¡Tema sólo ir al infierno!

Recuerde que toda alma que llega al purgatorio tendrá un final feliz. No habrá desperdiciado su vida ni habrá dejado huellas horribles en este mundo de los vivos. ¡No desespere! Más bien ore con todo el corazón por sus difuntos, pues ellos lo necesitan y dependen de usted.

Tampoco debe olvidarse de que si reza por las almas, Dios, que es infinitamente justo, permitirá que, cuando fallezca, usted se alivie con oraciones de los vivos, que no necesariamente serán conocidos o familiares. Dios nunca olvida lo que un hombre ha hecho por amor al prójimo y no desperdiciará ni una de sus acciones buenas para recompensarle de la misma manera.

Nunca olvide que nuestra salvación dependerá sólo de lo que hemos amado mientras vivíamos y de que se nos juzgará en el amor y por el amor entregado. Y la Iglesia afirma que es un inmenso acto de amor a ojos de Dios proporcionar consuelo a las almas desesperadas, que sufren y esperan encerradas en el purgatorio.

Existen millones incalculables de almas por las que nadie ora nunca. Quizá sólo usted pueda aliviarlas con su oración desprendida de todo egoísmo. Piénselo por un momento. ¡Miles de almas dependiendo de su entrega y de su oración!

La documentación que he tenido que estudiar durante todo un año para informarle a usted ha sido exhaustiva, bellísima y extraordinariamente interesante. He reído, he llorado y también he pasado algo de miedo... ¿Por qué no confesarlo? Y usted se preguntará, ¿miedo a qué? Pues a mil cosas, querido lector...

En primer lugar de ir a dar con mi alma al purgatorio y que nadie vaya a acordarse de rezar por mí; de ser acusada de desagradecida por no haber empleado mi tiempo en oración por los pobres difuntos que Dios me dio como parientes y que ansiaban desesperadamente recibir mi consuelo; y por último, de haberle aburrido a usted de muerte con mi escrito.

A pesar de lo que pueda pensar, no ha sido mi intención convencerle de nada y mucho menos obligarle a creer en mi fe católica. Simplemente he intentado acercarle un poco a ese misteriosísimo mundo que es el del purgatorio a través de los muy cultos ojos de la Iglesia católica, con sus dos mil años de experiencia en este tema. Así mismo, he intentado hacerle pensar un poco en sus antepasados y plantearle la posibilidad de que estén ansiando su ayuda.

¡Ah! Se me olvidaba insistir en un importante consejo: no deje nunca de pedir también intercesión y ayuda a las almas. ¡Ellas están deseando socorrerle! Rece por ellas y a cambio pídales que intercedan por usted. Se sorprenderá muy pronto de los resultados.

No se me ocurre mejor ejemplo para ilustrarle esto que otra anécdota, nuevamente relacionada con el santo padre Pío de Pietrelcina, de quien ya le he hablado en capítulos anteriores y quien siempre oraba por las benditas almas del purgatorio, a la vez que les pedía su inestimable ayuda.

Finalizo así mi libro con esta muy conocida, real y extraordinaria historia, relatada por el propio padre Pío, que le hará meditar sobre los muchos frutos que le puede acarrear orar por las almas. Le brindará mucho bien en momentos de peligro, desesperación o simplemente de leve tristeza. Le dejo entonces con él. Yo por mi parte me despido.

¡Hasta siempre, querido lector! Ya sabe usted que le quiero mucho.

Con cariño,

LA AUTORA

*   *   *

Escrito encontrado en la documentación privada del santo padre Pío de Pietrelcina, publicado en numerosas fuentes y biografías sobre su persona, milagros y vida:

En diciembre de 1916, estaba en el Hospital Militar de Nápoles sometido a observación. Me dejaron marchar en vista de mi precaria salud. Me llamaron desde la oficina del capitán, quien me entregó mis papeles y un billete para viajar de Nápoles a Benevento. También me entregaron una lira para poder hacer el viaje en condiciones aceptables.

Dejé el hospital y lentamente pude dirigirme hacia la estación de tren atravesando una plaza en la que bullía gentío en un mercado. Uno no ha visto nada si no ha estado en los mercados de Nápoles, abarrotados de gente feliz que canta y silba, que viene y va en un eterno estado caótico.

Movido por la curiosidad, pero también buscando algo de distracción, me paré a observar durante un rato lo que la gente andaba vendiendo. Y entonces, cuando ya retomé mi marcha hacia la estación de tren, se me acercó un hombre que vendía paraguas. Deseaba que le diera una lira por uno de ellos, pero luego me dijo que aceptaría tan sólo cincuenta céntimos.

Inmediatamente pensé: «Ya que voy a casa, me gustaría comprar un pequeño obsequio para mis sobrinitos. Cada uno de ellos querrá recibir algo....» Y entonces deseé comprarles un pequeño regalo, pero sólo tenía esa única lira. «Si me la gasto —pensé—, ¿cómo llegaré a Pietrelcina?»

En la piazza Garibaldi me topé con más vendedores ambulantes ofreciendo las cosas más dispares. Llegué a la estación de tren, donde acudí a la taquilla para endorsar mi billete. Después me dirigí hacia mi vagón por las vías, donde me abordó otro vendedor de paraguas que me dijo: «¡Cómpreme un paraguas! Vea qué bonitos son. ¡Apúrese y llévele este regalo a sus niños! Es sólo una lira y media.»

No le hice caso, pero él continuó caminando a mi lado, tratándome primero como si yo fuera un teniente, luego como si fuera un capitán, cuando en realidad yo tan sólo era un pobre soldado. Viéndole tan nervioso y excitado, me di la vuelta para desanimarle: «Mire, no insista, pues no necesito nada. De todas formas, usted me pide lira y media por un paraguas cuando en la otra plaza me pedían sólo cincuenta céntimos...»

Pero como era tan cabezota como cualquier otro vendedor ambulante, me insistió diciendo:

—Tengo hijos. Por favor ayúdeme comprándome un paraguas...

Entonces me extendió uno con la mano y añadió:

—¡Cómpremelo por amor a los suyos!

Angustiado por su insistencia, le respondí:

—¿Me lo vende entonces por cincuenta céntimos?

Justo en ese preciso momento el silbato del tren sonó para indicar que partía. Corrí a toda prisa y subí a un vagón. Me asomé a una ventana para mirar por última vez a ese pobre hombre que tanto tiempo había perdido intentándome convencer de que le comprara un paraguas para poder llevar algo de alimento a sus hijos. Así que cogí cincuenta céntimos de mi bolsillo y le grité: «¡Eh, tome usted! ¡Que el Señor le bendiga!» El hombre recogió el dinero al vuelo y con una cara radiante se despidió de mí desde el andén agitando la mano.

Yo estaba exhausto y tenía una elevadísima fiebre. Sentía mucho frío y me protegí cubriéndome con la capa. El tren llegó a Benevento muy tarde, por lo que en cuanto pude salté al andén y corrí para coger el autobús que me llevaría a Pietrelcina. Pero desafortunadamente descubrí que éste ya había partido sin mí. Así, tuve que resignarme a pasar la noche en Benevento. Decidí quedarme en la estación de tren para no causar molestias a mis amistades de esta localidad.

Regresé de nuevo a la estación y busqué un lugar para sentarme, pero estaba colmada de gentío. A la vez noté cómo la fiebre había ascendido y se me hacía casi imposible mantenerme en pie. Cuando ya no soporté estar sentado por más tiempo, me levanté y anduve por los alrededores de la estación. El frío y la humedad me penetraban hasta la médula de los huesos. Y así tuve que aguantar durante horas.

Varias veces sentí la tentación de meterme en la cafetería de la estación, pues estaba acondicionada con calefacción, pero me desanimé al ver que estaba llenísima de soldados y oficiales que esperaban la llegada de sus respectivos trenes. Además, todos los que esperaban dentro lo hacían consumiendo algún alimento o bebida.

Pensé que sólo tenía cincuenta céntimos y que con eso no podría pedir nada. Empecé a sentirme más y más congelado y a la vez más y más enfebrecido. Llegaron las dos de la madrugada y aún no se podía vislumbrar ni un solo sitio libre dentro de la sala de espera. Ni un centímetro de suelo donde yo pudiera recostarme. Entonces ofrecí todo lo que me estaba ocurriendo al Señor y a mi Madre Celestial. Finalmente no pude resistir un minuto más y me introduje en la cafetería.

Todas las mesas estaban ocupadas. Pacientemente esperé a que alguien dejara una silla libre, pues necesitaba sentarme lo antes posible. Sin embargo, nadie se movió. Alrededor de las tres y media, anunciaron que el tren hacia Foggia y Nápoles iba a partir. Finalmente un par de mesas quedaron libres, pero a causa de mi timidez, no fui lo suficientemente rápido como para alcanzar una silla desocupada.

Pensé: «Incluso si me siento, no tendré dinero suficiente como para pagar un café; y si no pido nada, ¿qué ganancia tendrá el pobre dueño de esta cafetería después de trabajar toda la noche sin descanso?» Cuando finalmente el reloj marcó las cuatro de la madrugada, llegaron más trenes y, gracias a Dios, dos mesas quedaron libres en una esquinita de la cafetería.

Me senté callado y tímido, esperando que el camarero no me viese. Pero no había hecho más que sentarme cuando tres oficiales lo hicieron a mi lado, en la mesa colindante. El camarero llegó de inmediato y tomó nota de sus pedidos. Acto seguido se acercó a mí y me preguntó qué deseaba tomar y yo, agobiado, le pedí un café.

Nos sirvió los cafés a la vez; los oficiales pagaron su consumición de inmediato y se marcharon. Yo no paraba de pensar atormentado: «Si me bebo el café de golpe, tendré que pagar como han hecho ellos y marchar también después.» Pero yo sabía que tal café debía de durarme hasta que llegara mi autobús, fuera como fuese.

Cada vez que el camarero se distraía, me quedaba quieto, sentadito y muy rígido. Pero si me miraba, me apresuraba a dar vueltas con la cuchara dentro del café, pretendiendo que estaba mezclándolo con azúcar. Por fin llegó la hora de que el autocar me llevara a Pietrelcina. Me levanté y me armé de valor para pagar con lo que tenía.

En una voz muy amable, el camarero me dijo: «Muchas gracias, soldado, pero su consumición ha sido pagada ya.» Como el hombre era muy viejito, pensé en un principio que tal vez se había apiadado de mí. Pero segundos después, se me pasó por la imaginación la posibilidad de que aquellos oficiales hubieran pagado mi consumición. De cualquier manera, di las gracias a ese amable anciano y salí de allí.

Encontré el autobús que me llevaría a Pietrelcina y

desesperadamente busqué con la mirada alguna cara conocida que me pudiera prestar lo que necesitaba para el billete. Fue en vano. El coste del billete era una lira y ochenta céntimos. ¿Y ahora cómo pagaré todo con tan sólo cincuenta céntimos en el bolsillo?

Poniendo toda mi confianza en Dios, me metí en el autobús y me senté en la parte final de manera que fuera el último en ser cobrado. Me estrujaba la cabeza pensando en cómo convencería al conductor de que le pagaría el resto del billete al llegar a mi casa de Pietrelcina.

Justo en ese momento, otras personas subieron al autobús. Un hombre de gran estilo, y muy apuesto, tomó asiento a mi lado. Portaba un maletín elegante impecable que colocó sobre sus rodillas. El autobús se llenó hasta los topes, pero yo seguía sin conocer a nadie entre los viajeros.

Me moría de vergüenza y preocupación y pensé que a lo mejor había muchos soldados que se encontraran en mi misma situación o incluso en una peor, al menos yo tenía cincuenta céntimos. El autocar comenzó a rodar y el cobrador comenzó a recibir el pago de los viajeros de las primeras filas.

Avanzaba muy despacio hacia la parte trasera, donde yo permanecía sentado, temblando. Entonces, el hombre apuesto que estaba sentado a mi lado, sacó un termo y un vaso de su maletín; vertió un poco de café caliente en él y se lo bebió. A continuación rellenó el vaso otra vez de café y me lo ofreció muy amablemente. Yo se lo agradecí y rehusé su generosa oferta, pero él insistió mucho.

Justo en ese momento, el cobrador de los billetes llegó hasta mí y nos preguntó el destino de nuestro viaje. No había tenido tiempo ni de abrir la boca cuando aquel cobrador me dijo: «Soldado, su billete ya ha sido pagado hasta Pietrelcina.» Y me entregó un billete.

Por un lado yo estaba como loco de alegría, pero por otro estaba mortificado. «Pero ¿quién me está pagando los gastos?», me preguntaba. Deseaba ardientemente averiguarlo para agradecer de corazón a ese misterioso amigo. Le pedí fervorosamente a Dios que bendijera a esa persona desconocida que me ayudaba.

Por fin llegamos a Pietrelcina y el apuesto hombre que había viajado a mi lado descendió del autocar. Bajé detrás de él con la intención de despedirme y agradecerle su amabilidad con el café. Pero ¡había desaparecido como por arte de magia! Busqué y rebusqué por calles y plazas, pero jamás volví a verlo...

BIBLIOGRAFÍA

A FRIEND OF MEDJUGORGE, *Words from Heaven*, Caritas of Birmingham, Saint James Publishing, 2000.

ANÓNIMO, *El purgatorio, una revelación particular*, Editorial Rialp, 2005.

BALL, Ann, *Modern Saints, their lives and faces*, Tan Books & Publishers, Inc., 1986.

BUBALO, Fr. Janko, *A Thousand Encounters with the Blessed Virgen Mary in Medjugorge*, Friends of Medjugorge Publishers, 1996.

DOYLE GILLIGAN, W., *Devotions to the Holy Souls in Purgatory*, Lumen Christi Press, 1994.

ELTZ, Nicky, *¡Sáquennos de aquí!*, Ed. Eltz, 2003. Pedidos y contactos: saquennosdeaqui2003@yahoo.com.ar

GRABINSKI, Bruno, *Entre el cielo y el infierno*, Ediciones Stvdium, 1963.

KOWALSKA, Faustina, *Diario de la divina misericordia en mi alma*, Ed. de los Padres Marianos de la Inmaculada Concepción de la Santísima Virgen, 1997.

LAURENTIN, René, *Fonction et statut des apparitions. Vrais et fausses apparitions dans l'Église*, Letheielleux, 1976.

MCKENNA, Briege, o.s.c., *Miracles do happen*, Veritas Publishing, 1987.

MILLARD, sor Emmanuelle, *El maravilloso secreto de las*

almas del purgatorio, Shalom Publishers: www.editrices
halom.it

—, *Medjugorge, el triunfo del corazón*, Éditions de Beatitudes,
2001.

NAGELEISEN, rev. John A., *Charity for the suffering souls; An
explanation of the Catholic Doctrine of Purgatory*, Tan
Books & Publishers, Inc., 1997.

SAN JUAN DE LA CRUZ, *Obras espirituales*, 1591.

SÁNCHEZ-VENTURA, Francisco, *El padre Pío de Pietrelcina, un
caso inaudito en la historia de la Iglesia*, Fundación María
Mensajera, 1998.

SCHOUPPE, Fr. F. X, *Purgatory*, Tan Books & Publishers, Inc.,
2005.

SHALOM, *A Rosary for the Souls of Priests suffering in
Purgatory*, Shalom Publishers, www.editriceshalom.it

SPINK, Kathryn, *Madre Teresa*, Plaza y Janés, 2003.

TANGARÁ, Catarina, *Stories of Padre Pio*, Tan Books &
Publishers, Inc., 1996.

TASSONE, Susan, *Thirty-Day Devotions for the Holy Souls*, Our
Sunday Visitor Publishing Division, Inc., 2004.
www.osv.com

TREECE, Patricia, *Meet Padre Pio*, Charsis Servants Books,
2001. www.servantbooks.com